JN437287

중국통상환경론

김영춘 저

도서출판 두남

중국은 현재 미국 다음의 경제대국으로 미국을 넘어서기 위해 부단히 노력을 경주하고 있다. 그러한 과정에서 양적성장에 치우쳐 있었던 경제 패러다임을 지속 가능한 경제성장으로 변화시키기 위해 대내외적으로 정책과 제도를 정비하고 있다. 중국의 이와 같은 통상 및 무역 환경에 대한 변화를 직시하고 향후 방향성을 모색하는 일은 우리에게 매우 중요한 과제이다. 왜냐하면 한국의 대중국 의존도는 국제수지와 전체 무역량을 통해 가장 높은 것으로 확인되었다. 무역의존도가 그 다음으로 높은 미국의 2배에 달하는 수치이다. 그만큼 중국은 우리에게 중요한 시장일 것이다. 반면 대중국 의존도가 높기 때문에 중국의 불황이 우리에게 직격탄이 될 수 있다는 의미에서 위협적인 시장일 수도 있을 것이다. 따라서 우리는 중국의 통상 환경을 반드시 알아야 할 것이다.

중국은 지리적으로 한국과 가깝고 문화도 비슷하다. 그러나 사회주의식 시장경제체제라는 독특한 정치경제문화를 가지고 있다. 개혁 개방 이후 시장경제체제를 유지하지만 실상 그 안에 내포되어 있는 질서는 사회주의식 정책과 제도가 만연해 있어 왔다. 그러한 정책과 제도가 지금의 중국을 구축했다는 것에 이견이 없을 것이다. 최근 중국은 열강들의 통상 압력과 자국의 도약 의지가 촉매제가 되어 기존의 통상 정책 및 제도 등을 수정, 보완하여 합리적인 시장경제 시스템을 구축하기 위해 노력하고 있다. 이와 같은 중국의 통상 환경 변화를 직시할 수 있는 교재의 필요성을 느껴 집필하게 되었다.

본서는 중국 경제, 중국 통상론, 중국 환경론, 중국 무역 및 제도 등을 다루었던 서적, 학술지 논문, 석박사 논문, 연구기관의 보고서, 정부기관의 발표 자료 등을 참조하여 학생들이 쉽게 중국의 통상환경을 이해 할 수 있도록 이론을 중심으로 정리하였다. 기존의 중국 통상환경론에 대한 서적들이 많지 않아 내용을 정립하는데 있어서 어려움이 많았다. 본 서 또한 많이 미흡하지만 중국 통상 및 무역 환경을 독자들이 이해할 수 있도록 최대한 노력하였다.

본서는 1부에서 중국의 정치·경제사를 바탕으로 중국의 통상환경론을 전개하고자 하였다. 2부에서는 중국의 WTO 가입 이전과 이후를 구분하여 통상 정책이 어떻게 변화되었는지를 소개하였다. 3부와 4부는 상품 거래와 상품외의 거래에서 중요하게 살펴보아야 할 정책과 제도 등의 내용을 심도 있게 살펴보고자 하였다. 마지막으로 5부에서는 중국 통상환경 변화의 내용과 그에 대한 대응방안을 기술하였다. 그리고 중국 통상 환경에서 반드시 언급해야 할 한·중 FTA와 같은 이슈를 다룸으로써 중국의 통상 환경을 깊이 이해하는데 도움이 되고자 하였다.

중국 통상 환경을 한 권의 책에 기술한다는 것은 매우 어려운 작업이라 생각했었다. 따라서 다소 미흡한 부분이 많더라도 양해해 주시길 바란다. 중국의 통상 환경을 이해하는데 본서가 조금이라도 도움이 된다면 그것으로 저자는 만족한다. 앞으로 더욱 좋은 내용을 담을 수 있도록 선배 및 동료 선생님들 그리고 독자들의 지적과 충고를 기대한다.

2017년 1월

한라산 기슭에서 김영춘

제1부 중국 경제사와 무역정책의 전개 및 국제 통상기구 이해

제1장 중국경제 개관 ······ 13

1. 개 요 ······ 13
2. 중국의 근·현대 경제사 ······ 14
3. 중국의 사회주의 : 개혁·개방 이후를 중심으로 ······ 19
4. 중국 경제 현황과 전망 ······ 23

제2장 무역정책의 의의와 효과 ······ 30

1. 무역정책의 의의 ······ 30
2. 무역정책의 역사적 전개 ······ 31
3. 무역정책의 효과 ······ 35

제3장 국제 통상기구 ······ 41

1. GATT ······ 41
2. WTO ······ 48
3. IMF ······ 62
4. APEC ······ 66

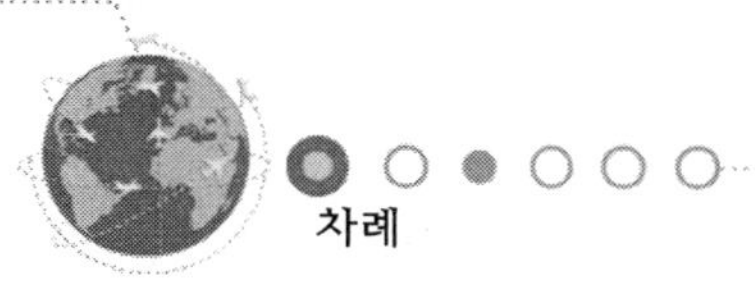

제2부 중국의 대외개방과 WTO 가입

제4장 중국의 WTO 가입 이전 통상정책 ······ 71

1. 1978년 개혁·개방 이후의 통상정책의 특징 ······ 71
2. 1978년 개혁·개방 이후의 통상정책의 변화 ······ 72

제5장 중국의 WTO 가입과 통상 정책 ······ 76

1. 중국의 WTO 가입 과정 ······ 76
2. 중국의 WTO 가입 ······ 78
3. 중국의 WTO 가입에 따른 상품 무역의 개방 ······ 79
4. 기타 합의사항 ······ 87

제3부 상품 거래 관련 중국 통상 환경

제6장 WTO체제하의 산업피해구제제도 ······ 93

1. 산업피해구제제도의 개요 ······ 93
2. 산업피해구제를 위한 국제규범 ······ 94

제7장 한국과 중국의 반덤핑제도 ······ 99

1. 한국의 반덤핑제도 ······ 99
2. 중국의 반덤핑제도 ······ 104

제8장 한국과 중국의 상계관세제도 ······ 110

1. 한국의 상계관세제도 ······ 110

2. 중국의 상계관세제도 ······ 113

제9장 한국과 중국의 세이프가드제도 ······ 118

1. 한국의 세이프가드제도 ······ 118
2. 중국의 세이프가드제도 ······ 121

제10장 관세 제도 ······ 125

1. 관세의 개요 ······ 125
2. 관세의 종류 ······ 128
3. 중국의 관세 제도 ······ 133

제11장 통관제도 ······ 142

1. 한국의 통관제도 ······ 142
2. 중국의 통관제도 ······ 145

제4부 상품외 거래 관련 중국 통상 환경

제12장 무역에 대한 기술장벽(TBT) ······ 155

1. 비관세장벽(Non-Tariff Barriers)의 등장 ······ 155
2. 무역기술장벽(Trade Barriers to Trade) 측면에서의 기술규제 분석 ······ 158
3. 중국강제인증(CCC) 제도 ······ 162
4. 중국 비관세장벽 주요 사례 ······ 167

제13장 서비스 무역 ······ 170

1. 서비스 무역의 개요 ······ 170
2. 서비스 무역의 중요성 ······ 172
3. WTO 서비스 무역협정의 개요 ······ 173

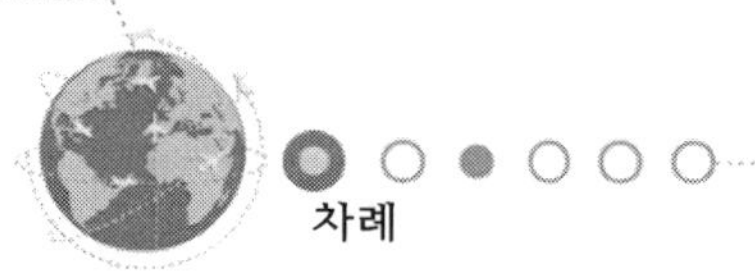

4. 중국 서비스 및 서비스무역 현황 ······ 178

제14장 지적재산권 ······ 186

1. 중국 지적재산권 개요 ······ 186
2. 중국 지적재산권 법률제도 ······ 187

제15장 중국의 해외직접투자(FDI) ······ 191

1. 해외직접투자(Foreign Direct Investment)의 개념 ······ 191
2. 중국의 개혁개방 정책에 있어 해외직접투자(FDI) 정책의 배경 ······ 192
3. 중국경제에서 해외직접투자(FDI)의 변화 ······ 195
4. 중국의 투자 환경 ······ 200
5. 대중국 무역 및 투자 전략 ······ 202

제5부 중국 통상 환경 변화와 한·중 FTA

제16장 중국의 통상환경 변화와 대응 ······ 209

1. 중국의 대외 통상 환경 ······ 209
2. 중국의 대내 통상 환경 변화 ······ 213
3. 중국 통상 변화에 따른 기업의 대응 ······ 227

제17장 한·중 FTA와 향후 전망 ······ 229

1. 한·중 FTA 개요 ······ 229
2. 한·중 FTA 주요 내용 ······ 231
3. 한·중 FTA 체결에 따른 주요 성과 ······ 299

참고문헌 ······ 301

찾아보기 ······ 307

표목차

▮표 1-1▮ 외국인의 대중국 직접투자 추이 ······ 22
▮표 1-2▮ 2014년 국가별 GDP 순위 ······ 25
▮표 3-1▮ 주요 무역협상 내용 ······ 44
▮표 3-2▮ WTO 기본 원칙과 주요협정 ······ 51
▮표 3-3▮ 환태평양경제동반자협정(Trans-Pacific Partnership)의 주요 협상 내용 ······ 60
▮표 3-4▮ APEC의 조직 및 운용 ······ 67
▮표 3-5▮ APEC 개요 ······ 68
▮표 4-1▮ 개혁 전후 중국의 무역체제 비교 ······ 72
▮표 4-2▮ 1998년 이후 중국정부의 수요 수출장려 및 수입규제책 ······ 75
▮표 5-1▮ 중국의 WTO 가입 과정 ······ 77
▮표 5-2▮ WTO 가입 양허스케줄에 따른 중국의 관세 인하 ······ 81
▮표 5-3▮ 중국의 WTO 가입에 따른 관세 인하 계획 및 실적 ······ 82
▮표 5-4▮ 중국의 반덤핑 제소 및 조치건 수 ······ 86
▮표 5-5▮ 중국의 반덤핑 피소건 수 ······ 86
▮표 12-1▮ 무역상 기술장벽의 주요 유형 ······ 159
▮표 12-2▮ 중국강제인증(CCC) 통합의 과정 ······ 163
▮표 12-3▮ 중국강제인증(CCC) 인증대상 품목 ······ 164
▮표 13-1▮ 중국 서비스 산업의 발전 현황 ······ 179
▮표 13-2▮ 중국 서비스무역 분야별 수출현황 ······ 183
▮표 13-3▮ 중국 서비스무역 분야별 수입 현황 ······ 185
▮표 15-1▮ 세계 주요 기업별 대중국 FDI 전략 및 현황 ······ 202
▮표 16-1▮ 가공무역 상품분류 ······ 216
▮표 16-2▮ 가공무역 기업 및 상품별 보증금 적립 여부 ······ 218
▮표 16-3▮ 노동법과 노동계약법의 차이 ······ 222
▮표 16-4▮ 개혁개방 이후 중국의 환율제도 ······ 225
▮표 17-1▮ 한·중 FTA 협상 일지 ······ 230
▮표 17-2▮ 한·중 FTA 상품 양허 결과 ······ 233
▮표 17-3▮ 한·중 FTA 상품 양허 결과 ······ 235
▮표 17-4▮ 한·중 FTA와 다른 FTA와의 비교 ······ 298

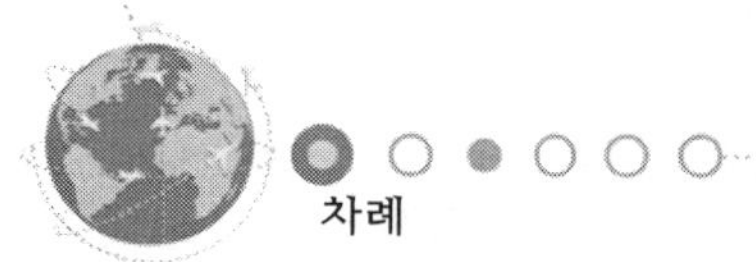

그림목차

▮그림 3-1▮ WTO 조직 ······ 54
▮그림 10-1▮ 수입관세율 변경 추이 ······ 138
▮그림 11-1▮ 수출입직통관통행허가절차 ······ 151
▮그림 12-1▮ 무역장벽의 유형 ······ 158
▮그림 12-2▮ 중국강제인증제도(CCC) 조직 체계 ······ 166
▮그림 15-1▮ 중국의 해외투자 추이 ······ 196
▮그림 16-1▮ 2002년 중국의 지역별 무역구조 ······ 210
▮그림 16-2▮ 중국의 지역별 무역구조(2011) ······ 211
▮그림 17-1▮ 한·중 FTA 상품 양허 결과 ······ 234
▮그림 17-2▮ 중국에 대한 한국의 관세인하 내용 ······ 237

중국 경제사와 국제 통상기구 이해

제1장 중국경제 개관

제2장 무역정책의 의의와 효과

제3장 국제 통상기구

1. 개 요

1970년대 말 덩샤오핑이 중국의 최고 지도자로 부상한 이후 중국은 외국이 상상하지도 못하였던 과감한 개혁, 개방정책을 추진하였다. 그 결과로 중국은 약 40년 동안 고속성장을 하게 되었고 이제 미국에 이어 세계 2위의 규모를 자랑하는 경제대국으로 성장하였다. 경제대국 중국의 등장은 미국, 유럽, 일본 등 선진국은 물론 동아시아와 우리나라 등 주변의 관심이 증가하는 결과를 초래하였고 중국은 이제 경제뿐만 아니라 정치, 사회, 문화적 영향력 확산에 주력하고 있다.

중국의 이웃 국가인 우리나라도 사회 각 분야에서 중국에서 기회를 발견하고 중국으로 달려가는 현상이 확대되고 있다. 중국은 이미 미국을 추월하여 우리나라의 제일교역국이 되었고 2014년 기준 중국 유학생 38만 명 중 6만 명 이상이 한국인 유학생으로 채워지고 있다. 특히 분단 상황의 우리나라에게 중국은 북한의 안정적 개혁과 개방을 유도함으로써 한반도의 긴장완화와 평화정착을 가져올 수 있는 중요한 동반자라는 측면에서 단순한 경제협력을 넘어 미래를 위한 파트너로 부상하고 있다.

2. 중국의 근·현대 경제사

1) 굴욕과 자각의 시간

17세기까지만 해도 동양의 경제 강국으로 인식되었던 중국은 산업혁명의 대열에서 낙오하면서 19세기에 이르러 동방의 낙후국으로 전락하였다. 그 결과 영국과의 아편전쟁에서 쓰라린 패배를 겪으며 난징조약을 체결하여 영국은 홍콩을 할양 받고 상하이, 광저우 등 다섯 항구를 강제를 열게 되었고 그 이후에도 영국, 일본, 러시아, 독일 등 신흥 강국들에게 자국의 영토를 조차지로 빼앗기는 굴욕을 겪는다.

이러한 일련의 사건 등으로 당시 청나라 정부는 자신들이 처한 상황을 자각하고 1862년 리훙장 등의 인물들이 중심이 되어 양무(洋務)운동을 일으키지만 물질적 근대화만을 추구한 이 운동은 일본의 메이지유신과 같은 성과를 나타내지 못하였고 실패로 막을 내리게 되었다. 오히려 한반도 지배권을 놓고 1894년 일본과의 청일전쟁에서 패배하여 막대한 배상금 지급뿐만 아니라 타이완까지 일본에 양도하는 치욕을 맛보게 되었다.

한편 1919년 베이징의 학생들을 중심으로 반제국주의 반봉건주의를 목표로 하는 5.4운동이 일어나게 되었고 이 운동 이후 중국의 지식인들은 선진 외국의 사례를 보는 가치관이 양분된다. 하나는 물질뿐만 아니라 가치관, 사회제도 등의 서구화가 시급하다는 주장이고 다른 하나는 사회주의에 주목하면서 서구화를 배격했는데 이 그룹은 1921년 중국공산당을 창당하면서 오늘날에 이르게 되었다. 1930년대 중일전쟁이 발발하면서 중국공산당과 국민당은 국공합작을 통하여 항일전쟁에 나서게 되었다. 결국 8년간의 항전 끝에 일본을 몰아낸 뒤에는 다시 한 번 국민당과 공산당은 격렬한 내전을 치러야 했다. 오랜 기간 동안의 치열하게 전개된 전쟁으로 인하여 중국의 경제는 파탄상태를 면치 못하게 되었고 국민들은 의지할 곳 없는 떠돌이 신세였다.

이처럼 근대 중국 역사를 차지한 백 년 간의 혼란은 생산 활동에도 치명적 영향을 미쳐 국민의 생활은 최악의 상황을 면할 수 없었고 그 결과 공산당이 국민당과의 전쟁에서 승리하고 새로운 중국을 수립하는 시점에는 중국에 경제건설을 위한 기반이 남아있지 않았다. 빈약한 경제여건은 신중국 성립 초기에 중국이 공산당 주도의 정치체제를 선택하고 경제적으로는 사회주의 노선을 선택하는 직접적인 배경이 되었다.

중국에서 사회주의 운동이 국민적 지지를 받게 된 배경에는 아편전쟁 이후로 중국 국민은 서구 열강에 뿌리 깊은 반감을 가지고 있었다. 특히 1930년대 미국의 대공황으로 극심한 경기침체, 대규모 실업 발생 등으로 어려움을 겪던 서구 자본주의 국가들과는 대조적으로 러시아는 1930년대에 호황을 누리는 중이어서 당연히 중국 사람은 서구 열강과는 다른 이론을 제시하는 사회주의에 호감을 가지게 되었다.

2) 공산주의 정부 수립 이후

마오쩌둥이 국민당과의 전쟁에서 승리하여 1949년 새로운 중국을 수립한 이후 소련식 사회주의 경제체제를 신봉하여 중앙 계획경제체제를 충실하게 이행했다. 계획경제의 특징은 경제활동에 대하여 정부 주도로 일관된 관리를 시행한다는 점이다. 이를 통하여 생산력과 생산자원을 합리적으로 배치하고 지역적 여건을 충분히 활용하여 국가경제를 발전시킨다는 전략이다. 하지만 모든 기업의 생산, 경영활동은 기업의 결정이 아닌 정부의 통제로 관리가 되었기 때문에 기업은 경영에 관한 자율적 경영권을 상실하여 적극적 경영활동을 상실하게 되었다. 분배의 측면에서도 근로자의 업적이나 능력과 무관하게 무조건적인 평균주의에 따라 보상이 이루어져 근로자들은 적극적인 도전정신과 생산성을 높이기 위한 혁신을 발휘할 수 없게 되었다. 그 결과로 1949년 중국 수립 이후 번영하던 중국 경제는 1978년까지 깊은 침체에 빠져 30년 가까운 세월을 낭비하게 되었다.

특히 시기적으로 구분하여 신중국 건국과 국민경제 수립기(1949~1952), 제1차 5개년계획 시기(1953~1957), 인민공사와 대약진 운동시기, 그리고 마지막으로 문화대혁명 시기로 나눌 수 있다.

(1) 신중국 건국과 국민경제(1949~1952)

1949년 중화인민공화국이 성립된 이후 1956년까지 공산당은 전격적으로 중국을 사회주의 국가로 전환시켜나갔다. 1949년 마오쩌둥은 중국이 공업화를 추진함에 있어 앞서 사회주의 경제체제를 수립한 소련으로부터 산업화에 관한 경험을 배워야 한다고 선언하였다. 이 시기에는 여러 경제부문에서 정도의 차이는 있었으나 일정 수준의 발전을 이룰 수 있었다. 왜냐하면 이 시기에는 소규모 자본가와 이른바 민족 자본가의 경제활동을 인정함으로써 소기의 성과를 거둘 수 있었기 때문이다.

한편 1950년 시작하여 1953년 초에 마무리된 전국적인 토지개혁은 봉건 지주제를 폐지하고 농민의 토지 소유제를 확립하였다. 건국 초기의 혼란스럽고 어려운 여건 하에서 국민경제의 회복을 이룰 수 있었던 것은 정부가 중점과제로 정하여 적극 지원하였기 때문이다. 하지만 소련의 발전방식을 본보기로 삼아 경제를 발전시키려던 중국의 노력은 소련과 다른 여건 때문에 서서히 한계를 드러내었다.

(2) 제1차 5개년계획 시기

중화인민공화국 수립 이후 3년간의 노력으로 1952년 말까지 국민경제가 어느 정도 회복되었지만 당시 중국은 공업기반이 대단히 빈약하여 대량생산체제가 구축되지 못하였고 소규모의 농업경제가 경제의 중심을 구성하고 있었으며, 개인 상공업이 큰 비중을 차지하고 있는 형편이었다. 명목상 1953년부터 1.5계획이 시행되었지만 사실상 지속적인 수정을 거쳐 1955년에야 계획이 완전히 수립되었다. 1.5계획은 156개 중점 프로젝트를 중심으로 수립되었고 사회주의 공업화의 기초 마련, 집단소유제 방식의 농업생산합작사 실시, 국가자본주의 도입 등이 주요 목표로 제시되었다. 1.5계획을 시행함으로써 개별농업, 수공업, 사영상공업 등을 사회주의 방식으로 개조하는 것과 중공업 육성 등의 목표를 일부 이룰 수 있었지만 급진적인 사회주의 공업화를 추진한 데에 따라 상당한 후유증을 남기게 되었다.

(3) 인민공사와 대약진운동

중국 수립 초기 농촌에는 곡물과 면화 등을 민간 및 정부에서 같이 수매하였으나 정부 수매의 가격이 낮아 대부분은 민간 기업에 팔고 싶어 했다. 그 결과 정부는 농산물의 안정적 구매를 위해 수매 독점을 실시하게 되었다. 그 결과로 농민들의 근로의욕 저하를 어떻게 해결하는 것이 중국정부의 당면 문제가 '규모의 경제'를 실현하는 정책을 채택하기에 이르렀다.

규모의 경제 실현을 위한 농업 집단화 운동은 몇 단계로 진행되어 정부는 이를 확대하여 대폭 확대하기로 결정했는데, 이것이 바로 인민공사의 시작이다. 마오쩌둥은 이러한 대단위 노동력을 효율적으로 편성함으로써 단위 면적당 생산량을 증가시킬 수 있을 것이라 생각하였다.

또한, 인민공사를 추진한 배경에는 농촌의 노동력을 최대한 활용함으로써 농촌지역의 취약한 공업기반을 확대하는 것이었다. 인민공사는 노동자, 상인, 학생, 병사가 일체화된 체계를 갖추었는데, 모든 생산수단은 인민공사의 소유였다. 개인 소유의 땅도 모두 인민공사에 귀속되었다. 심지어 식사도 인민공사에서 운영하는 커다란 식당에서 함께 하도록 하는 등 공동생활의 영역을 농촌의 생활 전반으로 확대 시켰다.

중국 공산당은 1958년부터 인민공사를 기초 단위로 '대약진운동'을 전개하였다. 마오쩌둥은 2.5계획(제2차 5개년 계획)을 세우면서 당시 세계 2위의 경제대국인 영국을 10년 이내에 추월하겠다고 선언하고 이를 목표로 무모한 경제발전계획을 세우게 된다. 대약진운동은 정치논리가 경제논리를 매몰시킨 전형적인 사례로 평가되고 있는데 인민공사에 소속된 농민들을 동원하여 제대로 된 장비도 갖추지 않은 채 대산맥을 넘는 도로를 만드는 등 순전히 사람의 노동력만으로 중국을 변화시키는 방식이었다. 외견상으로는 일정한 효과를 거두는 것처럼 보였지만 얼마가지 않아 농민들이 개인주의적 습성을 버리고 공동의 목적을 위해 헌신적으로 생산을 향상시키는 일은 일어나지 않았다.

아울러 인민공사를 통해 공업기반을 보충하고자 했던 대약진시도 역시 실패하였다. 특히 대표적인 철강증산운동의 실패는 충격이 컸다. 공산당은 종전 생산량의 두 배인 1,070만 톤의 철강 생산을 목표로 증산운동을 전개하여 엄청난 수의 토법고로가 전국에 세워졌고 철광석이 모자라 심지어 밥솥, 호미 같은 생활용품과 농기구까지 용광로에 들어갔으며 연료가 부족하여 산에서 남벌을 하여 수많은 산이 삽시간에 민둥산이 되었다. 또한 1959년부터 1961년 사이에는 기록적인 대흉작마저 닥치게 되어 수천만 명의 아사자가 발생하는 그야말로 엄청난 재앙에 빠져들었다.

그 결과 1960년의 국민총생산은 대약진운동이 출발할 때의 3분의 1로 줄어들었고 여기에다 중소분쟁이 격화되면서 소련의 지원까지 중단됨으로써 농민을 포함한 일반 국민의 생활은 최악의 상태를 면할 수 없었다. 이로 인하여 마오쩌둥은 대약진운동 실패의 책임을 지고 국가주석에서 사임했다.

(4) 문화대혁명

마오쩌둥의 퇴진 이후 류사오치가 국가 주석, 덩샤오핑이 당 총서기에 맡게 되었다. 이들은 대약진 운동의 심각한 실패를 만회하기 위하여 류사오치로 대변되는 실무파는 극단적인 집단화정책을 완화하고 농민들에게 자유를 일부 인정하는 등 마오쩌둥의 자급자족 경제관과 배치되는 경제정책을 실시하였다. 중간에 어려움이 있었으나 어려운 경제적 조건하에서 괄목할만한 성과를 거두었다.

그러나 마오쩌둥은 이러한 정책에 불만이 많았고 개인의 자율 확대는 자본주의의 부활을 기하는 것이라고 판단하였다. 1966년 베이징의 베이징대, 칭화대를 중심으로 홍위병이 처음으로 등장하여 마오쩌둥에 대한 신격화가 강화되는 가운데 특히 어린 청소년 주도하에 마오쩌둥 사상의 절대권위를 확립하려는 열광으로 변화되었다. 1966년 10월부터 실무파인 류사오치와 덩샤오핑에 대한 공격이 개시되어 류사오치는 처참한 최후를 맞게 되고 덩샤오핑은 권좌에서 물러나 백의종군하게 되었다.

국무원 총리 저우언라이는 온건 실무파로서 1973년 덩샤오핑이 복권되고 당중앙위원으로 다시 선임되자 국민경제 재건에 착수했다. 그러나 문화대혁명 기간 동안 무소불위의 권력을 행사했던 4인방(장칭, 야오원위안, 왕훙원, 장춘차오)는 덩샤오핑을 극렬히 반대하였으나 1976년 9월 9일 마오쩌둥이 사망하자 4인방은 결국 10월 10일 전원 체포되었고 문화대혁명은 종말을 고하게 되었다. 1981년 중국 공산당은 11기 6중전회(제11차 전국대표대회에서 선출된 중앙위원회의 6번째 전체회의)에서 문화대혁명을 내란으로 규정하고 그 의미를 부정했다. 하지만 중국 정부의 마오쩌둥에 대한 공식입장은 "공은 그의 과오에 비교할 수 없을 정도로 크며, 그의 공적은 주된 것이고 과오는 부수적인 것이다."

문화대혁명이 중국과 중국인들에게 끼친 영향은 실로 엄청나다. 그 기간 동안 많은 경제활동이 과격한 혁명 이데올로기에 밀려 중단되었고 수천 년의 문화유산들이 단 10년 동안 엄청나게 파괴와 같은 물질적 피해뿐만 아니라 전통 문화의 지위도 부정되었고 크게 손상되었다. 10년 동안 정규적인 교육은 완전히 중지되었고 많은 지식인은 아무런 이유 없이 죄인으로 취급 되거나 자아비판은 내몰렸다. 또한 문화대혁명은 국민경제에도 심각한 영향을 끼쳤는데 홍위병은 "파사구(破四舊)"란 이름으로 낡은 사상, 낡은 풍속, 낡은 습관, 낡은 문화를 배척하는 운동을 하면서 상업, 대외무역, 우편, 금융 등의 분야를 혁파 대상으로 삼았다. 그 결과 중국 경제는 최악의 상태에 빠지게 되었고 농촌의 발전도 지체되어 농민 수입은 10여 년간 그대로였다.

이에 비하여 중국이 대혼란을 겪는 동안 일본과 같은 다른 나라들은 국민경제가 성장하여 선진국에 진입하기도 하였고 특히 소위 아시아의 네 마리 용이라 불린 남한, 타이완, 홍콩, 싱가포르에 경제성장도 매우 빨랐다.

3. 중국의 사회주의 : 개혁·개방 이후를 중심으로

1) 사회주의 시장경제

현재 중국의 경제시스템은 한마디로 "사회주의 시장경제"라고 명명할 수 있다. 개혁·개방 당시 중국의 최고 권력자인 덩샤오핑은 1992년 1월 남순강화(南巡講和)[1]에서 완전한 사회주의도 서구식 자본주의도 중국 경제가 추구해야 할 가치가 아니라는 점을 강조하면서 계획경제의 약점을 극복하면서 동시에 생산성과 능률을 끌어올리겠다는 의지를 표현한 것이었다. 사실 사회주의와 시장경제라는 개념은 대립되는 개념인데 1992년 10월 중국공산당 제14차 대표대회에서 사회주의 시장경제 이론은 처음으로 공식적으로 제기되었다. 중국 정부의 해석에 따르면 사회주의 시장경제 체제란 정부는 거시경제적 조정을 하는 가운데 시장 체제가 작동하여 경제적 자원의 배분이 이루어지는 쉽게 말해 혼합경제체제를 의미한다.

물론 개혁·개방이라는 큰 물줄기와 혼합경제의 도입에도 중국정부가 양보하지 않는 네 가지 기본원칙이 있다. 이는 급격한 변화로 초래될 혼란을 사전에 예방

---

1) 남순강화(南巡講話)는 덩샤오핑이 1992년 1월 18일부터 2월 22일까지 우한(武漢), 선전(深圳), 주하이(珠海), 상하이(上海)등을 시찰하고 중요한 담화를 발표한 일이다. 덩샤오핑이 제창한 개혁개방정책이 10년을 맞이한 1989년에는 톈안먼 사건이 벌어졌으며, 1991년에는 소비에트 연방이 붕괴했다. 이로 인해 중국 내부에는 개혁개방정책을 둘러싼 논란이 심화됐다. 몇몇 보수주의적인 그룹들은 "싱쯔싱스어"(姓資姓社, 자본주의냐 사회주의냐) 논쟁을 일으키기도 했다. 덩샤오핑 강화의 주 내용은 "자본주의에도 계획이 있고 사회주의에도 시장이 있다"는 것으로, "싱쯔싱스어"를 위시한 이념 논쟁을 정면 반박한 것이었다. 톈안먼 사건으로 일시 중단됐던 개혁개방정책은 다시 추진됐고, 사영기업 육성, 400여 가지의 규제완화 등 경제개방에 속도가 붙었다.
(출처: https://ko.wikipedia.org/wiki/%EB%82%A8%EC%88%9C%EA%B0%95%ED%99%94)

하기 위한 조치로도 이해되는데 네 가지 원칙은 첫째, 사회주의를 유지한다는 것이다. 이는 곧 핵심 생산수단인 토지나 핵심기업 등은 계속 국가가 소유한다는 것이다. 둘째, 인민민주독재를 선언하고 있다. 노동자, 농민 등 인민에 대하여는 민주적인 정치를 하고 지주, 매판자본가 등에 대해서는 독재적인 정치를 계속 하겠다는 의미이지만, 개혁·개방 이후로 그 의미는 많이 퇴색되고 있는 것으로 평가되고 있다. 셋째, 공산당이 중국의 정치와 사회를 지도한다는 것인데 이는 공산당이 정치뿐만 아니라 경제, 사회의 핵심적인 지위를 독점한다는 뜻이다. 마지막으로 다소 선언적이기는 하지만 마르크스·레닌주의와 마오쩌둥 사상을 유지한다는 것인데 이는 개혁·개방을 추구하더라도 중국의 수립이념인 기존의 사회주의 체제를 유지한다는 의지의 발현이라 할 수 있다.

2) 중국 경제의 비약적 발전과 성공배경

덩샤오핑은 1978년 12월의 11기 3중전회[2]에서 개혁·개방의 기치를 내걸면서 이른 바 흑묘백묘론(黑描白描論)을 주창하였다. '쥐만 잘 잡는다면 검은 고양이든 흰 고양이든 상관없다.'라는 의미로 그의 실용주의적인 입장이 잘 반영되어있다고 한마디로 정의할 수 있다. 덩샤오핑의 개혁·개방정책은 3단계로 진행되었는데 시기별로 제1단계(1978년 12월 ~ 1984년 9월), 제2단계(1984년 ~ 1991년), 제3단계(1992년 이후)로 나눌 수 있다. 제1단계에서는 개혁·개방은 도시뿐만 아니라 농촌지역에서 특히 활발하게 이루어졌고, 제2단계는 도시부문을 중점적으로 개혁하였으며, 제3단계는 동부 연해지역을 중심으로 대외 개방정책이 적극적으로 실시된 기간으로 구분할 수 있다.

(1) 제1단계

개혁의 시작은 1979년 초 일부 도시지역을 중심으로 조심스럽게 시작되었다. 선정된 일부 기업의 경영자들은 근로자들의 종신고용계약을 파기하거나 비효율적이면 직장폐쇄의 권한을 부여받았다. 일부 효과를 거두기는 하였으나 다들 시장경제 원리에 불편함을 느끼고 반대하는 세력도 출현되는 상황이었다. 이에 덩샤오핑은 해외 투자자들을 위한 다섯 개의 경제특구를 지정하였는데 목적은 외

2) 중국공산당의 제11기 전당대회, 제3차 중앙위원회 전체회의를 줄여서 부르는 약칭이다.

국인 직접투자를 통해 신규 일자리를 창출하고 신기술을 도입하는 것이었는데 심각한 물가상승과 고용불안으로 정부는 1981년 도시지역 개혁을 일시 중단하고 중앙정부의 통제가 다시 재개되었다.

도시지역에 이어 농촌경제 개혁에 착수하였는데 먼저 농촌 경제 현황과 문제점을 분석한 후 농민의 생산력 제고를 위하여 먼저 인민공사 내의 사유지 면적규제를 완화했다. 이는 인민공사 체제의 집단적 농업형태를 가족 중심의 농업형태로 변화시키는 조치였다. 이러한 도급 생산제를 채택한 이후 중국 농업은 놀라울 만큼 생산성이 향상되었고 정부는 이에 응하여 1981년부터 전국적으로 확산하기에 이른다.

이 시기 농촌지역의 또 다른 큰 변화는 농촌기업의 한 형태인 향진기업(鄕鎭企業)의 출현이다. 이는 지방자치단체 주민이 공동으로 경영하는 집체기업의 한 형태로 우리나라의 새마을 공장과 비슷하다. 이 향진기업은 국유기업에 비하여 높은 생산성을 나타냈는데 이는 마을 주민들이 공동으로 소유하고 재투자액을 제외한 모든 이윤을 주민에게 배분하고 인력의 능력에 따라 임금을 차등지급 하는 등 부분적으로 자본주의 경영체제를 도입하였기 때문이다. 개혁·개방이 시작된 이후 향진기업은 농촌경제의 중추가 되었고 80년대에 빠르게 성장하였지만 그 후 국영기업과 민영기업의 도전을 받게 되었으며, 2000년대에 대부분의 향진기업이 민영기업화 되었다.

전문가들의 평가에 따르면 이 시기는 중국 농업사에서 가장 성공적인 변화를 달성한 시기였다. 정부의 사유화 및 시장화뿐만 아니라 농산물 가격정책, 농촌 경공업 부문에 대한 투자 증가 등이 주요했다. 하지만 부작용도 커 인민공사 운영체제의 종식으로 충분한 농지를 보유하지 못하여 소득이 적었던 농부들은 농업을 포기하고 도시 산업노동자 이른바 "농민공"으로 전락했다.

또한 이 시기 도시에서는 국유기업의 개혁이 시작되었는데 경영의 간소화와 현장에 대한 권한 이양이 그 골자였다. 앞서 다섯 개 경제특구 지정과 더불어 1984년에는 14개에 달하는 동부 연해지역의 무역항(다롄, 친황다오, 텐진, 옌타이, 칭다오, 롄윈강, 난퉁, 상하이, 닝보, 원저우, 푸저우, 광저우, 단지앙, 베이하이)을 개방하였다. 전체적으로 이 시기는 경제와 사회문제에 관하여 그동안 발전의 장애물이 되던 여러 규제를 철폐하는 등 경제성장을 위한 여건 구축시기라고 볼 수 있다.

(2) 제2단계

2단계는 농촌경제의 부흥에 힘입어 중국 정부가 도시개혁을 본격적으로 시작한 시기이다. 먼저 정부와 국유기업 사이에 권한과 책임을 조정하는 이른바 "방권양리(放權讓利)" 입장을 취하였다. 그 결과 기업은 경영에 자율권을 행사할 수 있게 되었고 이전에 국가 재정에 상납하던 이윤의 일부를 재투자 또는 인센티브로 활용하여 경영과 근로의욕을 향상 시킬 수 있었다. 아울러 1987년부터 중대형 국유기업을 대상으로 경영자에게 3~5년 단위의 청부경영제[3])를 실시하였고 집체기업을 대상으로 주식제기업을 도입하는 실험을 시행하였으나 두 제도 모두 성공적인 결과를 이끌어내지는 못하였다.

2단계에서 가장 성공적인 변화는 자본금 확보를 위한 외자유치를 국가적 사업으로 적극 추진한 것이었다. 개방 이전의 외자도입은 차입금 형태가 주를 이루었으나 이후에는 외국인 직접투자(FDI, Foreign Direct Investment) 형태로 들어왔다. 처음에는 대부분 인근 국가의 화교자본이었으나 1990년 이후로는 미국, 유럽 등 서구 기업들이 투자의 중심이 되었다. 이 자본은 금융자본과는 달리 생산활동의 증가를 가져오는 자본이므로 소득 증가와 일자리를 창출하는 성장의 촉매 역할을 하였다.

▮표 1-1▮ 외국인의 대중국 직접투자 추이

(단위 : 억 달러)

구분	1978	1980	1985	1990	1995	2000	2005	2012
신규투자	0	0.6	19.6	34.9	375.2	407.2	724.1	1210.8
투자잔액	0	10.7	60.6	206.9	1,011.0	1,933.5	2,721.0	8,328.8

자료: UNCTAD

위 표에서 보는 것과 같은 외국인 직접투자의 막대한 유입은 중국을 단 시간 내에 세계 최대의 생산기지로 바꾸어 놓았고 1978~2012년간 9.9%라는 경이적

3) 정부와 경영자가 경영책임 계약을 체결하고 독립적으로 회사를 경영한 후 목표를 초과한 이윤의 일부를 기업에 귀속시키는 것을 주 내용으로 하는 계약이다. 의도는 좋았으나 경영자로 하여금 단기 이윤극대화에 집착하게 하여 장기적으로 정부의 재정수입 감소라는 의외의 결과를 가져왔다.

인 경제 성장을 이룩하게 되었고 1980년 314달러에 불과하던 국민 소득은 2015년 약 8,000달러로 증가하게 되었다.

(3) 제3단계

1992년 덩샤오핑의 남순강화로 시작된 3단계 개혁·개방은 사회주의 시장경제 체제를 더욱 발전시키는 계기가 되었다. 1990년대 초반 중국은 개혁·개방의 지속 여부를 놓고 좌, 우간에 치열한 논쟁 및 노선투쟁을 벌인 시기였다. 1979년 이후 농업생산력은 크게 높아졌지만 시장경제 도입과정에서 인플레이션, 대량실업 등 사회불안이 고조되는 가운데 일선 관료들의 부패까지 겹치자 공산당의 부패에 엄격했던 후야오방 총서기의 사망을 계기로 1989년 6월 천안문 시위가 발생했다. 공산당 내 보수파는 개혁·개방의 중단을 요구하였고 더욱이 1991년 구소련과 동유럽 국가들이 붕괴하는 상황에서 사회주의 체제의 몰락을 걱정하던 보수좌파가 계획경제 복귀를 강력히 주장하던 시기였다.

덩샤오핑은 공산권 국가들이 줄줄이 무너지는 상황에서 개혁·개방의 중단은 공산당의 위기를 자초한다는 사실을 직시하고 "자본주의냐, 사회주의냐"는 프레임에 갇혀 있는 공산당 보수파들을 향해 "계획경제가 곧 사회주의는 아니며, 시장경제가 꼭 자본주의인 것만도 아니다. 자본주의에도 계획이 있고, 사회주의에도 시장이 있다. 계획경제와 시장경제는 경제를 운용하는 수단일 뿐이다"라고 설파했다.

4. 중국 경제 현황과 전망

1) 중국경제의 특징

덩샤오핑이 개혁·개방의 설계자로서 중국의 발전을 이끈 것은 이미 아는 사실이지만 실무는 시장경제로의 변화를 주장하였던 장쯔양 총리에게 맡겨 효과적으로 추진되었다. 덩샤오핑이 은퇴한 후 주석에 오른 장쩌민 역시 경제개혁의 과제를 초기에는 리펑 총리, 후기 에는 주룽지에게 맡겼다. 특히, 주룽지는 임기 중 국유기업 구조조정, 은행 개혁, WTO 가입 등을 주도하여 역사상 가장 유능했던 총리로 인정받고 있다. 이런 전통을 이어받아 후진타오도 원자바오 총리에게 경

제 운용을 맡겼지만 농업개혁과 현대적 사회복지제도 도입에는 일부 성공하였지만 다른 부문에서는 아쉽다는 평가를 받고 있다.

위의 주석, 총리 분담운영 체제와는 달리 2013년 주석에 오른 시진핑은 과거 총리가 경제정책을 주도하던 관행을 따라하지 않고 경제에 관한 사항도 직접 관장하고 있다. 시진핑 정부는 수출 위주 성장에서 내수 위주 경제로의 전환, 만연한 부패 척결, 지역·계층 간 불평등 해소 등 많은 해결 과제를 안고 있다.

(1) 경제체제의 점진적 시장화

과거에는 중앙집권적 체계에서 운영되던 국유기업이 경제의 주축을 이루었다면 지금은 여러 형태의 민영기업이 중추역할을 하고 있다.

(2) 산업화, 도시화의 가속화

중국은 엄청난 인구를 바탕으로 한 풍부한 국내 자본 및 외국인 직접투자를 통해 유입된 해외자본, 그리고 노동력을 이용해 세계의 공장으로서 입지를 다지게 되었고 이를 통하여 농업경제에서 산업경제로 구조변화를 이룰 수 있었다. 특히 철강, 전자, 기계, 자동차 부문의 약진에 힘입어 제조업 분야가 중국 경제의 성장엔진으로서 역할을 하고 있다.

이러한 산업화에 힘입어 도시화도 계속하여 진행되고 있으며 2012년 기준 도시화율(전체 인구 가운데 도시지역에 거주하는 인구의 비율)은 50%를 상회하게 되었다. 이러한 도시화, 산업화는 투자, 소비 분야의 엄청난 수요증가로 이어지고 있으며 엄청난 인구의 도시집중 현상이 발생되고 있다.

(3) 점진적 세계화

2001년 말 WTO 가입 이후 중국은 세계 최대의 상품 및 서비스 시장, 저가의 생산기지, 최고의 해외투자처로 부상하였으며 이로 인한 수요증가는 대외교역의 증진과 해외자본 유입을 통해 충당하고 있다. 중국은 이런 방식을 통해 국내와 국외를 적절하게 연계하고 있는 것이다. 1979년부터 경제개혁과 대외개방이 추진되기 시작한 이래 급속히 성장하여 세계 2위 경제대국으로서 입지를 다지고 있으며, 특히 2000년대에 들어와 수년간 두 자릿수 경제성장률을 기록하면서 21세기 중반 무렵에는 미국을 추월할 것이라는 전망도 제기되고 있다.

하지만 이러한 장기적 장밋빛 전망에도 불구하고 단기적으로 많은 한계를 노출하는 것이 사실이다. 고도성장의 후면에는 계층 및 지역간 소득격차 확대, 국유기업 구조조정 과정에서의 사회불안, 물가 상승, 금융기관 대출자산 부실 등 극복해야 할 난제들이 적지 않다.

2) 최근의 경제 동향

중국은 21세기 초반 연간 10%가 넘는 경이로운 경제성장률을 기록했고 2010년에는 일본을 넘어 세계 2위의 경제 강국이 되었다.

표 1-2 2014년 국가별 GDP 순위

(단위 : 조 달러)

구분	미국	중국	일본	독일	영국	프랑스	브라질	한국
신규 투자	17.3	10.4	4.6	3.9	2.9	2.8	2.3	1.4
순 위	1위	2위	3위	4위	5위	6위	7위	13위

자료: 세계은행

급기야 2014년 말에는 중국 경제가 미국을 제치고 세계 1위에 올라섰다는 통계 결과가 나오기에 이르렀다. 국제통화기금(IMF, International Monetary Fund)이 구매력평가[4] 기준으로 조정한 국가별 국내총생산(GDP)을 비교한 결과 중국이 18.1조 달러를 기록하여 17.3달러의 미국을 추월하였다고 발표하였다. 2014년 기준으로 세계경제에서 차지하는 점유율도 중국이 16.5%, 미국이 16.3%로 순위가 바뀌었다. 이는 2013년 중국이 처음으로 세계교역량 1위로 올라선 데 이은 또 하나의 큰 변화라 할 수 있다.

최근 중국의 성장변화를 되돌아보면 2009년 글로벌 금융위기 당시 정부 주도의 대규모 프로젝트 집행으로 성장을 지탱하였으나 그 후 고속성장이 종료되고 중속(中速)성장 시대로 접어들었다고 볼 수 있다. 정부의 대규모 투자에 따라 2009~2011년까지 3년간 10%의 성장률을 이어갈 수 있었지만 프로젝트가 마무

4) 구매력평가(Purchasing Power Parity, PPP) GDP란 일물일가의 법칙을 적용하여 같은 상품을 구매할 수 있는 능력을 기준으로 산출되는 GDP인 반면, 경상가치 GDP란 한 나라의 GDP를 시장 환율에 따라 미국 달러화로 환산하여 산출하는 GDP이다.

리된 2012~2013년에는 연속해서 7.7%의 성장률을 기록하면서 과거와 가까운 성장은 계속하지 못하기 때문이다. 그 결과 후진타오 지도부는 제12차 5개년규획(12.5규획, 2011~2015)이라는 로드맵을 시진핑 지도부에게 제시하였으나, 이를 실현할 수 있는 경제여건은 구비하지 못한 것으로 판단되고 있다.

중국 경제의 성장 둔화와 함께 또 다른 위험요소는 먼저 그림자금융5)이다. 정확한 규모 파악은 어렵지만 은행자산의 35% 가량으로 집계되고 있다. 중앙과 지방을 합친 정부부채 규모는 GDP의 53% 수준이다. 두 가지 문제 모두 당장 문제가 되진 않지만 부동산 가격하락과 동반될 경우 연쇄적인 부도상황을 일으키는 최악의 시나리오를 가정할 수 있다. 마지막으로 2014년부터 몇몇 회사채가 부도를 내는 사례가 있으나, 이는 그동안 정부가 생산력 과잉을 경고해온 업종에 국한되어 발생하였던 것이며, 단기간 다른 분야로의 확산은 낮을 것으로 평가되고 있다.

3) 중국경제 전망

(1) 최근 전망

중국 정부는 2016년 제12기 전국인민대표회의(전인대) 4차 회의에서 2016년 경제성장률 목표를 6.5%~7.0%로 하향 조정하면서 중국경제가 본격적으로 중속성장시대로 접어들었음을 공식화 하였다. 이와 동시에 대내외 공급측면의 개혁강화, 13.5규획 착수, 민생안정 추진 등 중장기 계획을 적극적으로 시행하고, 대외정책으로는 무역정책 개선, 서비스 무역 확대 등을 천명하였다. 특히 2016년 양회6)를 통해 구조개혁에 대한 강력한 의지와 함께 적정수준의 경제성장과 분배의 균형을 강조한 것으로 평가된다.

2016년에 시작되는 13.5규획의 주요 목표에는 산업수준의 고도화, 신성장산업의 적극 육성, 도시화와 농업의 현대화, 친환경 생산방식 도입, 개방형 경제체제

5) 그림자금융(shadow banking)이란 은행과 비슷한 신용중개기능을 하면서도 은행처럼 엄격한 건전성 규제를 받지 않는 금융기관과 금융상품을 통틀어 일컫는 말이다. 어감이 다소 부정적이어서 비리와 부정을 연상시키기도 하지만 정확히 표현하면 우리나라의 유사금융(類似金融)과 비슷하다.

6) '양회'란 국가 최고 권력기관인 전국인민대표회의와 최고 정책자문기구인 전국인민정치협상회의를 말하는데, 이 두 회의는 매년 3월에 동시에 개최되어 중요한 의제에 대하여 의사결정을 한다.

강화, 복지제도 확충 등이 포함되어 있다. 첫 해인 2016년에는 사회간접자본에 집중적으로 투자할 계획인데 철도망, 수력, 원자력발전, 도시철도 및 파이프라인 등의 사업이 대상이다.

(2) 경제성장의 제약 요인

중국의 향후 경제성장을 위한 내부 제약요인으로는 첫째 인력개발 문제이다. 전반적인 교육 수준의 향상에도 불구하고 기술 분야의 전문 인력은 여전히 부족한 상태이며, 두 번째는 자원부족과 환경오염 문제이다. 대량생산, 대규모 내수시장으로 대변되는 중국의 성장위주 경제활동은 결과적으로 환경오염의 주범이 되고 있다. 또한 이러한 경제활동을 지속하기 위해서는 대량의 에너지와 자원이 필요하다. 중국의 석유 대외의존도는 약 60%에 달하고 있는데 통계에 따르면 석유값이 배럴당 1달러 상승할 때마다 GDP는 약 0.03% 축소될 것으로 전망되고 있다. 마지막으로 중국에는 자체 개발된 핵심기술이 많지 않다. 이는 지난 수십 년간 연구개발 분야를 소홀히 한 탓이지만 몇 년 전부터 전체 훼의 1.3%를 꾸준히 관련 분야에 투자하고 있다. 하지만 이는 신흥공업국의 평균인 2%에는 아직 못 미치는 수준이다.

제네바 세계경제포럼의 2014-2015 세계 경쟁력 보고서에 따르면 중국은 평가대상국 144개국 가운데 28위를 기록하였다. 브릭스 국가 가운데 가장 앞서 있는 것으로 나타타고 취약분야로 간주되는 교육훈련, 기업 성숙도, 기술적 발전도 모두 소폭 개선된 것으로 나타나고 있으나 지속적인 문제점으로 지적되어 온 금융부문의 평가는 개선되지 않고 있는데 특히 은행산업의 취약성이 부각되고 있다.

마지막으로 중국경제의 세계화가 진행되면서 중국의 교역조건은 악화되는 경향을 보이며 무역흑자를 보이는 국가들과의 마찰도 심화되고 있다. WTO 창설 이후 중국은 반덤핑제소, 제재 횟수가 가장 많으며 세계 반덤핑 소송의 1/7이 중국을 상대로 하고 있으며 이 가운데 약 70%에서 실제 제재조치를 받고 있다.

(3) 중국 경제의 미래

중국의 경제성장세는 다른 선진국들처럼 감속하는 국면으로 나타날 것이라는 것이 다수의 관측이다. 어느 나라이건 경제규모가 일정 수준에 오르면 지속적인 성장을 위하여 질적 성장이 동반되어야 하기 때문이다. 중국 지도부는 사회주의

시장경제라는 새로운 이념을 국민들에게 제시하면서 경제 성장을 이끌어 왔으며, 지금까지는 성공적이라고 자평할 수 있다. 그러나 아직은 뿌리가 단단하게 내렸다고 단정하기 어렵다. 향후 중국의 경제전망에서 낙관론과 비관론이 팽팽하게 대립하는 것도 그 이유 때문이다.

낙관론자의 입장은 규모면에서 중국은 이미 미국을 제치고 세계 제일의 교육국으로 성장했고 일본을 뛰어넘어 세계 2위의 경제대국이 되었다는 것이다. 단지 시기의 문제일 뿐 중국이 미국을 제치고 국내총생산(GDP) 규모에서 세계 1위에 오를 것이라는 데에는 의심의 여지가 없다고 이들은 전망하고 있다. 학자마다 성장근거의 차이가 있지만 중국 경제를 이끌어갈 원동력으로 급속한 산업화, 도시화, 정보화, 인프라의 현대화 등을 들고 있다 중국의 노동력은 약 8억 명으로 미국의 5배에 이르고 다른 나라에는 없는 거대한 내수시장이 중국 기업들에게 열려있다.

과거와 같은 높은 성장률을 유지하는 것은 힘들겠지만 지금같이 경제의 질이 변화되는 시점에서 경제성장률이 낮아지는 것이 문제가 아니라 어느 방향으로 나아가고 있느냐가 중요한데 지금 중국은 서비스산업 발전을 통한 성장과 내수시장의 소비촉진을 통한 성장으로 체질을 바꾸고 있으며 이러한 측면에서 빠른 성장을 이룩할 수 있을 것이다.

이에 비하여 비관론자들은 중국의 경제성자은 이미 낮아지고 있으며 새로운 성장방식을 정착시키기 어려울 것이라고 판단하고 있다. 이들은 중국 경제의 상당부문은 공산당이 도시거주자의 주택 사유화를 허용하면서 부동산 경기의 활성화에 힘입어 경제가 크게 성장하였다고 분석하고 있다. 이에 동반하여 철강, 건설자재, 유리, 가전부문이 함께 성장하여 중국 GDP의 25%를 차지할 정도로 비중이 커져 있는데 이러한 방식의 성장은 많은 한계를 가지고 있다고 생각하고 있다.

또한 중국은 과거 일본과 한국이 성공하였던 수출 위주의 경제성장방식을 활용하였는데 세계 2위의 경제국으로 올라선 중국의 더 이상 수출주도의 성장을 하는 것은 한계가 있다는 것이다. 아울러 국내외 투자자들에게 확신을 주지 못하는 불투명한 사법체계, 인적 연대를 중시하는 사회적 분위기 등 대대적인 혁신이 어렵다고 비관론자들은 판단하고 있다. 따라서 양적 성장의 한계에 다다라 있는 중국 경제의 새로운 발전방향을 모색하려면 혁신이 절실히 요구된다고 주장하고 있다.

마지막으로 중국의 상대적 강점으로 여겨졌던 노동력 문제도 포함되고 있다. 중국은 고령화 사회로 진입하고 있어 2030년에는 현재 약 8억 명에 달하는 노동인구의 약 11%가 감소할 것이라는 전망이다. 노동력 감소의 결과로 중국은 성장속도가 3%대로 낮아질 것으로 예측하고 있다. 이외에도 국유기업의 비효율, 중국 국산제품 등 기술수준의 낙후 등 여러 요인을 주장하고 있다.

제2장 무역정책의 의의와 효과

1. 무역정책의 의의

우리는 앞서 이론적 분석을 통해 일반적으로 자유무역은 무역당사국 모두에게 이득이 된다는 것을 살펴보았다. 즉, 자유무역의 확대는 각국의 생산요소를 보다 더 효율적으로 활용하여 생산할 수 있도록 함으로써 전 세계적으로 생산량이 증가하고 따라서 소비자들은 보다 많고 질 좋은 상품을 소비할 수 있음으로 후생이 증대된다는 것이다. 그러나 국가간 무역이 시작된 고대로부터 현대에 이르기까지 자유무역보다는 제한된 형태의 무역, 즉 보호무역이 더 일반적이라는 사실을 부정하기 어렵다. 특히 무역이론이 잘 발달된 오늘날에 있어서도 각국은 정도의 차이는 있지만 외국과의 경제거래에 있어서 정부가 간섭 또는 제한을 하고 있는 것을 쉽게 찾아 볼 수 있다.

따라서 본 장에서는 왜 각국은 외국과의 경제거래에 개입을 하는가, 즉 무역정책(trade policy)을 실시하는가, 그리고 개입하는 형태는 어떤 것이 있는가, 또한 이러한 정책의 귀결 또는 효과는 어떠한가 등의 문제를 다루려고 한다.

여기서 무역정책을 간략히 정의하면, 일국 정부가 특정의 경제목적을 달성하기 위하여 자국의 대외 경제활동에 개입하는 전반적인 정책 및 그 수단을 의미한다. 무역정책 수단은 좁게 보면 직접적으로 무역활동에 영향을 미치는 관세 및 비관세정책을 비롯하여 환율 및 외환관리정책, 각종의 국제경제기구와의 협력정책 등이 있다. 그러나 보다 범위를 넓혀 보면 간접적으로 무역활동에 영향을 줄 수 있는 모든 경제정책, 즉 일국의 재정정책, 통화정책, 가격규제정책 등 거의 모든 경제관련정책을 포함한다고 볼 수 있다. 그러나 본 장에서는 협의의 무역정책 수단, 그중에서도 관세 및 비관세정책과 국제경제기구에 대해서만 살펴보기로 한다. 한편 무역정책 중에서도 관세 및 비관세정책만을 지칭하여 통상정책(commercial policy) 또는 환율 및 외환관리정책과 각종의 국제경제기구와의 협력정책을 포함하여 국제경제정책(international economic policy)라고 부르기도 한다.

2. 무역정책의 역사적 전개

무역정책의 역사적 전개과정을 살펴보면 정도의 차이는 있지만 자유무역주의와 보호무역주의가 대립되어 오늘날까지 이르고 있다. 물론 자유무역주의가 보편화되는 시대가 있는가 하면 보호무역주의가 더 일반적인 시대가 있다. 또한 동일한 시대에도 국가간의 경제적 발전과정의 차이에 따라서 자유무역주의를 선호하는 국가들이 있는 한편, 보호무역주의를 선호하는 국가들이 있기 마련이다. 일반적으로 경제가 발전된 선진공업국들은 비교우위에 입각한 자유무역주의를 지지하는 경향이 있는 반면, 경제발전이 뒤처진 개발도상국들은 자국의 산업을 보호하고자 보호무역주의를 선호하는 경향이 많았다.

물론 여기서 자유무역주의라 하면 보통 일국이 대외무역거래에 대하여 가능한 한 통제나 개입의 폭을 축소 또는 폐지하려는 경향을 말하며, 보호무역주의는 그 반대의 경우를 의미하는 것으로 일국이 수입을 제한하는 각종의 정책수단을 동원하고 수출을 증대시키기 위한 각종의 지원정책을 사용하는 경향을 지칭한다.

이제 17세기 중상주의 시대부터 현재에 이르기까지 무역정책이 어떻게 변화되어 왔는지 살펴보기로 한다.

1) 중상주의(重商主義)시대 (17-18세기)

중상주의(mercantilism)는 17세기부터 18세기에 이르기까지 유럽을 지배하던 사조이다. 중상주의는 일국이 부를 증진시키기 위해서는 금, 은과 같은 귀금속을 축적하는 것이 최선의 방법이라고 믿고, 귀금속의 국내보유량을 증가시키기 위하여 일국이 시장에 적극적으로 개입하여 상품의 수출을 장려하고 수입을 억제하여 무역흑자를 이룩해야 한다는 주장을 폈다. 따라서 무역에 있어서 '한 국가의 이익은 다른 국가의 손해'라는 논리를 폈다.

당시 무역정책의 주요 수단은 관세였으며 그 이외 환율의 임의적 조작, 수출입 금지 또는 제한, 항해독점 등의 수단도 동원되었다.

2) 자유무역주의의 이론적 확립 (19세기)

18세기 후반에 접어들면서 당시 산업혁명의 선발국가인 영국에서 중상주의적 사고에 대한 회의가 일기 시작하였다. 특히 스미스(A. Smith)는 1776년 출간한 국부론에서 무역을 통한 생산의 국제분업과 전문화가 궁극적으로 무역당사국 모두에게 이익을 가져다준다는 논리를 소위 절대생산비설이라는 이름으로 제공하였다. 스미스에 이어 리카도에 의한 비교생산비설(D. Ricardo)의 등장은 본격적인 자유무역이론의 시발이 되었으며 이는 밀(J.S. Mill)의 주장과 함께 자유무역체제의 이점을 합리화시키는 체계적인 이론이 되었다.

이들 소위 고전학파 경제학자들의 자유무역에 대한 옹호는 당시 산업혁명의 선두주자였던 영국에 의해 받아 들여져 영국은 1840년대부터 본격적인 자유무역주의를 추구하기 시작하였다. 영국의 이러한 자유무역주의의 추구는 대륙국가들에게도 영향을 미쳐 1860년대에 들어서 국제적인 무역자유화의 경향을 가져와 국가간의 무역조약체결이 활발하게 이루어졌다. 당시의 무역조약들은 소위 최혜국대우(Most Favored Nation Treatment)에 입각한 것이었는데 이는 양국이 각각 다른 어떤 국가에 적용하는 가장 유리한 조치를 조약상대국에 제공한다는 내용으로, 이는 2차대전 이후 탄생한 GATT체제에 있어서 근간이 된다.

3) 보호주의이론의 전개 (19세기 후반)

보호주의의 필요성을 최초로 논리적으로 체계화 한 사람은 미국의 재무장관을 지낸 헤밀톤(A. Hamilton)이었다. 그는 미국의 제조업부문에 있어서 자급체제 확립과 농업부문의 보호를 통한 식량의 안정적인 공급원 확보를 강조하였다. 오늘날에 있어서 미국이 이와는 상반된 주장을 펴는 현실을 감안하면 참으로 격세지감이 아닐 수 없다. 아무튼 헤밀톤의 주장은 19세기 당시 미국으로 하여금 보호주의적 무역정책을 강화하는데 이론적 뒷받침이 되었으며, 실제로 미국이 선진공업국으로 발전하는데 기여를 하였다.

헤밀톤의 다소 소박한 주장은 그 후 독일의 리스트에 의하여 보다 이론적으로 설득력을 갖춘 유치산업보호론으로 발전하였다. 리스트(F. List)는 1841년 발표한 저서에서 고전학파의 자유무역이론을 신랄하게 비판하였다[1]. 그는 자유무역이론이 국가간 동일한 조건을 가진 국가간의 무역에만 합당할 뿐, 국가간 상이한 경쟁력을 보유하고 있을 때는 합당하지 않다고 주장하였다. 즉 무역정책은 각국의 경제발전단계와 연계하여 각각 다르게 수행되어야 하는데 발전단계가 뒤처진 국가의 경우는 공업부문의 유치산업이 경쟁력이 배양될 때까지 일정기간 보호해주어야 한다는 것이다. 이 같은 주장은 19세기 중엽 당시 독일이 처했던 경제적 여건을 배경으로 하고 있는데 실로 당시 후진상태에 있었던 미국 및 독일 등이 선진공업국으로 등장하는데 크게 기여하였음을 부인할 수 없다. 또한 오늘날에도 많은 개발도상국가들이 이 주장을 무역정책에 반영하고 있다.

4) 양차대전간의 보호무역주의 확산 (20세기 전반)

비록 19세기 후반 이후 보호주의적 추세가 확산되었으나 국제무역의 규모는 빠른 속도로 증가하였다. 예를 들어 1870년부터 1914년까지 세계의 연평균 생산증가율은 2.1%였는데 반하여 무역증가율은 3.4%에 달하였다. 그러나 1920년대 말부터 1930년대 초의 세계 대공황으로 경제가 침체하자 각국은 자국의 산업을 보호 또는 회생시키려는 차원에서 종래의 관세정책을 강화 할뿐만 아니라 직접적인 무역제한이나 강력한 외환관리제도를 도입하였다. 이 같은 각국의 정책은 근린궁핍화정책(近隣窮乏化政策; beggar-thy neighbor policy)으로 보복정책을 야기하게 되고 이에 따라 경제침체는 더욱 심화되고 세계무역량은 더욱 크게 감소하였다. 예를 들어 1881-1913년간 무역증가율이 40%였던 것이 1913~1937

1) List, F., The National System of Political Economy, 1841.

년간에 14%로 급격히 하락하였다[2]. 이후 2차세계대전이 발발하면서 국제무역량은 더욱 급격히 하락하였음은 물론이다.

5) 2차대전 후의 자유무역주의 확산 (1945 – 1970년대 초)

2차대전이 끝날 무렵 연합국들 간에는 전후에 보호주의적 상황의 재연을 방지하고 경제부흥을 이룩하기 위해서는 무역의 자유화를 위한 제도적 장치가 필요함에 의견이 일치하게 되었다. 즉, 1941년 미국과 영국은 대서양헌장(Atlantic Charter)을 발표하였는데 이 헌장에는 전후 국제경제협력에 대한 큰 테두리인 다자주의(multilateralism)와 신자유주의(neoliberalism) 정신이 병시되있다.

이에 따라 1945년을 전후하여 국제금융과 국제무역에 관한 국제적 제도적 장치가 마련되었다. 우선 2차대전이 끝나기 일 년 전인 1944년 7월 미국의 브레튼우즈(Bretton Woods)에서 44개국의 대표들이 모여 전후의 국제통화제도를 미국의 달러화를 기축통화로 하는 금환본위제도(gold-exchange standard system)로 하기로 하고 이를 효율적으로 관리하기 위한 국제기구로서 국제통화기금(International Monetary Fund; IMF)을 창설하였다. 한편 1947년에는 관세 및 무역에 관한 일반협정(General Agreement on Tariffs and Trade; GATT)이 23개국에 의해 조인되어 1948년부터 그 기능을 시작하였다.[3] 이같이 국제금융 및 통화적 측면에서는 IMF가, 국제무역측면에서는 GATT가 전후의 자유로운 국제경제관계에 기여하게 됨에 따라 세계무역은 크게 확대되었으며 각국의 경제성장도 괄목할만한 성과를 거두게 되었다.

6) 신보호주의의 확산 (1970년대 초 이후)

이같이 IMF와 GATT의 역할에 힘입어 확산되던 자유무역주의는 1970년대 2차례의 오일쇼크를 겪게 되면서 새로운 형태의 보호주의로 급선회하게 된다. 즉, 1970년대의 오일쇼크로 말미암아 세계 각국은 스태그플레이션(stagflation)이라는 유례없는 형태의 경기 불황을 겪게 되었고 이에 따라 자국의 산업을 보호하기 위한 보호주의적 조치들을 경쟁적으로 채택하게 되었다.

---

2) 김세원, 무역정책, 무역경영사, 중판, 1988, p.57.
3) GATT에 대한 보다 구체적인 논의는 제 3장을 참조할 것.

이를 특별히 기존의 보호주의와 달리 신보호주의라고 지칭하게 된 것은 1970년대 이후의 보호주의가 여러 가지 면에서 기존의 것과 다른 특징을 가지고 있기 때문이다. 첫째, 기존의 보호주의는 주로 경제개발 면에서 상대적으로 뒤쳐진 국가들이 자국의 개발과 관련한 유치산업의 경쟁력을 강화하는데 목적이 있었다면, 신보호주의는 새롭게 부상하는 신흥공업국들과의 경쟁 결과 선진국들이 비교우위를 잃고 있는 자국의 사양산업을 보호하는데 목적이 있었다. 둘째, 기존의 보호주의가 주로 무차별적인 관세를 주요 정책수단으로 사용하였으나, 신보호주의는 GATT체제 하에서 상당 폭 낮아진 관세장벽보다는 주로 GATT규정을 교묘히 회피할 수 있는 비관세장벽이 주로 사용되었다. 셋째, 종전의 보호주의는 주로 자국의 재화시장을 보호하려는데 국한되었던데 반하여 신보호주의는 보험, 저작권, 특허권 등의 각종 서비스산업까지 포함하여 자국시장을 보호하는 한편 상대국의 시장을 개방하려는 적극적인 정책이 사용되었다[4].

이 같은 신보호주의의 확산에 따라 GATT에 의해 추진되어 온 무역자유화가 위협을 받게 되고 무역분쟁이 심화되면서 GATT의 제8차 협상인 우루과이 라운드가 1986년 9월 시작되어 1993년 12월 타결되었다[5]. 이에 따라 그동안 확산되어 오던 신보호주의가 제동이 걸렸지만 자유무역주의가 정착을 하게 될지는 더 두고 봐야 할 일이다.

3. 무역정책의 효과

앞서 무역정책은 일국이 특정의 경제 목적을 달성하기 위해 무역활동에 개입하는 정책이라고 정의하였다. 일국이 무역정책을 통해 추구하는 주요한 경제목적은 다음과 같은 것들이 있다.

1) 국내산업보호

무역정책의 가장 직접적이고 일반적으로 고려되는 목적이라고 할 수 있다. 즉, 일국은 국내의 특정산업을 보호하기 위해서 해당 산업에서 생산되는 상품과 동

4) 이의 대표적인 예가 수퍼301조라고 불리는 1988년 제정된 미국의 종합무역법안이다.
5) 우루과이라운드에 대한 보다 구체적인 설명은 제 3장을 참조할 것.

종 또는 유사상품이 외국으로부터 수입되는 것을 제한 또는 금지하거나, 국내의 해당산업에서 생산되는 상품의 해외수출을 촉진하기 위한 각종의 무역정책을 시행할 수 있다. 보호되는 국내산업은 무역정책을 시행하는 국가의 경제적 위치에 따라서 개발도상국의 유치산업과 선진공업국의 사양산업과 전략산업으로 크게 구분할 수 있다.

(1) 유치산업보호

우선 유치산업보호(Infant Industry Protection)는 경제발전단계가 상대적으로 늦은 국가에서 자국의 유치단계에 있는 산업을 보호·육성함으로써 궁극적으로는 선진국의 동종산업과 경쟁할 수 있도록 하고자 하는 취지에서 나온 것이다. 이러한 유치산업을 보호하기 위해서 무역제한을 한시적으로 시행해야 한다는 주장은 앞서 설명한 바와 같이 산업혁명이 상대적으로 늦었던 미국과 독일에서 19세기경에 해밀턴(A. Hamilton), 리스트(F. List) 등에 의해 실천적 이론체계가 수립되었다. 이러한 주장은 오랜 기간 동안에 걸쳐 많은 국가에서 무역정책의 근거로 활용되어 왔으며, 특히 제2차대전 이후 우리나라를 비롯한 많은 개발도상국들이 경제성장을 추진하는 과정에서 가장 많이 사용하고 있는 무역정책의 근거로 활용되어 왔다.

이는 이론적으로도 상당히 설득력을 갖고 있는 주장이다. 즉, 유치산업은 첫째, 초기 생산비가 많이 드는 소위 규모의 경제효과를 갖고 있는 산업의 경우 정부의 보조 없이는 개도국의 소규모 기업이 처음부터 국제경쟁력을 가질 수 없으며 둘째, 이 산업이 발전되면 후발기업 혹은 타 산업에 외부경제효과를 발생시키게 된다. 이러한 경우 정부가 개입하여 이 산업을 보호함에 따라 그 사회가 부담해야 하는 경제적 비용보다 동태적 외부경제효과가 크다면 유치산업보호론은 설득력을 갖는다고 볼 수 있다.

그러나 이 경우 현실적으로 적절한 무역정책을 시행하는 것은 쉽지만은 않다. 첫째, 어떤 산업이 위의 조건에 만족스러운 유치산업인가를 선정하기가 쉽지 않다. 둘째, 설사 특정 유치산업을 선정하더라도 이 유치산업이 궁극적으로 동태적 외부경제효과를 얼마만큼 발생시킬 것인지, 따라서 사회적 비용을 어느 정도 감수해야만 하는지 정확하게 규명하기 어렵다. 셋째, 언제까지 이 산업을 보호할 것인지를 결정하기도 어렵다. 특히 일단 어떤 산업이 정부의 보호를 받게 되면,

설사 이 산업이 어느 시점에서 정부의 보호 없이도 국제경쟁력을 가질 수 있음에도 이 산업에 속한 기업들은 정부의 보호장벽 제거를 원치 않기 때문에 정부의 보호가 필요 이상으로 길어질 수 있다. 넷째, 정부의 보호에 의해 외국과의 경쟁을 하지 않아도 되는 국내 기업들이 생산성의 증대에 역점을 두지 않게 되고 더 나아가서는 정경유착이나 독과점형태를 초래하게 될 가능성이 높다. 마지막으로 이상의 문제점을 모두 극복한다 하더라도 결국 무역 상대국의 희생을 초래할 수밖에 없기 때문이 이는 소위 근린궁핍화정책(近隣窮乏化政策; beggar-thy neighbor policy)이기 때문에 상대국의 보복을 초래할 수 있고 결국 모든 무역 당사국이 피해자가 될 수 있다.

아무튼 이러한 현실적 실행의 어려움에도 불구하고 유치산업보호를 위한다는 명분으로 많은 개도국에서 보호무역정책이 흔하게 실행되었으며, 우리나라도 예외는 아니다.

(2) 사양산업보호

한 나라에 있어서의 비교우위 산업은 고정되어 있기보다는 끊임없이 변화하는 것이 지극히 자연스러운 현상이다. 우리가 앞서 살펴본 제품수명주기 이론은 이러한 비교우위의 동태적 변화를 잘 설명하고 있는 이론이다. 사양산업보호를 위한 무역정책은 이 같은 비교우위의 동태적 변화와 관련하여 주로 선진국에서 그동안 비교우위를 갖고 있었으나 개발도상국에게 비교우위를 빼앗기게 된 산업을 보호하려는 취지에서 나온 것이다.

현실적으로 한 나라의 산업이 한 동안 비교우위를 누리다가 다른 나라에게 그 비교우위를 잃게 되는 경우, 해당국가의 산업에 종사하고 있는 노동자 및 그 산업이 위치하고 있는 지역주민들 사이에 이에 대한 저항이 있게 된다. 즉, 이러한 사양산업들은 일반적으로 노동집약적인 산업들로서 이들 산업이 국제경쟁력을 잃게 됨에 따라 많은 고용 노동자를 감축해야 하는데 이들 산업에 고용된 노동자들은 선진국에 잘 발달된 노동조합과 의회를 통해서 정부가 이들 산업을 보호를 해야 한다고 주장한다.

물론 이러한 사양산업을 보호하기 위한 무역정책은 유치산업보호론과 비교하여 이론적 타당성은 없고 도리어 여러 가지 문제점을 갖고 있다. 첫째, 사양산업이 보호되는 경우 그것이 산업구조 조정을 지연시켜 비능률적인 산업에 생산자원을 너무 오랫동안 묶어 둘 가능성이 있다. 또한 이들 산업을 보호하기 위한 수입규제와 같은 무역정책은 일시적인 사용일 지라도 그것은 오직 소비자의 희생위에서만 가능하다. 마지막으로 위의 유치산업보호를 위한 경우와 마찬가지로 이는 결국 본질적으로 근린궁핍화정책이기 때문에 상대국의 보복을 초래할 수 있고 결국 모든 무역 당사국이 피해자가 될 수 있다.

(3) 전략적 무역정책

선진국에 있어서 위와 같은 사양산업보호 주장보다는 보다 더 설득력이 있는 것으로는 소위 전략적 산업(strategic industry)을 보호·육성해야 한다는 주장이다. 이 주장에 따르면 군수장비, 인공위성, 항공기, 생명공학 등의 첨단 산업분야의 경우 세계시장이 완전경쟁보다는 독과점적 구조를 갖고 있으며 따라서 여기에 참여하는 기업은 초과이윤을 향유하게 될 가능성이 높고 이 기업이 속한 국가도 물론 이에 따른 이익을 얻게 된다. 또한 유치산업의 경우와 흡사하게 전략산업의 경우에는 규모의 경제와 외부경제효과가 존재하게 된다. 따라서 정부가 이 산업에 대한 보조금 지급과 같은 적절한 무역정책을 통해 자국의 기업이 선발기업이 되도록 하거나 타국의 기업이 경쟁에서 도태되도록 함으로써 자국의 기업이 초과이윤을 얻도록 하고 더 나아가서는 자국의 여타산업에 외부경제효과를 발생토록 한다는 것이다.

그러나 이 경우에 있어서도 실제로 활용하는 데에는 많은 문제점이 있다. 우선 한 나라 정부가 이러한 정책을 효과적으로 시행하기 위해서는 유치산업보호의 경우보다 훨씬 방대한 정보를 필요로 하는데 이는 현실적으로 거의 불가능하다. 즉 어떤 특정 산업을 전략산업으로 선정하기가 어렵고 설사 선정하더라도 어떤 방법으로 어느 정도의 기간 동안 지원해야 하는가를 결정하기가 매우 어렵다. 둘째는 앞서의 경우와 마찬가지로 결국 이러한 무역정책의 사용은 반드시 경쟁국의 희생을 대가로 해서 성공할 수 있는 것이기 때문에 보복의 위험을 수반하며, 결국 모두가 손해를 입을 가능성이 높다.

2) 국제수지의 개선

국제수지는 일정 기간 동안 일국의 거주자와 여타 세계의 거주자들 사이에 발

생한 모든 경제거래를 체계적으로 분류하여 집계한 것을 의미하는데 균형을 이루는 것이 바람직하다. 왜냐하면 외화의 지급이 수입보다 많은 상태가 계속된다면 결국 그 나라의 보유외화가 고갈되고 결국 긴요한 재화마저 수입할 수 없게 되는 상황에 이르게 될 가능성이 있기 때문이다. 한편, 외화의 수입이 지급을 항상 초과하는 상태도 바람직하지 못한데 왜냐하면 이는 외국으로부터 획득한 외화를 단순히 축적하기만 함으로써 국내의 물가상승을 야기할 수도 있으며 또한 외화를 이용하여 외국으로부터 자국이 필요한 물품을 수입함으로써 국민의 생활수준을 향상시키고 경제발전에 도움이 되도록 하는 것이 바람직하기 때문이다.

이에 따라 한 나라는 그 나라의 국제수지가 지속적으로 불균형상태(특히 적자상태)를 보이게 되면 이를 개선하려는 무역정책을 채택하게 된다. 사실 제2차 세계대전 이전에는 각국이 국제수지의 불균형을 해소하기 위하여 보호무역정책을 시행하는 경향이 매우 컸다. 따라서 대전 이후 세계 각국은 국제통화기금(IMF)를 창설하여, 회원국이 일시적으로 국제수지 적자 상태를 보이게 되면 단기자금을 공여함으로써 국제수지 불균형을 이유로 한 보호무역 정책의 시행을 방지하려고 노력하고 있다. 그러나 그동안 자유무역주의의 선봉 역할을 해왔던 미국이 장기적인 국제수지 적자에 시달리면서 이를 개선하기 위하여 외국제품에 대한 수입규제조치를 실시하는 동시에 외국에 대한 시장개방압력을 강력하게 가하고 있는 것이 작금의 현실이다.

3) 국내물가안정

일국에서 지나친 물가상승은 소비자의 실질소득을 감소시키고 투자자들의 장기적인 계획수립을 어렵게 함으로써 국민경제생활을 불안정하게 할뿐만 아니라 자원의 불평등한 분배를 초래하게 된다. 따라서 국내물가가 불안정할 경우 정부는 국내물가 상승을 주도하는 제품이 외국으로부터 저렴한 가격에 수입될 수 있도록 해당품목의 관세율을 인하하거나 수입허용폭을 확대하고, 경우에 따라서 해당품목의 수출을 억제하는 정책을 추구하게 된다. 또한 물가상승이 대부분의 상품에서 나타나는 경우에는 환율을 조정하기도 한다.

4) 교역조건개선

교역조건(terms of trade)이란 일국의 수출품과 수입품의 교환비율, 즉 수출품의 평균가격과 수입품의 평균가격과의 비율을 의미한다. 수출품의 평균가격이 수입품의 평균가격보다 하락하는 경우, 즉 교역조건이 악화되는 경우는 본국이 동일한 양의 외국상품을 수입하기 위하여 보다 많은 국내상품을 외국에 지불해야 함으로 바람직하지 않다. 따라서 교역조건을 개선하기 위하여 외국상품의 수입을 제한하기도 하는데 이 경우 본국의 경제규모가 비교적 커야 하는 제한이 있다.

1. GATT

1) GATT체제의 설립배경

GATT체제는 세계 제2차대전 이후 1946~48년 사이에 있었던 수차의 국제회의에서 각국이 1930년대에 경험한 국제무역의 혼란과 침체를 반복하지 않겠다는 공동인식과 합의를 통해 이룩한 경험의 산물이라고 볼 수 있다.

대부분의 국가들이 1930년대의 대공황을 기점으로 하여 자국의 세력권을 중심으로 철저한 보호무역주의(保護貿易主義)를 실시하게 되었다. 각 나라들은 대외적으로는 고율의 관세장벽을 구축하는 한편 수입상품의 수량제한을 강화함으로써 세계무역량은 크게 감소하게 되었다. 이 시기에는 각국이 앞 다투어 관세를 인상하는 이른바 '관세전쟁(關稅戰爭)'이 일어났고, 강대국을 중심으로 하는 블록경제(bloc economy)가 형성되어 서로 대립하는 양상을 보여 왔다.

따라서 GATT는 관세와 비관세장벽을 제거하여 자유무역을 확대시키고 무역

에 대한 각 나라의 복잡한 이해관계를 협상을 통해 해결해 나간다는 다자간협상기구(多者間協商機構)로 출발하였다. GATT설립준비위원회는 1946년 런던회의, 1947년 뉴욕회의, 동년 제네바회의와 1947~48년 쿠바의 하바나회의 등을 거쳐 많은 국가들이 참가하였으며, 1947년 10월 GATT최종안에 서명한 나라는 당시 주요공업국이었던 미국, 영국, 캐나다, 오스트레일리아, 프랑스 등을 포함한 23개국이었다. 원래 1948년 하바나회의에서는 UN산하에 국제무역기구(國際貿易機構: International Trade Organization, ITO)를 창설하기 위한 이른바 하바나 헌장이 상기 23개국의 찬성 하에 채택되었다. 이 ITO헌장은 각국의 관세, 각종 무역제한조치, 고용·경제개발 등 광범한 분야에 대해 회원국이 채택하여야 할 정책기준을 정하는 것이었다. 그러나 이 헌장은 자유무역의 이상을 추구한 나머지 그 내용이 지나치게 엄격하였기 때문에 그리고 일부 공산권 국가들도 참여함으로써 제안국인 미국과 영국에서조차 의회의 비준(ratification)을 받지 못하고 유산되고 말았다. 이에 주요참가국들은 ITO헌장 가운데 비교적 간단한 교역상품의 관세인하와 무역제한조치에 관련된 조항만을 선별하여 GATT협약을 체결하게 되었다.

GATT는 엄밀히 말해 하나의 국제협약이라고 하기보다는 행정협정이라고 보아야 하며 법률적으로는 애매하지만 사무국, 총회, 이사회, 각종 위원회를 갖춘 국제기구로 발전하였다.

1994년 1월 현재 정회원국은 115개국이며, 준회원국은 27개국, 그리고 잠정회원국이 한 나라 있다. 준회원국들도 GATT협정의 제약을 받기 때문에 세계 거의 모든 국가들이 회원국인 셈이다. 우리 한국은 1967년 4월 정회원국이 되었고 그 이전에는 준회원국의 처우를 받았다. 1989년 11월 GATT 18조국(개발도상국 특례조항)을 끝마치고 1990년부터 GATT 11조국이 되었다. 이때부터 우리 한국은 개발도상국으로서의 각종 특례를 받을 수 없게 되었으며 대부분의 선진국가들과 같이 관세, 과징금 이외의 수입제한조치를 할 수 없게 되었다.

2) GATT협정의 주요내용

당초 GATT협정의 본문(本文)은 3부 35조로 구성되어 있었으나 그 후 수차의 수정을 거쳐 최근에는 4부 38조로 이루어졌으며 그 근본원칙을 보면 다음과 같다.

먼저 무차별대우의 원칙(無差別待遇原則: non-discrimination principle)은 관세인하와 수입제한철폐라는 2대 목적의 달성을 위해서 가장 우선되는 원칙으로 제1조에 명기되어 있다. 이는 최혜국조약(最惠國條約: most favored nation treatment, MFN)이라고도 하는데, 어떤 가맹국이 다른 가맹국의 상품에 부여하는 대우를 같은 상품을 교역하는 모든 가맹국에도 적용할 것을 규정한 것이다.

둘째, 호혜주의원칙(互惠主義原則: reciprocity principle)은 회원국간의 쌍무협약(雙務協約)을 통해 관세를 인하하면 전가맹국에 적용토록 하는 원칙이다. 이렇게 정해진 관세율을 GATT 양허관세(讓許關稅: tariff concession)라고도 한다.

셋째, 투명주의원칙(透明主義原則: transparency principle)은 GATT가 가맹국의 국내산업보호를 위해 관세만을 인정하고 그 이외의 다른 수출·입제한조치(즉 수량제한조치, QR)를 철폐하기 위한 조치이다. 따라서 가맹국은 비관세장벽을 관세화하도록 규정하고 있다.

넷째, 무역 및 개발에 관한 특대원칙(特待原則)은 GATT의 2대 기본원칙인 무차별대우원칙과 호혜주의원칙을 개발도상국(developing countries)에 대해서는 적용하지 않을 것을 규정한 것이다. 이 규정은 1965년 수정 삽입된 제18조에 명시되어 있는데, 18조 A항은 소득수준이 매우 낮은 저개발국(under-developed countries)에 대해 그들이 가입당시 이미 양허된 품목이라 하더라도 추후 관세를 인상하여 수입억제·국내산보호를 하도록 허락하고 있다. 또 18조 B항은 개발도상국의 국제수지가 악화되는 경우 수입의 수량제한(數量制限: quantitative restriction, QR)을 할 수 있도록 허용하고 있다. 우리 한국은 1989년까지 이 규정을 적용받는 GATT 18조국으로서 여러 가지 특혜를 받아 왔으나, 1990년 11조국이 된 이후로는 선진국 등과 똑같은 권리와 의무를 함께하는 대우를 받고 있다[1].

3) GATT체제의 공과

(1) GATT의 무역자유화 추진과정

수입제한의 철폐를 위하여 GATT의 일반관세 교섭은 제28조 2항의 규정에 따라 여러 나라들이 참가하여 다각적으로 관세인하를 추진하는데 2국간의 쌍무적

1) 서기원 외, 「한국경제신강」, 유풍출판사, 1996, pp.481~484.

(雙務的)인 관세인하 교섭도 동시에 병행하여 이루어지고 있다.

1947년 창립 이래 1993년까지 모두 8차례에 걸친 일반관세교섭을 개최하여 관세인하와 비관세장벽의 완화를 위한 다대한 성과를 거양했다. 〈표 3-1〉에서 보는 바와 같이 제7차까지 관세인하가 양허된 품목수는 122,000여종에 이르렀다. 그러나 2차에서 5차에 이르는 일반관세교섭에서는 별다른 성과가 없었는데, 이는 다자간교섭과 쌍무교섭이 병행되는 가운데 교섭지연에 따르는 각국의 이해관계가 서로 다르게 표출되기 때문이었다.

▮표 3-1▮ 주요 무역협상 내용

1차 관세교섭 (제네바 라운드)	1947년 4월	GATT 협정체결, International Trade Organization 설립은 실패, 임시기구로 GATT사무국 출범(참가국 23개국)
2차 관세교섭 (안시 라운드)	1949년 10월	일부 공산품 관세 인하(참가국 33개국)
3차 관세교섭 (토키 라운드)	1950년 9월	일부 공산품 관세 인하(참가국 34개국)
4차 관세교섭 (제네바 라운드)	1956년 1월	일부 공산품 관세 인하(참가국 22개국)
5차 관세교섭 (딜론 라운드)	1961년 5월	관세 7% 인하(참가국 45개국)
6차 관세교섭 (케네디 라운드)	1964년 5월	관세 35% 인하(참가국 48개국)
7차 관세교섭 (동경 라운드)	1973년 9월	관세 33% 인하, 반덤핑·보조금·정부조달 문제에 대해 일부 국가 협정체결(참가국 99개국)
8차 관세교섭 (우루과이 라운드)	1986년 9월	WTO 설립, 관세 35%~40% 인하, 농산물·섬유·서비스·지적재산권 기준 마련(참가국 125개국)
뉴라운드	2001년11월	참가국 144개국

특히 무차별원칙은 역효과(를 낳았는데, 각국이 솔선하여 관세를 인하하지 않더라도 다자간교섭의 성과가 적용되기 때문에 각국이 2국간 교섭에 매우 소극적이었던 것이다. 이러한 난제를 타개하기 위하여 관세를 일괄적으로 인하하는 방식이 제안되었고, 이 방식이 구체화된 것은 제6차 교섭인 Kennedy Round에서였다.

Kennedy Round는 EEC(유럽경제공동체: European Economic Community)의 발족에 따라 발생한 무역환경변화에 대응하기 위하여 미국이 주도한 협상이었다. 미국은 EEC의 차별관세의 장벽을 부수고 미국의 1962년 통상확대법(通商擴大法: Trade Expansion Act, TEA)을 세계무역의 기조로 추진하려 하였다. 그러나 Kennedy Round는 관세인하교섭이 종래의 국별·품목별 방식이 아니라 일괄방식을 채택하였다는 면에서 가히 획기적이라 볼 수 있다. Kennedy Round의 특색은 아래와 같다.

첫째, 케네디라운드는 단순한 관세인하교섭만 한 것이 아니라 비관세장벽(non-tariff barrier, NTB)도 교섭에 포함하여 무역자유화를 본격적으로 추진하였다.

둘째, 관세의 일괄인하율을 1962년 평균세율을 기준으로 1967~71년까지 35% 인하하기로 합의하였다. 이는 제5차 라운드인 딜런라운드의 7%에 비해 대단히 큰 성과였다.

셋째, 저개발국의 수출애로를 경감시켜 주기 위한 노력의 표시로 저개발국에 대해서는 호혜주의에 예외를 인정하였다.

그러나 이러한 성과는 당초의 의도에 비해 상당히 후퇴한 것이며 몇 가지 문제점을 가지고 있었다. 즉 관세인하가 주로 광공업제품(鑛工業製品)에 국한되었고 농산물은 소맥가격(小麥價格)과 식량원조부문에만 합의가 이루어졌다. 각국의 국내생산물에 대한 가격지지(價格支持)에 대해서는 농산물무역확대를 규정하지 못함으로써 농산물무역확대를 위한 당초의 구상은 어긋나고 말았다.

또한 비관세장벽에 대해서도 덤핑방지규정을 제외하고는 별다른 성과를 거두지 못했다. 즉 관세제도가 수입과징금, 차별적 수입제한 등에 관해서는 통일된 결론에 도달하지 못했다. 또한 합의된 사항을 이행하는 면에서도 부족한 점이 많았는데, 광공업제품의 관세인하율을 35%까지 목표로 하였으나 1972년까지의 실적은 10% 인하에 그치고 말았다. 이러한 결과가 발생한 것은 그 이면에 얽혀 있는 각국의 이해관계가 엇갈렸기 때문이며 각국의 정책이 철저하지 못하였기 때문이다.

미국은 케네디라운드의 성과가 미흡한데 자극을 받아 새로운 무역개혁법(貿易改革法: Trade Reform Act of 1974)을 제정하여 1962년의 무역확대법을 대체하면서 미국 대통령으로 하여금 관세율을 추가 인하하고 비관세장벽의 완화를 위한 외국과의 협상을 진행할 권한을 부여하였다. 이에 의하여 다자간관세인하를 위한 새로운 협상인 동경라운드(東京會議)가 진행되었다.

1973년 일본 동경에서 열린 GATT총회에서는 자유무역촉진, 비관세장벽 철폐, 농산물무역 확대 등의 내용을 골자로 한 '동경선언(東京宣言)'이 채택되었다. 이 협상에서 미국은 1974년 제정된 미통상법(美通商法)에 의하여 주도적인 역할을 담당하였고, 수차의 난항 끝에 1979년에 타결을 보게 되었다. 총 참가국은 99개국이며, 관세 및 비관세장벽의 경감 내지는 철폐를 위한 7개의 국제협정이 체결되었던 것이다.

관세인하 방식에 있어서는 1980~87년의 8년간에 매년 8분의 1씩 단계적으로 인하하는데, 미국은 31%, EC는 27%, 그리고 일본은 28%씩 각각 내리도록 합의하였고, 대상품목수도 27,000여개에 달했다.

비관세장벽의 축소를 위해서는 다음과 같은 3가지 규칙을 준비하였다. 즉 그 내용을 보면 ① 정부구매에 관한 무차별원칙의 적용과 문호개방, ② 대응관세 또는 덤핑방지관세의 부과에 있어서 그 발동요건과 실시절차에 관한 국제적 통일, ③ 개발도상국 공산품 등에 대한 일반우대제도의 부여 등이다.

그러나 긴급수입제한조항(緊急輸入制限條項: GATT 19조)에 관해서는 합의점을 찾지 못했다. GATT 19조의 긴급수입제한(safe-guard)의 발동은 해당 상품의 전수출국(全輸出國)에서 무차별적으로 발동하도록 되어 있으나, 이를 실정에 맞게 특정한 나라에 대해서만 발동할 수 있도록 개정하려던 처음의 의도는 관철되지 못하고 말았다.

(2) GATT체제의 문제점

① GATT기본정신의 문제점

창립 이후 GATT는 국가간의 관세인하와 무역확대에 크게 이바지하였다. 그러나 1970년대 중반 이후 GATT체제에 대한 실망감과 불안감이 나타나기 시작했다. 왜냐하면 그 이유는 크게 두 개의 분야로 나누어 볼 수 있는데 첫째는 GATT의 기본정신에 깔려 있는 이론적 바탕에 문제가 있다는 것이며, 둘째는 미국의 경제력 약화에 따른 지도력문제이다.

먼저 GATT의 기본정신은 2차대전 후에 수립된 자유무역을 추진하기 위한 국제기구이다. 이것은 미국의 주도 아래 자유무역이라는 추상적 이념을 실천하기 위한 법적 조직체였다. 당시의 국제무역의 현실이 자유무역과는 너무나 먼 거리에 있었고, GATT의 규약은 일반적 원리를 개괄적으로 제시하였기 때문에 세계 각국이 이를 위반하기 쉽게 되어 있었다. 더구나 국가간의 무역분쟁이 일어날 경우 어떤 행정조치에 의해 즉각 시정되는 것이 아니고 사법적 절차에 의해 해결되어야 하므로 많은 시간이 걸리는 구조적 문제를 안고 있었다.

또한 미국의 주도로 설립·운영된 GATT체제는 설립 당시의 미국의 국가경쟁력이 높았으므로 비교우위론(比較優位論)에 입각한 자유무역이 제기되었으며, 따라서 GATT의 기본정신은 비교우위론에 입각하게 되었다. 그러나 그 후 미국의 국가경쟁력이 EC와 일본에 추월당하는 상태에서 미국도 자국의 이익과 GATT정신이 항상 일치하지 않는 데서 어려움을 감추지 못하고 있었다. 특히 GATT체제가 기본적인 전제조건으로 하고 있는 것은 각국이 '개방된 경제대국(large open countries)'으로서 GNP(국민총생산) 가운데 국제무역의 비중이 낮고 따라서 각 나라의 무역정책은 국내경제정책과는 별도로 운영될 수 있다는 가정(假定)이다. 이런 이유로 대부분의 '개방된 경제소국(small open countries)'들은 GATT규정을 위반하는 사례가 허다했고, 미국도 이를 너그럽게 처리하였으므로 GATT의 기본정신이 흔들리게 되었다.

② GATT체제의 동요와 신보호주의의 대두

GATT체제는 미국을 주축으로 하여 세계주의(globalization)에 입각, 무역자유화를 추진하고 또 많은 성과를 거둔 것도 사실이지만, 국제경제의 환경과 여건이 변화됨에 따라 많은 문제점을 노출했다. 특히 1960년대 말부터 1970년대 초에 걸쳐 미국의 국제수지가 크게 악화되고 EC의 지역주의가 대두되었으며, 일본의 대외개방지연정책이 세계무역환경에 악영향을 미치게 됨에 따라 GATT의 대응능력부족이 나타나게 되었다. GATT체제가 중대한 시련에 직면하게 된 이유는 아래와 같다.

첫째, 미국의 국제경쟁력이 약화되어 무역수지 적자가 확대됨으로써 미국 스스로 GATT 이외의 국내법안을 제정하여 미국의 국익보호와 무역자유화를 추진하였기 때문이다. 즉 미국은 1962년의 무역확대법을 비롯하여 1974년 통상법, 1979년의 통상협상법을 통하여 겉으로는 자유무역을 제창하고 있으나 국내산업

보호와 국제수지방어를 위해 체제를 구축하려고 하였다.

둘째, EC를 중심으로 한 지역주의(regionalism)가 일어났기 때문이다. GATT는 EC(유럽공동체: European Community)와 같은 관세동맹을 예외로서 인정하였는데, EC가 역내관세철폐(域內關稅撤廢)와 경제통합기구로 발전됨에 따라 타지역과의 관세차별화가 GATT의 무차별원칙과 정면으로 충돌하게 되었다. 그러나 이에 대한 GATT의 제재능력이 부족하였기 때문에 GATT체제는 더욱 동요될 수밖에 없었던 것이다.

셋째, GATT체제는 후진국의 무역촉진에 대해서도 무력하였다. GATT 18조에는 후진저개발국에 대하여 관세특혜가 인정되어 있었으나 다자간협정은 어디까지나 선진국의 이해관계가 우선시되었으므로 GATT체제 내에 저개발국의 무역에 관한 토의는 그들의 모든 요구조건을 충분히 수렴하지 못하였다. UNCTAD(유엔무역개발회의: United Nations Conference on Trade and Development)가 창설된 이후 후진저개발국의 무역에 관한 토의는 자연 UN으로 이관되고 이 문제에 대한 GATT의 비중은 약화될 수밖에 없었다.

넷째, 미국 경제의 상대적 약화와는 대조적으로 일본, OPEC(石油輸出國機構: Organization of Petroleum Exporting Countries), 신흥공업국가(新興工業國家: newly industrialized countries, NICs)들의 경쟁력이 강화되어 GATT원칙에 대한 독자적인 해석과 보호주의적 성향을 나타내게 되었기 때문이다. 역사적으로 볼 때 1, 2차 세계대전 직전 보호무역주의가 만연되었을 당시 어느 한 국가가 무역규제를 시작하면 보복적으로 보호주의가 급속히 확산되었던 것처럼 강력한 통제장치가 없는 GATT는 무력할 수밖에 없었다.

2. WTO

1) WTO 개요

(1) WTO의 기본적 개념

UR은 당초 1986년부터 4년간의 한시적 협상기간을 두고 1990년 12월에 끝날 예정이었다. 그러나 지난날과는 달리 훨씬 다양해진 의제(議題)의 범위에 따라 당사국들 사이에 이해가 서로 얽혀 1988년까지는 본격적인 협상을 시작하지도 못한 상태였다.

계속적인 회담결렬과 늘어만 가는 무역마찰에도 불구하고 회담진행에 별다른 성과를 거두지 못하고 당초 시한인 1990년 12월을 넘기게 되자, 미국·EU(유럽연합: Europe Union)·일본 등이 우선 이해관계에 첨예한 부분인 서비스무역에 관한 기본원칙, 분쟁해결절차 개선, 열대생산품의 무역자유화 등에 관한 협상목표를 구체화하게 되었다. 이와 같이 선진국들의 관심분야인 지적재산권, 무역관련투자와 같은 신분야(新分野)에는 별다른 애로가 없었으나, 개발도상국들의 이해관계가 얽힌 농산물·서비스 등은 협상의 진행속도가 극히 부진하였다. 그러나 7년 이상의 협상 끝에 우루과이라운드협상은 1993년 12월 15일에 극적인 타결을 보게 되었고, 각국의 비준과정을 거쳐 1995년 7월 1일부터 발효하도록 합의되었다. 합의된 주요 내용은 다음과 같다.

① 공산품의 관세율은 1986년 9월을 기준으로 하여 5년간 3분의 2 이하로 인하하며 일부품목은 관세를 철폐하거나 하향평준화하였다.

② 농산물은 모든 비관세장벽을 철폐하고 관세화를 원칙으로 하며 다만 일부국가의 일부품목에 유예기간(grace-period)을 인정하는 가운데 관세상당치(關稅相當值)를 단계적으로 감축하며(6년간 36%, 단 개발도상국은 10년간 24%), 최소시장접근(最小市場接近)을 단계적으로 확대하고(초년도 3%에서 6차년도 5%로 수량증가), 국내생산보조금, 수출보조금을 단계적으로 감축한다.

③ 서비스무역에 있어서는 모든 회원국들 상호간 최혜국대우(最惠國待遇: most favored nation)를 해야 할 의무가 있다.

④ 반덤핑 제소(提訴)에 대해서는 기존의 반덤핑협정에서 피해판정기준이나 절차 및 반덤핑조치의 발동절차를 보다 명백하게 규정하였고, 반덤핑관세를 부과한 지 5년 후 자동소멸되도록 하는 한편, 우회덤핑(round dumping)에 대한 규제내용을 새로이 규정하였다.

⑤ 보조금과 상계관세(相計關稅: countervailing duty)에 있어서는 기존의 보조금 상계관세협정을 명확하게 규정하고 수출입에 영향을 미치는 보조금에 대해서는 3년 이내(개발도상국은 8년 이내)에 철폐하도록 하였다. 또 다른 회원국의 보조금으로 국내산업에 피해를 받은 경우에는 보복을 할 수 있는 근거를 마련하였다.

⑥ 지적재산권(知的財産權)을 보호하기 위한 협정안을 준비하여 특허·의장·상

표·저작권·컴퓨터프로그램·반도체설계 등이 보호되도록 규정하였다.

⑦ 기존의 '다자간 섬유협정(多者間纖維協定: Multi-Fiber Arrangement, MFA)'에 의해 규제되어 오던 섬유관련품목은 10년간에 걸쳐 단계적으로 완전히 'GATT 1994'체제에 복귀하도록 결정하였다.

⑧ 기존의 단순 협의체인 GATT 대신에 강력한 제재력을 갖춘 국제기구로서 WTO를 창설하기로 합의하였다.

이와 같이 세계무역기구(World Trade Organization)는 기존의 국제적 무역기구인 GATT를 대체한 것으로 종전의 국제무역기구인 GATT의 여러 제약과 한계를 극복하고자 우루과이라운드(UR) 협상 결과 새롭게 탄생한 기구이다. GATT는 1947년에 만들어졌지만 그 당시 법적 프레임워크를 갖춘 것도 아니고 WTO가 출범하기 전까지 세계를 규제하는 무역기구이지만 임시적인 기구에 불과하였다. 그러나 WTO는 회원국 간 무역을 관장하는 국제기구이며 법적인 뒷받침을 충분히 확보하고 있는 국제기구이다.

1995년에 출범한 WTO는 주로 무역자유화를 위한 다자(多者) 간 협상을 하고 있으며, 그 결과를 국제무역규범으로 만든다. 아울러 무역과 관련된 국제분쟁 해결과 절차를 다루고 있다. GATT 체제가 주로 상품무역을 중심으로 한 공산품을 다루었는데 비해 WTO 체제에서는 공산품뿐 아니라 농산물·서비스·정부조달·지식재산권 등 다양한 분야를 다루고 있는 것도 하나의 특징이라고 할 수 있다. 이에 WTO를 서비스 무역에 관한 최초의 다자간 협정, 지적재산권에 관한 최초의 다자간 협정, 농산물 교역에 관한 최초의 다자간 협정이라고 부르는 이유가 있다.

한편 WTO는 교역상대국 간의 차별을 금지하는 "최혜국대우원칙"과 외국인 및 외국상품을 자국민 및 자국 상품과 동등하게 대우하는 "내국민대우원칙"을 가장 중요한 원칙으로 하고 있다. 이러한 WTO는 크게 "각료회의"와 "일반이사회"로 이루어져 있다. 각료회의는 회원국 대표들이 협의를 통해 주요 사안들을 결정하는 최고 의사결정기구로 WTO의 모든 문제에 대한 결정권을 가지고 있다. 2년마다 한 번씩 열린다. 일반이사회 이외에 법적 구속력과 감시기능을 가진 "분쟁해결기구"와 "무역정책검토기구"가 있다. 우리나라는 1967년에 GATT 회원국이 되었으며, WTO 설립에 따라 1995년 1월 1일부터 WTO 회원국이 되었다. 2016년 9월을 기준으로 164개의 국가가 WTO의 회원국으로 가입을 하였다.

▌표 3-2▐ WTO 기본 원칙과 주요협정

<table>
<tr><th colspan="2">WTO 기본원칙</th><th colspan="2">WTO 주요협정</th></tr>
<tr><td rowspan="2">1. 무차별 원칙</td><td rowspan="2">MFN원칙(최혜국대우)
내국민 대우 원칙</td><td colspan="2">1. 분쟁해결정차 양해</td></tr>
<tr><td colspan="2">2. 농산물 협정</td></tr>
<tr><td rowspan="2">2. 예측할 수 있고 개선되는 시장접근 추진 원칙</td><td rowspan="2">자유무역
투명성</td><td colspan="2">3. 섬유협정</td></tr>
<tr><td colspan="2">4. 서비스 협정</td></tr>
<tr><td colspan="2">3. 공정한 경쟁의 촉진 원칙</td><td colspan="2">5. 지적재산권 협정</td></tr>
<tr><td colspan="2">4. 최빈 개도국에 대한 특별대우</td><td colspan="2">6. 반덤핑협정</td></tr>
<tr><td rowspan="12"></td><td rowspan="12"></td><td colspan="2">7. 보조금 협정</td></tr>
<tr><td colspan="2">8. 세이프가드 협정</td></tr>
<tr><td colspan="2">9. 기술장벽협정(TBT협정)</td></tr>
<tr><td colspan="2">10. 수입허가절차협정</td></tr>
<tr><td colspan="2">11. 권세평가협정</td></tr>
<tr><td colspan="2">12. 선적전 검사협정</td></tr>
<tr><td colspan="2">13. 원산지 규정</td></tr>
<tr><td colspan="2">14. 무역관련투자조치 협정(TRIMS)</td></tr>
<tr><td rowspan="4">15. 복수국간협정</td><td>민간항공기협정</td></tr>
<tr><td>정부조달협정</td></tr>
<tr><td>낙농협정</td></tr>
<tr><td>우육협정</td></tr>
</table>

자료: 한국 무역협회, 「WTO 협정해설」, 1999.

한편, 1995년 WTO에 규정된 비관세장벽(NTB)으로 위생 및 동식물검역 규정[2], 무역에 대한 기술 장벽[3], 반덤핑[4], 관세평가[5], 선적전 검사[6], 원산지 규정[7], 수입 허가[8], 상계관세 및 세이프가드[9] 등이 있다[10]. 특히 WTO 무역에 대

2) 부속서(Annex 1A), Sanitary and Phytosanitary Measures
3) 부속서(Annex 1A), Technical Barriers to Trade
4) 부속서(Annex 1A), Anti-dumping(Article VI of GATT 1994)
5) 부속서(Annex 1A), Customs valuation (Article VII of GATT 1994)
6) 부속서(Annex 1A), Preshipment Inspection
7) 부속서(Annex 1A), Rules of Origin
8) 부속서(Annex 1A), Import Licensing
9) 부속서(Annex 1A), Subsidies and Countervailing Measures, Safeguards
10) http://www.wto.org/english/docs_e/legal_e/legal_e.htm

한 기술 장벽(TBT)은 표준(Standard)[11], 기술 규정(Technical Regulation)[12] 및 특정 제품이 기술규정에 부합하는지 여부를 판단하는 적합성 평가절차(Conformity Assessment Procedures)[13]에 관한 것이다. 이런 비관세장벽(NTB)을 WTO에서 규정한 이유는 국가간 교역에 불필요한 장벽을 없애기 위한 목적이었다. 그러나 지금은 무역장벽으로 이와 같은 것들이 악용되고 있다.

(2) WTO의 역할

WTO의 핵심적인 역할을 다음 세 가지 측면에서 간략히 살펴보고자 한다.

첫째, 세계무역자유화의 가속화이다. WTO는 다자간 무역협상을 증진시키기 위한 분명한 목표를 가지고 출범함으로써 전 세계적인 무역자유화를 가속화(加速化)시키는 역할을 수행한다. 이전의 GATT체제하에서는 주로 공산품의 시장개방만이 추진되었으나 WTO체제하에서는 공산품뿐만 아니라 농산물·서비스상품 등 모든 상품의 시장개방이 추진되고 있다.

둘째, 세계교역질서의 구축이다. WTO는 국제경제 및 무역관계에 있어서 법의 지배(ruling of law)가 가능하도록 규칙(rule)에 의한 국제질서(international order)를 정착시키는 역할을 수행한다. 즉 특정국가의 일방적인 국내법(domestic law) 대신에 WTO 규범이 세계의 교역규범이 되도록 일정한 규칙을 정하는 것이 WTO의 주요 역할이 되고 있다.

셋째, 무역 분쟁의 합리적 해결을 가능하도록 한다. WTO는 회원국들 간에 발생하는 무역 분쟁을 자체의 분쟁해결기구(Dispute Settlement Body) 및 절차를 통해 해결하는 역할을 수행한다. 국가 간 통상분쟁 해결은 WTO가 수행하는 핵심 기능 가운데 하나이다. WTO에서 분쟁해결은 WTO 내부에 있는 분쟁해결기구(Dispute Settlements Body, DSB)에서 다루어진다. 분쟁해결기구(DSB)는 제소된 사건을 검토하기 위해 전문가 "패널"(법정)을 구성하는 권한과, 패널

11) 표준(Standard)은 제품 규격, 품질, 공정 및 생산 방법에 관한 것으로 권위 있는 기관에 의해 승인된 제도이다. 이 표준은 사용자로 하여금 강제성을 부여하지는 아니한다.
12) 기술 규정(Technical Regulation)은 제품 규격, 품질, 공정 및 생산 방법에 관한 것으로 사용자에게 제반 규정을 지키도록 강제성을 부여한다.
13) 적합성평가 절차(Conformity Assessment Procedures)는 기술규정 또는 표준의 관련 요건이 충족되었는지를 결정하기 위하여 직접적 또는 간접적으로 사용되는 모든 절차를 의미한다. 적합성 평가제도는 특히 표본추출, 시험 및 검사, 평가, 검증 및 적합보증, 등록, 인증과 승인, 그리고 이들의 결합을 포함한다.

의 최종 판정을 채택 또는 거부할 수 있는 권한을 가지고 있다. 분쟁 해결 절차는 상소를 하지 않을 경우 보통은 약 1년이 소요된다. 그 과정을 간단히 살펴보면, WTO에서는 당사국 간의 분쟁을 다루기 위한 패널(법정)이 구성되기 이전에 분쟁 당사국 간 스스로 합의를 할 수 있는 기회를 갖도록 하기 위해 최대 60일간의 양자 협의 과정이 있다. 만약 양국이 합의를 보지 못하게 되어 분쟁을 해결할 패널 설치를 요청하게 되면, WTO는 절차에 따라 다음 단계를 진행시킨다.

제소국이 패널 설치를 요청하면 최대 45일 이내에 패널이 설치되고 패널위원이 임명된다. 패널의 최종 결과인 패널보고서는 패널위원이 임명된 이후 6개월 이내 제출된다. 이후 WTO 회원국 전체에 최종 패널보고서가 회람되고, 이후 60일 이내 분쟁해결기구에서 최종 패널보고서의 채택 여부가 결정된다.

최종 패널보고서의 핵심 내용은 분쟁 사안의 조치가 WTO 규정 위반인지 아닌지를 가리는 판정결과를 담고 있다. 때로는 위반조치를 어떻게 WTO 규범에 합치시킬 수 있는지에 대한 제안도 포함되기도 한다. 하지만 판정 이후 분쟁 당사국 중 어느 한쪽이라도 최종 패널보고서에 대해 불만이 있으면 상소할 수 있다. 또한 분쟁해결기구의 결정사항을 이행하지 않는 경우에는 교차보복 등 보복조치를 강구할 수 있도록 허용함으로써 GATT체제하에서보다 훨씬 더 구속력 있는 분쟁해결기능을 갖추고 있다. WTO체제하에서는 WTO협정을 위반한 국가에 대해서 일정한 절차에 따라 상품·서비스·지적재산권 및 기타 분야에서 교차보복조치를 취할 수 있도록 허용하고 있다. 예를 들면, 서비스시장 개방의 약속을 위반해서 WTO에서 패소하는 경우 자동차나 반도체에 대해 보복관세를 부과할 수 있다. WTO의 목표인 국제무역의 원활화를 이루기 위해서는 시장개방이 확대됨과 동시에 각국 무역규범이 국제교역규범에 적합하도록 개정되어야 하며 통상 분쟁의 해결시스템을 강화시켜야 한다.

(3) WTO의 조직

WTO의 조직을 간략히 살펴보면 〈그림 3-1〉과 같이 구성되어 있다. 각료회의에서는 회원국대표들이 협의를 통해 주요 사안들을 결정하여 상설적으로 운영되는 일반이사회가 각료회의의 결정을 집행한다. 일반이사회는 상품교역이사회를 비롯하여 서비스교역이사회와 지적재산권이사회로 구성되어 있다. 일반이사회 산하에는 분쟁해결기구가 있으며 이 기구가 회원국간의 통상 분쟁을 해결하는 세계무역의 경찰 역할을 하고 있다. 무역정책검토기구는 모든 회원국의 무역정책과 관련제도 및 관행을 정기적으로 평가하는데 이러한 정기적 평가를 통해 각국의 전반적인 무역제도에 대한 투명성(transparency)을 제고한다.

▮그림 3-1▮ WTO 조직

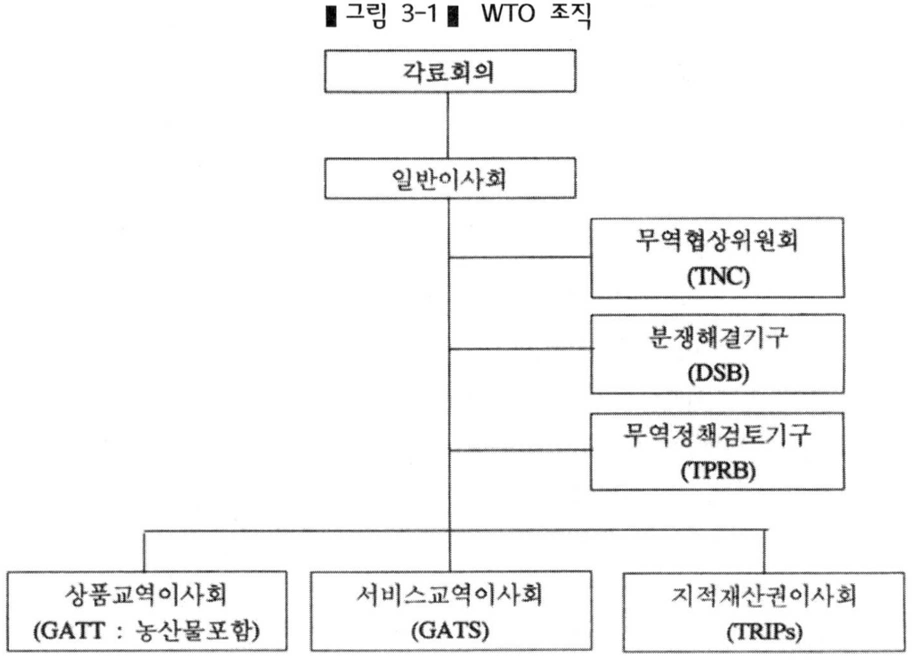

(4) WTO의 기능

WTO의 주요 기능은 무역자유화의 추구, 다자주의 무역체제의 확립, 세계무역질서 확립에 의한 각 회원국의 경제적 이익(economic benefit) 증대라고 할 수 있는데 각 측면을 간략히 살펴보고자 한다.

첫째, 무역자유화의 추구이다. WTO의 주요 기능으로 무역자유화의 추구를 지적할 수 있는데 무역자유화로 인해 시장개방이 가속화됨으로써 세계 각국은 경제적 혜택을 보게 된다. 무역자유화가 가져다주는 경제적 혜택으로 소비자의 입장에서는 소득이 향상되고 다양한 제품에의 선택가능성이 커지게 되며 생산자의 입장에서는 경쟁력 있는 제품생산에 특화(specialization)함으로써 생산의 효율성을 제고시킬 수 있게 된다. 물론 무역자유화로 인해서 모든 국가와 모든 계층의 시민이 이익을 보는 것은 아니다. WTO는 이러한 사실을 인식하여 선진국과 구별하여 개발도상국에 대해 무역상의 특혜를 주고 있다. 이러한 WTO의 조치는 결국 무역자유화의 혜택이 세계 각국의 모든 계층에 분배될 수 있도록 하는 일종의 국제적 소득분배 메커니즘 이라고 평가할 수 있다. 결국 무역자유화로 얻게 되는 총이익이 총 손실을 초과하기 때문에 무역자유화로 인해 세계의 후생(global welfare)은 증대되게 된다.

둘째, 다자주의 무역체제의 확립이다. WTO체제가 출범함으로써 국제교역에 있어서 다자주의 체제가 확립되었다고 평가할 수 있다. 또한 WTO가 추구하는 다자주의는 몇 가지 원칙에 입각하고 있는데 그 중 한 가지가 국제무역 및 투자에 있어서의 무차별성이다. 이것은 WTO 회원국들은 교역 상대국간에 차별을 해서는 안 된다는 원칙이다. 이 원칙에는 교역 상대국간의 차별을 금지하는 "최혜국대우원칙"과 외국의 상품, 서비스 또는 자연인간에 차별을 해서는 안 된다는 "내국민대우원칙"이 포함된다.

셋째, 세계무역질서 확립에 의한 각 회원국의 경제적 이익 증대이다. WTO체제가 출범함으로써 세계 각국의 경제적 이익은 증대되고 있는데 특히 한국과 같이 소규모 개방경제(small open economy)인 국가는 세계적 무역 및 투자자유화에 따라 더욱더 경제적 혜택을 누리고 있다고 할 수 있다. 일부 국제경제학자들은 WTO가 미국, 일본, 유럽연합 등 선진국의 이익을 주로 대변하고 있으며 개발도상국과 저개발국의 경제적 이익에는 소홀하다는 지적을 하고 있으나 무역분쟁에 관한 해결사례를 살펴보면 WTO체제가 출범함으로써 특히 개발도상국들의 경제적 이익이 증대되고 있음을 알 수 있다. 이전의 GATT체제하에서 분쟁해결 사례를 살펴보면 선진국이 개발도상국을 제소한 사례에서 패소한 경우가 드물었지만 WTO체제하에서는 개발도상국들이 선진국들을 제소한 사례에서 선진국이 패소하는 사례들이 흔하게 발생되고 있다. 결국 WTO는 선진국의 이익을 대변하는 기구가 아니고, 협정에 입각하여 세계무역질서(rule-bas며 system of global trade)를 확립하는 기구라고 할 수 있다. 따라서 회원국들은 무역 분쟁시 WTO규범의 합치(合致)여부에 따라 발언권을 확보할 수 있게 되었기 때문에 WTO의 출범으로 개발도상국들은 특히 선진국과의 무역 분쟁시 이전보다 상당히 공정한 해결과정을 밟을 수 있게 되었다.

2) WTO의 Doha Development Agenda 협상

1995년 WTO출범 이후 기존의 국제무역규범을 보완하기 위해 2001년 11월 카타르의 수도 "도하(Doha)"에서 제4차 WTO 각료회의가 개최되었다. 이 논의에서 각국의 각료는 2004년 말 타결을 목표로 새로운 다자간 무역자유화 협상을 시작하기로 결정하고, 그 이름을 도하개발어젠다(Doha Development Agenda: DDA)로 부르기로 했다. 이 내용을 한글로 번역하면 "도하개발 의제"인데 여기서 "개발"이라는 말이 포함된 것은 본 각료회의의 다자(多者)간 무역자유화 협상이 다른 각료회의와 달리 개발도상국의 개발에 특히 중점을 두어야 한다는 개도국들의 주장이 반영된 결과이다. 뿐만 아니라 이 DDA협상은 그 당사 회원국인 153개국 전체에 모두 적용되는 다자 차원의 시장 개방 협상이었다. 이것은 두 국가 또는 지역간 시장을 개방하는 자유무역협정(Free Trade Agreement, FTA)과는 성격이 다르다고 할 것이다.

한편, 그 이전에 있었던 다자간 무역자유화 협상은 안시라운드·제네바라운드·우루과이라운드(UR)·도쿄라운드와 같이 라운드가 붙었었다. 그러나 이번 DDA 협상에서는 라운드 대신 개도국들이 원하는 "개발어젠다"라는 용어가 들어갔으니 그만큼 개도국들의 입김이 커졌다고 볼 수 있다.

이와 같은 DDA협상에서는 상품뿐 아니라 서비스나 지적재산권에 이르는 광범위한 분야의 시장 개방은 물론 관련 국제무역 규범을 대상으로 협상을 하고 있다. 어떤 품목의 관세를 얼마나 매길지 혹은 인하할지, 무역을 왜곡시키는 보조금을 어디까지 인정하고 언제까지 중단할지 등을 포함한다. 또 어떤 유형의 서비스 교역을 자유화할 것인지, 어떤 지적재산권을 어디까지 보호할 것인지에 대한 것도 협상 과제로 다룬다. 최근 주목을 받고 있는 무역과 환경과의 관계나 무역과 개도국 개발과의 관계 등에 대해서도 협상을 하고 있다. 이를 위해 DDA에서는 농업·비농산물·서비스·규범·무역원활화·무역환경·무역개발 등 9개 협상 분야가 설치돼 있다. 그리고 이런 협상이 종결되는 것은 협상방식을 "일괄 타결원칙(single undertaking)"이라는 협상방식을 취하고 있다는 점이다. 이 일괄타결 원칙이란 협상을 하고 있는 모든 분야에서 합의가 이루어져야만 협상이 타결되는 방식으로 만일 어느 한 분야에서라도 합의가 이루어지지 않으면 나머지 다른 분야가 합의되었다고 해도 전체 DDA가 합의되지 않은 것으로 본다는 것이다.

예를 들어 농업 협상에서 합의가 이루어지지 않는다면 제조업이나 서비스, 그 밖의 무역 규범 등에서 합의가 이루어진다고 해도 DDA는 타결되지 않는 것을 의미한다. 이런 협상 방식 때문에 협상 타결이 그만큼 어려워지기도 한다.

그러나 DDA협상은 꼭 필요하다. 그 이유는 DDA가 타결되면 전 세계의 무역장벽이 낮아져 무역이 그만큼 활성화되고 이로 인해 세계 경제 성장에 도움이 된다. 경제 성장은 소득 향상뿐 아니라 소비자에게 보다 다양한 제품을 선택할 수 있는 기회를 증대시키며, 생산자에게는 경쟁력 있는 상품을 특화함으로써 생산효율성을 높일 수 있게 한다. 이러한 이유로 DDA 타결은 최근의 글로벌 경제위기 발생에 따라 침체된 세계 경제에 큰 활력을 불어넣을 수 있는 좋은 부양책이 될 수 있다.

DDA 협상이 타결되면 153개 회원국 시장이 동시에 개방된다. 시장이 개방되면 수출의존도가 높은 우리나라로써는 더욱 많은 기회가 있을 수 있다. 우리나라의 경우도 DDA 협상 타결로 반도체·자동차·조선·전자·석유화학·철강 등 우리가 경쟁력을 가진 품목들의 수출 확대가 기대된다. 물론 경쟁력이 약한 농업 부문은 피해를 볼 수 있다. 그러나 전체적으로 우리나라에 득이 되는 것은 분명할 것으로 전문가들은 예측한다. 그러나 다자 차원의 무역 협상인 DDA협상은 아직까지 논의가 이루어지지 못하고 협상 타결도 이루어지지 못하고 있다. 그 이유는 일괄타결원칙이라는 협상방식을 고수하기 때문이며 이런 이유 때문에 성과가 지지부진 한 것으로 파악된다.

3) 메가(Mega) FTA 확산

동·서 냉전시대의 종식 이후 시장경제에 기초한 자유무역(Free Trade)은 확산되고 있으며 그 추진 방향으로 첫째, 자유무역은 GATT의 후속체제인 WTO를 통해 다자주의적으로 확대해 나가고 있고 둘째, 기존의 GATT 24조 용인 아래 양(兩)국 사이 자유무역협정(Free Trade Agreement : FTA)의 체결을 통해 자유무역이 지속되고 있다.

세계경제가 WTO를 중심으로 다자적으로 통합되어가는 추세에도 불구하고 FTA의 확산 및 심화는 지속되고 있으며 세계경제가 무한경쟁에 돌입함에 따라 안정적 해외시장 확보와 성장 동력 확충을 위해 주요 국가들은 전략적으로 FTA

를 적극 추진하고 있다. 2009년 11월 기준으로 WTO에 통보되고 집계된 지역무역협정(Regional Trade Agreement : RTA)은 206건 이며 이 중 1970년대 이전 5개, 1970년대 12개, 1980년대 10개에 불과하였던 것이 1990년대 64개, 2000년 이후 115개가 체결되어 최근 국가별로 지역무역협정이 광범위하게 체결되고 있음을 여실히 보여주고 있다.[14] 이제 세계 지역협정에 가입하지 않는 국가는 몽골 정도 이지만 몽골 또한 가입의 절차를 밟고 있다.

우리나라는 1990년 말까지는 FTA가 GATT 24조에 근거한 예외규정일 뿐이며, FTA는 다자무역체제보다 효율적이지 않으며 다자무역자유화의 대안일 수도 없다는 입장을 견지해왔다. 그러나 1993년에 출범한 유럽연합(EU)과 1994년에 발효된 북미자유무역협정(North America Free Trade Agreement : NAFTA)이 성공적인 결실을 맺으면서 1990년대 후반부터 세계무역질서에 근본적인 변화가 초래되었다. 아울러 2001년 WTO가 의욕적으로 개시한 도하개발어젠다(Doha Development Agenda : DDA)협상은 주요국간 대립 양상에 따라 상당기간 지연됨에 따라 다자무역체제의 신인도가 크게 떨어졌다. 이런 틈을 타 지역간(間) 자유무역거래인 FTA가 득세하고 있으며 이와 같은 현상은 WTO의 극적 타결이 없는 한 대세로 자리매김할 것으로 전망되고 있다.

그런데 최근에는 새로운 형태의 FTA가 체결되고 있는데 이를 Mega FTA라고 지칭한다. 그 일례로 미국이 주도하는 환태평양경제동반자협정(Trans-Pacific Partnership, TPP)이 있다. 이 협정은 2015년까지 아시아·태평양 지역의 가장 높은 수준의 관세 철폐와 경제 통합을 목표로 하는 Mega FTA이다. 또한 아세안(ASEAN)이 주도하고 중국이 적극적으로 참여하는 역내포괄적경제동반자협정(Regional Comprehensive Economic Partnership, RCEP)도 있다. 한·중·일 3개국과 아세안 10개국, 호주, 뉴질랜드, 인도가 참여하고 있다.

(1) 환태평양경제동반자협정(Trans-Pacific Partnership) 개요

우선 환태평양경제동반자협정(Trans-Pacific Partnership)에 참여하는 국가

---

14) 2009년 11월, 현재 WTO에 통보된 지역무역협정(RTA)은 총 206여 건으로 개발도상국간 특혜협정(Preferential Agreement)이 9건, 관세동맹(Customs Union)이 20건 이며 그밖에는 상품, 서비스, 또는 상품과 서비스 자유무역협정(FTA)으로 파악되고 있다.(WTO, rtais.wto.org)

는 12개국이다. 2006년 환태평양권인 뉴질랜드, 칠레, 싱가포르, 브루나이 등 4개 나라가 협정을 맺고 출범했으며, 2008년 미국이 참가를 선언하면서 세계의 주목을 받기 시작했다. 2010년에는 베트남, 말레이시아, 2012년에는 멕시코, 캐나다, 2013년에는 일본까지 합류하면서 참여국이 12개로 늘어났다. 이 협정은 참여국 인구 8억 명 이상, 국내총생산(28조 2,855.3억 달러)이며 참여국가의 총 수출액은 4조 3,949.9억 달러, 총수입액은 5조 1,446.38억 달러를 나타낸다[15].

환태평양경제동반자협정(Trans-Pacific Partnership)은 다자(多者)간에 진행하는 협상이다. 〈표 3-3〉에서 보는 바와 같이, 상품 및 서비스에 대한 시장 접근, 법령(Rules), 신규 분야(New and Cross-Cutting Issues) 등에 대해 일괄타결원칙 협상을 진행하고 있다. 더욱이 기존 FTA보다 개방수준이 높다.

우리나라는 TPP에는 공식적으로는 참여하고 있지 않다. 그 이유는 TPP 참여국 12개 국가와 대부분 FTA를 맺고 있어 굳이 TPP를 체결하더라도 큰 이익이 발생하지 않을 수 있다는 계산이 있기 때문이다. 그러나 TPP는 규제 일치, 국영기업, 경쟁과 글로벌 공급 체인, 중소기업에 관한 것을 신규로 협상한다. 게다가 글로벌 생산 네트워크가 확산되고 동아시아 지역에서 공급망의 중요성이 커지고 있다는 점을 감안할 때 TPP 참여는 반드시 필요하다. 뿐만 아니라 TPP는 국제무역에서 중소기업 참여를 독려하고 넓히며 스파게티 볼 효과(spaghetti bowl effect)를 불식시키기 위한 원산지 규정에 관한 법령 정비도 논의 중에 있어 이에 우리나라도 TPP 참여의 중요성을 인식하고 있다. 또한 TPP의 원산지 규정(Rules of Origin) 덕택으로 경쟁력 있는 공급체인(Supply Chain) 구축이다. 제품 생산에 사용되는 부품·소재는 TPP에서 생산된 물품만 역내산(域內産)으로 인정받도록 하는 것이다. 이는 곧 TPP 회원국 부품·소재만 계속 활용하게끔 하는 구조가 되는 것이다. 그러면 TPP 회원국으로 가입한 일본은 TPP 회원국에게 지속적으로 부품·소재를 공급할 수 있지만 우리나라는 소외되는 구조로 된다[16].

우리나라 한·칠레 FTA를 시작으로 세계 대부분 주요 국가와 FTA를 체결하여

15) 미국 중앙정보국(CIA)의 웹 사이트(https://www.cia.gov/)에서 경제, 인구 현황에서 확인하였다.

16) Robert. Scollay, "APEC's Regional Economic Integration Agenda and the Evolution of Economic Integration in the Asia-Pacific Region," APEC Study Series 12-02, Korea Institute for International Economic Policy, 2012.12.31, pp.40~42.

왔다. 세계 시장의 70%를 확보한 것이라고 한다. 그러나 최근에 협상이 진행되고 있는 TPP에는 아직 참여하지 못하고 있다. 만약 TPP가 타결되면 세계 무역의 ⅓이 TPP 참여 국가를 통해 거래되는데 미국과 환태평양을 연결하는 거대한 경제권을 형성하게 된다. 향후에는 TPP가 아시아·태평양 자유무역지대(FTAAP)와도 연결될 가능성도 있다고 한다.

▮표 3-3▮ 환태평양경제동반자협정(Trans-Pacific Partnership)의 주요 협상 내용

<table>
<tr><td rowspan="5">핵심 협상 이슈
: 시장 접근
(Market Access)</td><td rowspan="3">상품 및 서비스에 대한 시장 접근
(Market Access for Goods and Services)</td><td>섬유(textiles, Apparel, and Footwear)</td></tr>
<tr><td>서비스 교역(Trade in Services)</td></tr>
<tr><td>정부 조달(Government Procurement)</td></tr>
<tr><td rowspan="2">농업(Agriculture)</td><td>시장 접근(Market Access)</td></tr>
<tr><td>Sanitary and Phytosanitary Standards</td></tr>
<tr><td>법령
(Rules)</td><td colspan="2">• 원산지 규정(Rules of Origin)
• 무역에 대한 기술 장벽(Technical Barriers to Trade)
• Transparency and Price of Health Care Technology and Pharmaceuticals
• 외국인 투자(Foreign Investment)
• 경쟁 정책(Competition Polices)
• 무역 구제제도(Trade Remedies)
• 노동 및 환경(Labor / Environment)
• 전자상거래(E-Commerce and Data Flows)
• 통관 및 무역원활화(Customs and Trade Facilitation)</td></tr>
<tr><td>신규 분야
(New and Cross-Cutting Issues)</td><td colspan="2">• 규제 일치(Regulatory Coherence)
• 국경 기업(State-Owned Enterprises)
• 경쟁과 글로벌 공급 체인(Competitiveness and Global Supply Chains)
• 중소기업(Small-and Medium-Sized Enterprises)</td></tr>
</table>

자료: Ian F. Fergusson, Mark A. McMinimy, Brock R. Williams, The Trans-Pacific Partnership(TPP) Negotiations and Issues for Congress, Congressional Research Service, March 20, 2015, p.16.

(2) 역내포괄적경제동반자협정(Regional Comprehensive Economic Partnership) 개요

한편, 아세안(ASEAN)이 주도하고 중국이 적극적으로 참여하는 역내포괄적경제동반자협정(RCEP)이 있다. RCEP는 한·중·일 3개국과 아세안 10개국, 호주, 뉴질랜드, 인도를 중심으로 역내 무역과 서비스, 투자 자유화 실현을 목표로 하는 자유무역협정이다. 참여 국가의 총인구는 34억 명 이상이고 총 GDP는 22조 달러가 넘는다. 우리나라는 이미 RCEP 회원국으로 참여하고 있다. 여기에는 우리의 주요 교역 대상국인 중국, 아세안, 일본이 모두 포함돼 있어 협정이 최종 타결되면 안정적인 교역 및 투자 기반을 확보할 수 있게 된다. 이렇게 되면 협상에 참여한 국가들 간에 통일된 원산지 기준을 적용, 동시다발적으로 각 국가들과 FTA를 추진할 경우 각기 다르게 적용되는 통관 절차 등으로 인해 생길 수 있는 불편을 최소화할 수 있게 된다. 이것은 곧 협상 타결을 목표로 논의가 진행 중이다[17].

(3) 기타 Mega FTA

중남미 지역에서도 Mega FTA가 체결되고 있다. 먼저 기존에 체결된 것으로 남미공동시장(Mercosur)이 있다. 1991년 브라질, 아르헨티나, 우루과이, 파라과이 등 남미 4개국이 참여하고 있다[18]. 2012년에는 베네수엘라가 다섯 번째 회원국으로 가입했다. 또 다른 Mega FTA로 태평양 동맹(Alianza del Pacífico)이 있다. 이는 2011년 4월 28일 칠레, 페루, 콜롬비아, 멕시코 4개국의 대통령이 리마협약(Declaración de Lima)을 통해 상품, 서비스, 자본 및 노동의 자유로운 이동을 위한 지역 공동체의 설립에 합의한 이후, 2012년 6월 6일 4차 태평양 동맹 정상회담에서 기본 협정문(Acuerdo Marco)을 채택함으로써 출범하였다[19].

---

17) 권혁재외 3인, "세계 통상질서의 재편 - 3대 FTA의 부상 - ",「CEO Information」, 제895호, 삼성경제연구소, 2013.05.15, pp.1~3.

18) 1995년 1월 1일부터 역내 모든 관세를 철폐했는데 이는 관세동맹(Customs Union)에 해당하는 것이며 비회원국에게는 공동관세율도 적용한다.

19) 임태균·이시은, "태평양 동맹의 발전 전망과 시사점",「전략지역심층연구 13-14」, 대외경제정책연구원, 2013.12.30 p.23.

3. IMF

1) 설립배경 및 목적

1, 2차 세계대전이후 금본위제의 붕괴와 함께 무역제한조치 등의 보호무역주의가 확산되면서 세계경제는 급속히 위축되기 시작했다. 이 같은 추세 속에서 각국의 환율은 등락을 거듭하고, 고인플레이션 현상이 급속히 퍼지면서 극심한 혼란을 겪게 되었다. 게다가 국제적으로는 유동성 부족이 심화되어 국제 통화질서마저 심각한 위기에 봉착하게 되었다. 이 같은 위기상황을 극복하고자 미국과 영국을 중심으로 한 서방국가들은 국제 통화기구 설립에 대한 필요성을 제기하였다.

1944년 7월 브레튼우즈에서 「국제통화기금설립협정문(Agreement of the International Monetary Fund)」을 채택하기에 이르렀다. 1945년 12월 27일 35개국이 이 협정문을 비준함으로서 IMF가 발족되었다. 1946년 5월 IMF는 미국 워싱턴에 본부를 설립하고 정식으로 업무를 개시하여 오늘에 이르고 있다.

IMF의 설립목적은 다음과 같이 요약된다. ① 가맹국간 협의를 통한 국제통화협력 촉진 ② 국제무역의 확대균형을 도모함으로써 모든 가맹국의 고용 및 실질소득의 확대를 추진하고 생산자원의 개발에 기여 ③ 가맹국간 질서 있는 환 협약을 유지하고, 경쟁적인 환 평가절하를 방지함으로써 외국환의 안정도모 ④ 가맹국간 경상거래에 관한 다자간 결제제도의 확립과 세계무역 성장을 저해하는 외국환에 대한 각종 제한 철폐 ⑤ 적절한 조건으로 가맹국이 기금의 일반재원을 단기적으로 이용할 수 있도록 함으로써 국제수지의 불균형을 시정할 수 있는 기회를 제공하는 것이 주목적이다. 이상과 같은 목표 하에 가맹국의 국제수지 불균형 기간을 단축하고 그 정도를 경감하는 게 설립 취지이다.

2) IMF의 구성

IMF 기구는 최고 의결기구인 총회와 총회로부터 위임받은 권한을 행사하는 상무이사회 및 평의회로 구성되어 있다. 일반 업무를 관장하는 집행부로서 총재, 수석부총재, 부총재 그리고 이를 보조하는 실무기구로 구성된다. 실무기구는 지역기구, 직능 및 특별서비스 기구, 정보 및 연락기구, 지원기구로 분류된다.

(1) 가입자격 및 절차

IMF는 국제통화문제에 협력할 의사가 있는 모든 나라에 대해 개방적인 자세로 가입을 허용한다.

가입희망국은 가맹국의 제반의무를 준수하겠다는 의사와 함께 가입신청서를 제출하고 IMF 당국은 신청국의 경제사정을 고려하여 쿼터 규모 및 쿼터 납입방법을 결정한다. 상무이사회의 승인을 거쳐 가입결의안을 총회투표에 회부하고, 투표권의 3분의 2 이상을 보유하는 가맹국이 참가, 과반수의 찬성으로 가입이 확정된다. 현재 181개국이 가입되었으며, 한국은 1955년 8월 25일 가입하였다

한편, 국제통화기금의 재원은 가입국의 쿼터 납입금으로 조달한다. 현재 한국의 쿼터 및 투표권 비중은 7억9,960만 SDR(약 11억5,900만 달러)로 전체가맹국 중 36위에 해당한다. 우리나라는 1997년 총회에서 1998년 4월까지 8억3,220만 SDR을 추가 출자, 총 출자액을 16억3,100만 SDR(22억3,500만 달러)로 확대하여, 지분율 기준 국별 순위 36위에서 28위로 끌어올릴 계획이었으나 현재로서는 불투명한 상태다.

3) IMF의 기능

(1) IMF의 기능

IMF의 주요기능은 가맹국에 대한 환율정책 및 외환제도에 대한 감독, 재원확보를 위한 SDR의 창출, 가맹국에 대한 기술적인 지원, 국제수지 조정을 위한 신용공여 등 크게 네 가지로 대별된다.

① 환율정책 및 외환제도에 대한 감시 기능(surveillance)

IMF 협정문 4조에 의거, IMF는 국제통화질서의 안정을 유지하기 위해 각국의 자의적인 환율제도 운영 및 환율정책을 감시한다. 또한, 가맹국에 대한 연차협의와 세계경제 전망 작성을 통해 감시, 감독 기능을 수행한다. 이에 따라 IMF 협의단은 가맹국을 방문, 제반 경제정책에 관한 의견을 교환하고 이에 대한 보고서를 작성, 상무이사회에 제출한다.

상무이사회는 이를 기반으로 가맹국 경제정책에 대한 평가와 정책권고를 3개월 이내에 가맹국에 통보한다. 이 같은 연차협의 결과는 각국에 대한 신용제공, 국제

금융시장에서의 신인도 등에 영향을 미친다. 아울러 연 2회 World Econmic Outlook을 통해 세계경제 전체, 선진국, 개발도상국에 대한 상황을 면밀히 검토하고 정책과제를 제시하는 역할을 수행한다.

② 재원확보를 위한 SDR의 창출

IMF는 세계교역을 원활히 유지할 수 있도록 국제유동성 단위인 SDR (Special Drawing Rights: 특별인출권)을 창출하고 배분하는 역할을 수행한다. 신용공여 시 원칙적으로 각국의 SDR 쿼터를 기준으로 제공한다.

③ 가맹국에 대한 기술적인 지원(technical assistance)

IMF는 가맹국에 대해 회계, 통계, 은행감독, 외환 및 금융제도 등 광범위한 분야에 걸쳐 정책을 권고하고 또한 자문하는 기능을 수행한다. 특히 연수원을 통해 가맹국 정부 및 중앙은행 직원을 대상으로 연수프로그램을 운영함으로써 기술지원을 한다.

④ 국제수지 조정을 위한 신용공여

IMF는 환율안정과 가맹국의 일시적인 국제수지보전을 주목적으로 단기자금을 지원한다. 가맹국이 IMF 신용을 이용할 경우 원칙적으로 SDR이나 여타 가맹국 통화를 해당국의 가맹국 통화로 매입하고 상환 시 SDR이나 여타 교환성 통화로 해당가맹국 통화를 환매하는 형식을 취한다.

이러한 정책 하에서 신용공여제도는 단기자금지원 성격의 정규 신용제도, 특수요인에 의한 국제수지 적자를 보전하기 위한 특별 신용제도, 개발도상국의 구조조정 지원을 위한 양허성 융자제도 등으로 구분된다(자세한 내용은 IMF 금융지원 종류 및 지원 메커니즘 참조).

4) IMF 기능의 한계 및 개선방향

(1) IMF 기능의 변화 필요성

금융시장의 범세계화와 개도국으로의 단기자금 유입 급증이 IMF의 역할 수행에 새로운 제약요인으로 등장하고 있다. 일국의 금융위기가 인근지역으로 급속히 전파되는 spillover effect의 가능성이 점차 커짐에 따라 기존 IMF 신용기능으로는 한계가 있다는 비판도 제기되고 있다.

1994년 말 멕시코 페소화 폭락 사태 시 IMF의 자금지원은 6주라는 장기간이 소요됨에 따라 그 지원효과가 미진하였다. 이에 IMF를 비롯한 국제기구, 선진국은 물론 개도국들은 신속하고 효율적인 대응체제 구축의 필요성을 제기하였다.

아울러 러시아 등 체제전환국에 제공되고 있는 대규모 구조조정 자금지원과 같은 지역에 대한 World Bank의 금융지원 목적이 중복된다는 비판도 제기되고 있었다. 이에 따라 1995년 연차총회에서 긴급구제금융제도(EFM: Emergency Financing Mechanism), 환율 안정기금(CSFs: Currency Stabilization Funds)제도를 도입하기에 이르렀다.

(2) 향후 IMF의 개편방향

현재 IMF는 신속한 금융지원을 위해 새로운 제도를 도입하고 있으나, 환율제도 및 국제통화 질서의 안정이라는 고유 기능을 효율적으로 수행하기 위해서 신용제도 및 지도체제, 감독기능 등의 강화 등을 추진하고 있다.

우선 이들은 지나치게 일방적이고 엄격한 정책준수 요구에 대한 탄력성을 부여하고자 한다. 현재 IMF의 지나치고 엄격한 정책 준수 강요는 초기 의도한 정책성과보다는 해당국 경제에 부작용이나 비효율성을 야기시키는 일이 다반사인 실정이다. 따라서 많은 정책입안자들은 해당국에 적합한 합리적인 정책 가이드라인을 제시하는 기능이 강화될 필요성이 있다는 점을 지적하고 있다. 체제전환국, 특히 러시아의 경우 최근 IMF의 지나친 간섭이 자국경제 발전에 도움이 되지 않는다고 평가, 더 이상의 신용공여를 받지 않겠다고 결정한 것이 이의 반증이다.

한편, 다른 국제 금융기관과의 업무 중복도 조정해야 할 과제로 부각되고 있다. 예를 들어 구조조정과 같은 문제는 World Bank에 이관하고, IMF의 기능을 거시적인 정책조정 및 국제통화제도의 안정에 중점을 두어야 한다. 아울러 G7을 중심으로 한 환율문제 협조체제를 IMF 중심으로 이관하는 것도 시급하다.

특히 금융의 범세계화에 보다 신속하게 대응하기 위해 감시기능을 더욱 강화해야 한다. 게다가 세계경제에서 신흥개발도상국의 비중이 더욱 확대되고 있는 현상황에서 이들의 IMF내 발언권을 점차 확대시켜 줄 필요성이 있다.

4. APEC

아시아·태평양 경제협력체(Asia-Pacific Economic Cooperation : APEC)는 역대 지속적인 경제성장과 공동의 번영을 위해 1989년 호주 캔버라에서 12개국 간의 각료회의로 출범하였으며, 1993년부터 매년 정상회의를 개최하고 있다.

아시아·태평양 경제협력체(Asia-Pacific Economic Cooperation: APEC, 이하 APEC이라 한다.)는 〈표 3-5〉에서 보는 바와 같이, 21개 국가로 이루어진 것으로 APEC 회원국의 총인구 규모는 약 27.4억 명(2008년 기준, 전(全)세계의 약 40.3%), 명목 GDP 총계는 약 32.2조 US달러($)(2008년 기준, 전(全)세계의 약 51.9%), 수출은 약 7.0조 US달러($)(2008년 기준, 43.4%), 수입은 약 7.2조 US달러($)(2008년 기준, 전(全)세계의 약 44.9%)로 집계된다.[20] 아시아와 태평양 지역 경제권역에서 증가되는 상호의존성에 부응하여 1989년에 형성된 경제협력체로서 회원국간(間) 자발적인 협력을 바탕으로 역내 경제성장을 지속시키고자 마련되었다[21].

1989년 APEC이 결성된 이후, 1993년 시애틀(Seattle) 정상회의에서는 무역·투자위원회(CTI)가 창설되고 APEC의 뼈대가 형성된 것은 1994년 인도네시아 보고르(Bogor)정상회의에서 이루어졌다. 그 당시 주요 내용으로는 먼저 APEC 활동의 지주로 무역·투자자유화(Trade and Investment Liberalization), 무역·투자원활화(Trade and Investment Facilitation), 경제기술협력(Economic and Technical Cooperation)을 채택하였다. 이 3가지 중에서 앞의 2가지를 TILF, 후자를 Ecotech로 약칭하면서 APEC의 궁극적인 목표가 되었다.

또한 보고르(Bogor) 정상회의를 통해 선진국은 2010년, 후진국은 2020년까지 무역·투자자유화 및 원활화를 실현시키고자 하는 목표를 설정하게 되었다. 그리고 1, 2년 후 보고르(Bogor)목표를 달성하게 위해 제3차 APEC 정상회의(1995.11.19, 일본 오사카) 결과에 따라 관세 등 15개[22] 분야에서 자유화 및 원

20) 국제통화기금(http://www.imf.org/external/index.htm)에 나타난 자료와 우리나라 국책연구기관인 대외경제정책연구원(http://www.kiep.go.kr/)에 발췌한 자료를 종합해서 정리하였다.

21) www.apecsec.org.sg/apec/about_apec.html

22) 15개 분야는 관세, 비관세조치, 서비스, 투자, 표준적합, 통관절차, 지적재산권, 경쟁정책, 정부조달, 규제완화, WTO 의무이행, 분쟁조정, 기업인 이동, 정보수집 및 분

활화 조치 계획을 정리한 오사카행동지침(Osaka Action Plan)이 채택되고 1996년에는 마닐라 실행계획(Manila Action Plan) 채택으로 본격적인 무역·투자자유화 및 원활화가 추진되었다.

표 3-4 APEC의 조직 및 운용

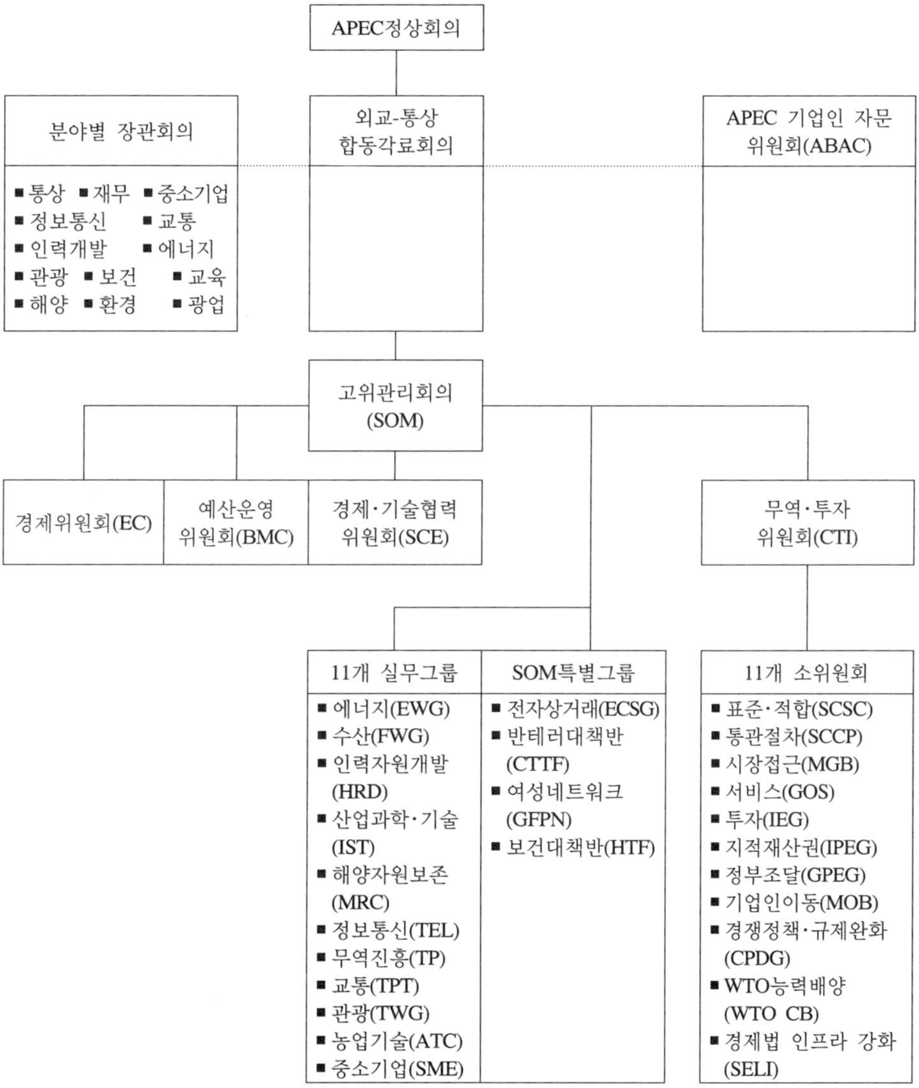

APEC정상회의

분야별 장관회의
- 통상 ■ 재무 ■ 중소기업
- 정보통신 ■ 교통
- 인력개발 ■ 에너지
- 관광 ■ 보건 ■ 교육
- 해양 ■ 환경 ■ 광업

외교-통상 합동각료회의

APEC 기업인 자문 위원회(ABAC)

고위관리회의 (SOM)

경제위원회(EC)

예산운영 위원회(BMC)

경제·기술협력 위원회(SCE)

무역·투자 위원회(CTI)

11개 실무그룹
- 에너지(EWG)
- 수산(FWG)
- 인력자원개발 (HRD)
- 산업과학·기술 (IST)
- 해양자원보존 (MRC)
- 정보통신(TEL)
- 무역진흥(TP)
- 교통(TPT)
- 관광(TWG)
- 농업기술(ATC)
- 중소기업(SME)

SOM특별그룹
- 전자상거래(ECSG)
- 반테러대책반 (CTTF)
- 여성네트워크 (GFPN)
- 보건대책반(HTF)

11개 소위원회
- 표준·적합(SCSC)
- 통관절차(SCCP)
- 시장접근(MGB)
- 서비스(GOS)
- 투자(IEG)
- 지적재산권(IPEG)
- 정부조달(GPEG)
- 기업인이동(MOB)
- 경쟁정책·규제완화 (CPDG)
- WTO능력배양 (WTO CB)
- 경제법 인프라 강화 (SELI)

자료: www.apec.org

석, 기타 등이다.

▮표 3-5▮ APEC 개요

공식 명칭	아시아·태평양경제협력체(Asia-Pacific Economic Cooperation : APEC)
인구 / GDP	27.4억 명 / 32.2조 US달러($) (2008년)
무역	■ 수출 7.0조($), 수입 7.2조($)(세계의 약 44.9%)(2008년)
구성원	■ 1989년: 한국(South Korea), 일본(Japan), 싱가포르(Singapore), 태국(Thailand), 말레이시아(Malaysia), 인도네시아(Indonesia), 브루나이(Brunei), 필리핀(Philippines), 호주(Australia), 뉴질랜드(New Zealand), 미국(United States of America), 캐나다(Canada) ■ 1991년: 중국(China), 홍콩(Hong Kong), 대만(Taiwan) ■ 1993년: 멕시코(Mexico), 파푸아(Papua New Guinea) ■ 1994년: 칠레(Chile) ■ 1998년: 베트남(Vietnam), 페루(Peru), 러시아(Russia)
협정서명, 효력일자	1989년
통합 (Integration)	■ 1994년 APEC정상회의에서 Bogor Goa을 채택하였으며, 이에 따라 선진국은 2010년, 개도국은 2020년을 시한으로 하여 역내기업거래비용의 5%를 감축하기 위한 방안 모색 등 무역 및 투자 자유화를 달성하기로 함
경제적 통합과 무역 원활화 이행을 위한 법적 기반	■ 1994년 APEC정상회의에서 Bogor Goa을 채택함 - 제1, 2차 무역·투자 자유화와 원활화 행동계획 (APEC Trade Facilitation Action Plan Ⅰ, Ⅱ) - 구조개혁, 원산지 규정 조화, - 통관절차 간소화(APEC-wide Single Window) 사업 이행 - 상하이 합의(Shanghai Accord) ■ APEC Trade Facilitation Principles ■ APEC Individual Action Plans(IAPs)
실행 효력	■ 의사결정은 의사합치의 방식에 따르며, 비구속적(non-binding) 이행을 원칙으로 함으로써, 회원국의 자발적 참여 또는 이행을 중시함
Tariff Reduction By	■ Individual Action Plan(IAPs)에 의한 관세 감소 ■ HS Convention
관세율(Tariff Level)	■ 회원국간 평균 관세율 : 5.5%(2004)
Reduction of formalities & Documents requirements	■ Simplification of Customs Procedures & requirements
Use of International Standards	■ Revised Kyoto Convention
수출입관련 절차 자동화(Automation)	■ Paperless Trading ■ Electronic Certificate ■ Use of common data elements

자료: P. Wille, and J. Redden, "A Comparative Analysis of Trade Facilitation in Selected Regional and Bilateral Trade Agreement," Asia-Pacific Research and Training Network on Trade Working Paper Series, No.17, August 2006, pp.4-5.

중국의 대외개방과 WTO 가입

제4장 중국의 WTO 가입 이전 통상정책

제5장 중국의 WTO 가입과 통상 정책

1. 1978년 개혁·개방 이후의 통상정책의 특징

중국 대외무역정책의 변화는 이미 1970년대 중반 등소평이 경제정책을 주도하면서 시작되었다. 그러나 보다 진보적이고 본격적인 변화를 가져오기 시작한 것은 공식적인 개혁 개방을 천명하였던 1978년 이후부터이다. 중국은 농촌을 중심으로 한 경제체제개혁을 단행하기 시작하였으며 그와 함께 대외적으로 기존의 경제체제와는 다른 경제특구를 설치하고 대외개방 조치를 시작하였다. 이에 따라 중국의 대외무역정책은 기존의 통제와 보호주의에서 벗어나 국가 외 부문의 부분적 자율성과 경쟁을 인정하는 사회주의 체제와 시장경제체제의 조화를 유지하는 방향으로 서서히 진행되기 시작하였다.

대외무역정책의 이와 같은 변화는 1984년 9월 15일 국무원의 승일은 받은 대외경제무역부의 "대외무역체제개혁의견보고"에 자세히 나타나 있다[1]. 이 보고를

1) 보고의 주요 내용은 첫째는 정부와 기업의 직책분리와 대외무역부 전문가에 의한 무역

기록한 보고서에 따르면, 정부와 기업의 분리를 통해 대외무역에 관한 행정관리를 강화하면서 정부의 무역 관리권을 민간에게 이양함으로써 무역관련 기업의 적극적인 자율성을 유도하고 수출입대리제와 전면적 수입경영대리제의 실시를 통하여 무역회사의 대외무역경영관리를 개선하겠다는 것이다. 이로써 이후 중국의 대외무역정책은 국가에 의한 무역에 대한 전면적인 통제가 아닌 시장경쟁에 대한 부분적 인정을 통한 자율성의 점진적 확대로 진행되어 가기 시작했다. 또한 관세 및 비관세장벽 완화, 무역업체에 대한 자율성 확대 등을 중심으로 무역체제에 대한 개혁이 광범위하게 진행되었다. 그리고 개혁 전후에 달라진 중국 무역체제의 성격을 비교해보면 〈표 4-1〉 개혁 전 후 중국의 무역체제 비교와 같다[2].

▮표 4-1▮ 개혁 전후 중국의 무역체제 비교

구분	개혁 이전	개혁 이후
조직형태	국가 독점적 국영 무역	기업의 자율적 무역조직 인정
관리권한	중앙집권적 통일 관리	지방 분권적 범위 확대
경영분업	생산과 판매의 분리	생산과 판매의 통합 추진
이익분배	노동인민의 이익 우선 분배	기업의 경영성과에 따른 분배 인정

자료: 오용석, 「현대 중국의 대외경제정책」, 서울: 나남출판, 2004, p.284.

2. 1978년 개혁·개방 이후의 통상정책의 변화

1978년 대외개방에 대한 중국 정부의 공식적인 천명 이후, 개혁개방 이후 지금까지 중국의 무역정책의 변화과정은 크게 세 단계로 구분할 수 있다. 첫 번째 단계는 개혁 이후 1980년대까지로 대외무역체제의 개혁이 이루어지나 비교적 대외개방 정책이 확산되는 것이 아니라 소극적인 단계에 머물렀던 시기이다. 두 번째 단계는 1990년대의 시기로 흔히 IMF로 대변되는 아시아 경제위기 전까지의 시기로 중국이 시장경제의 경쟁원리를 전제로 과감한 개혁을 추진하던 시기이다.

기업의 관리, 둘째는 대외무역경영 대리제 실시, 셋째는 공업과 무역의 결합, 기술과 무역의 종합 및 수출입 결합이다(김선화, 「중국의 개혁·개방과 대외무역에 관한 연구」, 대구대 대학원, 2005, p.7).

2) 정하, "중국의 통상정책 전환에 관한 연구 : 무역구조 개선을 중심으로", 인하대대학원, 2008.

세 번째 단계는 아시아 경제 위기 이후부터 중국이 2001년 WTO에 가입한 현 상황까지이다.

1) 소극적 개혁 시기 : 1980년대

1971년부터 중국은 서서히 대외무역체제의 개혁을 점진적으로 추진하면서 무역정책의 변화를 보이기 시작한다. 무엇보다 정부는 중국 정부의 명령에 의한 계획 관리로 부터 대외무역정책을 벗어나 무역경영권한을 민간 기업에게 이양을 추진함으로써 시장의 경쟁원리를 도입하기 시작했으며 이러한 사실을 민간 기업에게 반영하기 시작하였다.

이후 1979~1984년에 중국은 그 동안 10여 개의 전문수출입 기업이 독점해왔던 권한을 새로운 민간 기업들에게 점진적으로 이양하기 시작하였으며 무엇보다 생산기업에게 독자적인 수출권을 부여하면서 자율성을 점진적으로 확대시켜 왔다. 그 동안 기존의 10여 개의 전문수출입 기업은 수출을 촉진해 왔고 외화획득을 높이기 위한 노력을 하여 왔다. 중국 정부의 이러한 조치로 인해 수출품을 생산하던 기업들은 스스로 외국의 기업들과 매매계약을 하기 위한 노력을 기울여 왔다. 바이어 상당 등의 행위도 개별적으로 이루어졌다. 또한 과거 무역대리업자로 비즈니스를 영위해 왔던 무역회사들은 더욱 무역대리업자로서의 위치를 공고히 하기 위한 방안 마련을 모색하여 왔다. 이 당시에 정부경영책임제의 시행[3]으로 무역업무의 지방과 기업에 이양이 이루어져 중앙의 부담을 경감하고 책임 있는 경영이 이루어지게 되었다. 여기서 중국의 정부경영책임제란 1987년 실험적으로 경공업, 공예품 및 복장을 취급하는 중앙의 대외무역전업회사를 대상으로 하여 수출액 지표, 외화표시 수출원가 지표 및 손익지표를 매 3년마다 작성하게 하고 손익에 대한 책임을 지게 한데서부터 시작되었다. 1988년부터는 이 정부경영책임 제도가 전국에 확대 실시되면서 대외무역부는 성 자치구 직할시 계획 단위시 및 대외무역과 공업무역회사 본사를 중앙청부단위로 지정하였고 이들 중앙청부단위는 수출에서 벌어들인 외화수입, 중앙정부에 상납되는 외화 및 재무상의 손익에 대한 지표를 작성하여 보고하였다.

1985~1987년에는 정부행정과 무역공사들을 분리시켜 무역공사의 경영자주권

3) 김중수, 「중국의 대외무역정책과 체계」, 2002, p.14.

을 높이고 수출입의 중앙계획을 보다 단순화하고 수출입 업무 대행제도를 실시하였다[4]. 그러나 이러한 개혁에도 불구하고 이시기의 무역정책은 과거 사회주의 틀 속에서 문제를 해결하려는 소극적의 한계를 가지고 있는 것으로 평가되는데 이는 무역거래에 있어서 여전히 관세장벽을 유지하는 등 국가 주도적 계획경제적인 요소가 존재하고 있었기 때문이다.

2) 적극적 개혁 시기 : 1990~1997년

1980년대의 중국 대외무역정책에 대한 개혁이 다소 소극적이었다는 평가가 있었다. 그러나 중국은 1990년대에 들어서면서 세계무역의 무역을 관장하는 GATT와 그 후속기구인 WTO 등 국제적인 무역기구 가입을 위한 노력을 꾸준히 하였다. 뿐만 아니라 시장경제의 경쟁원리를 전제로 하는 과감한 개혁을 추진하기 시작하였다.

1990년대 들어서는 무역 공사들의 경영효율을 높이는 조치들이 취해졌는데 무역공사들과의 무역계약제와 손해와 이익에 대한 자기책임제가 주된 내용이었고 외환을 거래할 수 있는 시장을 설립하였으며 수출입의 할당과 허가 제도를 더욱 분명히 하였다. 1992년 10월 14일 전 대회에서 "사회주의 시장경제론"이 제창되었고 이를 바탕으로 국제무역의관행과 규범에 맞는 대외무역체제의 개혁이 본격적으로 시작되었다. 1994년 7월에는 "중화인민공화국대외무역법(中華人民共和國對外貿易法)"[5]이 제정되어 시행되면서 대외적으로 보다 국제관례나 관습에 순응하면서 내부적으로 중국의 실정이 반영된 무역제도를 만들기 위한 작업이 본격

---

4) 박정규, 「중국의 통상정책과 한국기업의 대응전략」, 동아대 동북아국제대학원, 2005.

5) 대외무역법의 주요내용은 다음과 같다. 1) 대외무역경영허가제도와 상품, 기술 수출입 방면에 있어 자유수출입원칙을 확립함과 동시에 금지 및 제한된 수출입 항목 규정. 2) 수출입이 제한된 상품과 기술에 대해선 무역법규는 쿠타제를 채택하며, 허가증관리를 시행하고 쿼터 분배는 효율, 공정, 공평의 원칙하에 진행. 3) 대외무역최혜국대우, 국민재우와 국제 서비스 무역의 사장 진입에 대한 관련 규정을 제정하였는데 무역법의 규정은 중국이 체결한 조약이나 참가한 국제 조약, 협정에 근거하여 중국의 서비스무역시장을 점진적으로 개방하여 기타 조약 상대방과 참가국에게 시장 진입에 대한 기화와 대우를 자국민과 동등하게 할 것을 표시. 4) 공평한 시장 질서를 유지하기 위한 보조금 금지와 이의 조사 실시 제도를 확립. 5) 무역법은 무역발전 촉진을 위한 수출입은행 건립, 무역발전 기금, 위험기금, 수출세금환급, 수출 무의 서비스 업무의 발전을 포함한 각종 정책의 실시가 이루어졌다(김선화, 「중국의 개혁·개방과 대외무역에 관한 연구」, 대구대 대학원, 2005, p.29).

적으로 시작되었다. 무엇보다 1997년 동아시아에 외환위기가 발생하기 전까지 상품수지 및 경상수지의 흑자 지속은 중국정부로 하여금 대외무역 참여에 대한 강한 자신감을 갖게 하여 각종 대외무역정책을 추진하게 되었고 그리하여 관세율의 인하, 비관세장벽의 축소 및 폐지, 수출입기업의 대폭 확대 등이 강력히 추진되었다.

3) 수출장려 및 수입억제 시기 : 1997~1999년

1997년 시작된 동아시아의 외환위기는 이들 지역 국가들의 심각한 경기침체를 가져왔다. 이에 따라 중국제품의 수출경쟁력이 상대적 하락으로 1998년 수출 감소로 이어졌고 중국정부는 이러한 상황을 타계하기 위해 강력한 수출활성화 및 수입규제정책을 실시하게 된다.

먼저 수출증대를 위해 금리인하를 단행하여 1999년까지 여섯 차례의 금리인하가 이루어졌다. 이는 디플레이션 현상을 해소하고 만성적자 상태에 놓인 국유기업에 대출금상환부담과 금융비용 부담을 경감시켜 국유기업의 경영난을 해소하며 이들의 수출경쟁력을 높임으로써 수출확대를 하기 위한 것이었다. 수출 증대를 위한 이러한 정책들과 함께 한편으로는 수입을 억제하기 위한 정책들이 마련되었는데 대표적인 것이 가공무역기업의 원부자재수입 감독강화, 철강수입구제 등 각종 비관세장벽의 강화였다[6].

표 4-2 1998년 이후 중국정부의 수요 수출장려 및 수입규제책

수출장려책	수입규제책
- 금리인하 - 증치세 환급률 인상 - 금융기관을 통한 수출금융 확대 - 지방정부의 수출장려 혜택 마련 허용 - 수출허가증 대상 품목 취소 - 사영기업의 수출입권한 확대 등	- 강력한 밀수 단속 - 철강, 화학 등 주요제품의 반덤핑 제소, 가공무역관리 제도 변경을 통한 수입규제 등 비관세장벽 강화 - 수입대금용 외화결제 관리 강화 등

자료: 김중수, 2002 「중국의 대외무역 정책과 체계」

6) 이흠, "중국의 통상정책에 따른 한국기업의 대중국 투자 활성화 방안에 관한 연구", 조선대 대학원, 2007.

제5장 중국의 WTO 가입과 통상 정책

1. 중국의 WTO 가입 과정

중국은 2001년 11월 10일 카타르 도하(Doha)에서 WTO(세계무역기구) 제4차 각료회의에서 회원국 만장일치의 찬성을 받아 WTO 가입 승인절차를 거쳐 2001년 12월 11일 공식적으로 WTO에 가입되었다. 중국의 WTO회원국으로써의 가입은 1986년 GATT에 가입신청서를 낸 지 거의 15년 만에 이루어진 것이다. 이로 말미암아 드디어 중국이 세계경제 및 무역체제에 공식적으로 등장하게 되었다. 20세기 말까지 중국은 문화대혁명, 천안문사태, 타이완과의 지속적인 관계악화, 인권문제 등에서 미국 및 서방국가들과의 관계가 평탄하지 못했다. 그 결과로 GATT나 그 승계기구인 WTO에 가입이 상당히 어려웠었다. 또한 중국의 WTO 가입이 늦어지게 된 또 다른 이유로는 미국이 중국의 WTO 가입 조건을 근거로 많은 시장 개방을 이끌어내려는 전략과 중국은 시장 개방을 될 수 있으면 늦추려는 전략이 충돌되어 타협이 쉽게 이루어지지 않았기 때문으로 풀이된다. 그 후 중국이 1995년 WTO 옵서버자격을 획득하고 세계11대 무역국으로서의 부상과 더불어 미국과의 최혜국대우 획득, APEC에서 주도적 역할을 해낸 점 등이 긍정적으로 작용하여 어느 정도 국제적 신뢰를 획득하게 됨으로써 WTO에 가입할 수 있는 여건이 마련되었다[1].

▮ 표 5-1 ▮ 중국의 WTO 가입 과정

연도별	GATT/WTO 관련 사항
1948.5	국민당 정부 GATT 원체약국지위로 서명
1950.3	대만 일방적으로 탈퇴
1972	UN에서의 합법적 지위 회복 후 GATT 원체약국 지위로 승계 가능하였으나 중국정부의 내부사정 및 인식부족으로 기회상실
1980	개혁 개방 추진 이후 GATT에 관심 갖기 시작
1982.9	GATT의 옵저버 자격 획득
1983.12	MFA에 가입, GATT의 모든 회의에 참석
1986.	3월 홍콩 GATT 가입 : 영국환인선언 7월 중국 GATT 회원국 가입 신청서 제출 9월 중국우루과이라운드 참가
1989	가입 거의 완결 천안문사태로 무기한 보류
1995	WTO: GATT를 승계하여 탄생 GATT 원체약국 지위 회복 노력 좌절 7월 WTO 옵저버 가입 허용
1996	4월 평균 23%로 관세 인하 4월 경상거래에 대한 외환자유화 6월 농업 부문 자료 제출 12월 서비스 부문 양허안 제안
1997	17%로 관세 재인 하단 보호 조치 병행 ; 협상 결렬 8월 아시아에서 처음으로 우리나라와 양자협상 타결(1,584개 품목에 대한 관세인하 합의) 9월 일중 양자협상타결(서비스 분야 제외)
1998	WTO가입낙관론 팽배 경제침체로 보호무역조치 재도입

1) 최복염, “중국 WTO 가입과 한·중 경제교류 확대에 관한 연구”, 세종대 대학원, 2008.

1999	평균관세 16.8%로 인하 WTO 가입 필요성 절감 7월 WTO 가입, 중일 간 타결 11월 미·중 양자협상 타결, 캐나다·중 양자협상 타결
2000	5월 EU-중 양자협상 타결 12월 제14차 공식 가입 작업반 회의 멕시코를 제외한 희망국가와 양자협상 모두 타결
2001	11월 카타르 도하에서 열리는 각료 회담에서 중국의 WTO 가입 논의 예정
2002	1월 제15차 가입 작업반 회의 개최 7월 제16차 가입 작업반 회의 개최 7월 제17차 가입 작업반 회의 개최 : 가입을 위한 후속 협상

자료: 김익수, 「중국의 WTO 가입이 동아시아와 한국경제에 미치는 영향」, 고려대학교, 1999

2. 중국의 WTO 가입

1) 중국의 WTO 가입의정서 제출

WTO 가입과 탈퇴의 규정에 따라 완전한 자치권을 보유하고 독자적인 무역정책을 실행하고 있는 국가 또는 관세 영역은 WTO와 합의하는 조건에 따라 WTO에 가입할 수 있다. WTO의 가입은 곧 WTO 설립협정과 동 협정에 부속된 다자간 무역협정에 따라 그대로 이행됨을 의미한다. 중국도 예외 없이 WTO 회원국이 되기 위해서는 WTO가 요구하는 몇 가지 전제 조건에 동의해야 했으며[2] WTO 회원국으로서 회원국의 권리를 누리는 동시에 회원국으로서의 의무를 다하여야 했다. 중국은 다음과 같은 WTO의 협정과 원칙들을 맞추기 위하여 약속을 하고 개혁을 시행하였다.

2) 박형래, 「사례로 보는 WTO와 무역마찰의 이해」, 도서출판 두남, 2005.

3. 중국의 WTO 가입에 따른 상품 무역의 개방

1) 중국의 무역(수출입경영권) 개방

중국이 WTO에 가입하기 이전에 중국은 정부산하의 국유기업을 위주로 일부 기업에게만 무역업을 영위하도록 허가해 주었다. 따라서 중국 정부로부터 무역업 허가를 받지 못한 기업은 수출입을 할 수 있는 외무공사(外貿公司)와 위탁계약을 체결하고 외무공사(外貿公司)가 수출입을 하였다. 1999년부터 중국은 수입과 수출경영권리에 대하여 점차적으로 민간 기업에게 개방하기 시작하였다. 하지만 WTO 가입신청 그 당시엔 중국 국내에 있는 중자기업(그 당시 총 약 35,000개)만 대상으로 적용하였다. 외국인 투자기업의 경우 기업생산에 필요한 설비, 원자재 수입 및 자가 생산한 제품을 수출할 수 있는 범위내로 무역권이 제한적으로 허가되고 있었다. 작업반의 회원들은 이 같은 내용 WTO의 요구와 일치하지 않았다고 지적했다. 중국정부는 이 문제에 대하여 충분하게 인식하고 검토해서 WTO 가입 당시 다음과 같은 내용을 약속했다[3].

중국은 WTO 가입 양허안에서 가입 후 3년 이내에 모든 국내기업(외자기업 포함)의 무역업 허가권을 인정하기로 합의하였다. 이에 따라 중국 기업 및 외자계 기업의 무역업 허가권의 유지 시 기준이 되는 수출실적, 무역균형, 외환수지균형 등의 요건을 가입 즉시 철폐하고, 내자(內資) 100% 기업이 무역업 허가권을 취득할 경우 최저 등록자본 요건을 인하하고 또한 경과기간 종료 시에는 심사·승인 제도를 철폐하기로 합의하였다[4].

WTO으로 이행기간 중에는 외국투자기업의 무역경영권의 범위와 취득 가능성을 점차적으로 개방하기로 하였다. 가입 1년 후에는 외국 자본이 소수지분인 합자기업에 대해 완전한 무역권을 부여하며, 가입 2년 후에는 외국자본이 다수 지분(50% 이상)인 합자기업에 대해 완전한 무역권을 부여하기로 하였다. 최종적으로 3년 이내에 중국 내 모든 기업에 대해 무역권을 부여하기로 하였다. 외국기업은 특정한 형식 또는 독립실체를 설립하지 않아도 수출입 업무에 종사할 수 있고 소매를 포함한 새로운 영업허가(경영허가증)를 취득하지 않아도 종사 할 수 있도

3) 가입의정서 제5조, 무역권(貿易權)과 작업반보고서 제4조 A 참조.
4) 『중국 WTO 가입의정서』 참조.

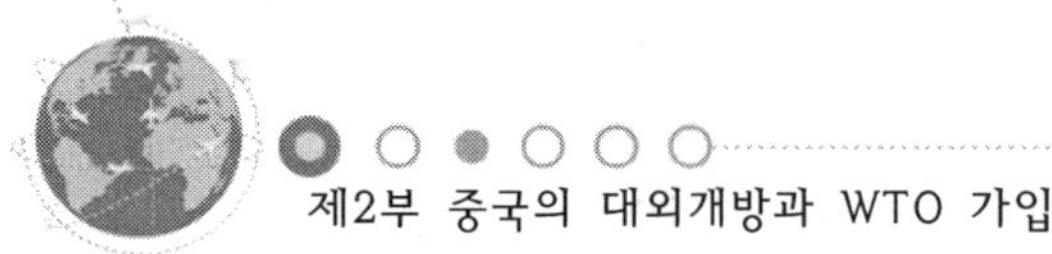

록 하였다.

이러한 합의에 따라 중국 정부는 2004년 10월 1일, 10년 만에 『대외무역법』을 개정·시행하고, 대외무역 경영주체에 대한 허가제를 폐지하고 등록제를 실시하였다. 또한 법인 또는 기타 조직 이외에 개인에게도 무역업에 종사할 수 있는 권한을 부여함으로써 중국 내 무역기업 설립이 가속화되는 계기를 마련하였다. 무역등록제 실시와 개방으로 중국 내 무역기업 설립이 가속화되었다. 2001년 말 35,000여 개에 불과하였던 중국의 무역기업이 2005년 말에는 18만여 개로 대폭 증가하였다[5]. 그리고 경영권 취득의 최저 등록자본금요건을 줄이기로 했다. 1년째 등록자본금은 500만 위안, 2년째 300만 위안, 3년째 100만 위안으로 인하하고 3년 후에는 무역경영권 취득을 위한 심사·승인 제도를 철폐하기로 하였다.

2) 관세장벽의 완화

(1) 수입관세의 인하

관세 인하와 관련하여 중국 정부는 WTO 가입을 위한 양허계획에서 평균 수입관세율을 2010년까지 9.8%로, 이 중 농산물은 15%로, 공산품은 8.9%로 인하하기로 약속하였다. 특히 WTO의 정보기술협정(Information Technology Agreement, ITA)에 참가하여 256개 ITA 대상품목에 대해 2005년까지 영세율을 적용하기로 약속하고, 자동차 관세율의 경우 2006년 7월까지 완성차 관세율을 25%로, 자동차부품의 평균 관세율은 10%로 인하하기로 합의하였다(〈표 5-2〉 참조)[6].

중국의 전체적 관세 수준은 WTO 가입당시 15.3%에서 2008년 1월 1일 기준 9.8%로 줄었다. 공산품의 평균 관세율은 14.8%에서 8.95%로 감소하였고 농산품은 같은 기간 23.2%에서 15.2%로 줄여 약속이행에 관한 긍정적 평가를 받고 있다(〈표 5-3〉 참조)[7].

---

5) 양평섭·구은아, "중국의 WTO 가입 5주년 결산 : 중국의 대외경제정책과 한·중 관계 변화를 중심으로," 대외경제정책연구원(KEIP), 2007, p.18.
6) 『중국 WTO 가입의정서』 참조.
7) WTO(2008), p.6.

▮표 5-2▮ WTO 가입 양허스케줄에 따른 중국의 관세 인하

품목		관세 인하 및 비관세 조치 완화 계획 개요
관세 인하	전품목	양허품목: 총 7,151개 품목 관세 인하 15.3%(2001년) → 9.8%(2010년)
	공산품	양허품목: 총 6,174개 품목 관세 인하 12.7%(2001년) → 8.9%(2010년)
	농산품	양허품목: 총 977개 품목 관세 인하 19.3%(2001년) → 15.0%(2010년)
	IT제품	정보기술협정(Information Technology Agreement) 가입 256개 IT 관련 제품에 대해 2005년까지 무관세화(0% 세율) 추진
	화학품	화학제품(HS 28-39류)에 대해 化學調和*의 수준으로 인하
	자동차	2006년 7월까지 25%로 인하
비관세 조치 완화		- 수입쿼터, 수입허가 등 수입제한 조치를 2005년까지 점진 철폐 및 신규 도입 금지 - 수입쿼터를 매년 15%씩 증액 또는 증량 - 경과기간 중 수입쿼터, 수입허가 운용 절차 간소화·투명화 추진

주: 化學調和 (Chemical Harmonization)는 화학품 및 화학제품(HS 28~39류)에 관한 관세 인하(최종적인 인하율은 0~6.5%)에 대하여 미·일·EU 등이 우루과이라운드 관세 교섭의 일환으로서 합의

자료: 『중화인민공화국가입의정서』

2006년과 2007년 중국은 관세 인하, 비관세장벽 철폐, 서비스산업 개방, 무역정책의 투명성 제고를 한층 더 강화하였다. 2006-2007년 중국은 WTO 합의사항에 따라 187개 품목의 관세율을 인하하였다. 2008년 5월 기준 중국은 354개 품목의 수입관세를 인하하거나 철폐하였다. ITA협정과 관련해서는 2003년 4월 중국의 ITA협정 참가가 승인되었으며, 2005년 1월부로 256개 ITA협정 대상 품목에 대해 영세율을 실시하였다[8].

8) WTO(2008), p.6.

▮표 5-3▮ 중국의 WTO 가입에 따른 관세 인하 계획 및 실적

(단위:%)

연도	전 품목		공산품		농산품	
	양허세율	실적	양허세율	실적	양허세율	실적
가입 전	15.3		14.8		23.2	
2002	12.0	12.0	11.7	11.4	18.5	18.1
2003	11.5	11.0	10.6	10.3	17.4	16.8
2004	10.6	10.4	9.8	9.5	15.8	15.6
2005	10.1	9.9	9.3	9.0	15.5	15.3
2006	10.1	9.9	9.3	9.0	15.5	15.2
2007	10.1	9.8	9.3	8.95	15.5	15.2
2008	10.0	-	9.2	-	15.1	-

자료: 양평섭, "중국의 대 한국 공산품 수입결정요인에 관한 연구", 2007.

2006년 7월 1일에는 자동차와 자동차부품 등에 대한 관세 인하를 실시함으로써 WTO 가입 양해각서에 따른 관세 인하를 완료하였다. 그러나 중국의 자동차 부품관세정책[9]은 WTO협정위반으로 지적되고 있다[10]. 중국의 자동차 부품 관세 정책은 외국 자동차 제조업자들이 주요 부품을 중국에서 생산하는 것을 장려하기 위해 도입되었으나, 엔진 등 주요 부품을 중국에서 생산하고 있지 않은 외국 업체들의 불만을 사게 되었다. 2006년 3월 31일 미국 정부는 유럽연합(EU)와 함께 자동차 부품에 대한 중국의 높은 관세를 "불공정 무역행위"로 규정하고 WTO에 제소하였다. WTO는 2008년 12월 15일 중국의 자동차부품 수입관련조치가 무역규정을 위반했다고 최종적으로 중국 측에 최종 패소 판결을 내렸다.

(2) 수출관세의 폐지

중국가입의정서 제11조에 따라 중국은 WTO 가입 후 수출상품에 대해 적용하고 있던 관세조항을 폐지해야 한다. 다만 의정서 부록6의 규정에 따라 광산품 등에 대한 수출관세를 실행할 것임을 약속했다.

9) 2005년 7월부터 시행한 관세정책에 따라 중국에서 조립한 완성차 중 수입부품의 비율이 60%가 넘을 경우 해당 수입부품에 대하여 일반 수입부품 관세(10~15%)보다 훨씬 높은 완성차에 상당하는 관세(28%)를 매기고 있다.

10) 여수옥, "중국", Country Profile, 대외경제정책연구원(KIEP), 2006, pp.17-18.

(3) 원산지규정의 약속

원산지규정이란 국제무역에서 거래되는 물품의 생산·제조국을 판정하기 위한 제반 법률 및 규정 또는 판례 그리고 관련 행정적 절차를 통틀어 일컫는 말이다.

WTO 체제하의 원산지규정협정(ARO : Agreement on Rules of Origin)에서 각 회원국은 WTO 협정 발효 후 90일 이내에 유효한 자국의 원산지규정, 사법결정 및 행정판정을 WTO 사무국에 제출해야 하고, 기준 규정 수정 또는 새로운 원산지규정의 도입시 이들의 효력 발생 60일 이전에 공표하여야 한다고 규정하고 있다. 중국은 새로운 가입국으로서 이 원산지 규정 제출의무도 이행하여야 한다. 그리고 중국은 가입당시 가입 작업반 보고서에서 중국의 원산지 관련 법률, 법규 그리고 기타 조치들이 WTO 원산지 규정협정과 완전히 일치할 것임을 보증했다. 중국의 원산지규정은 비특혜원산지규정[11]임을 인정하고 일단 비특혜원산지규정의 국제협상이 완료되면 중국도 전면적으로 국제협상의 원산지규정을 적용할 것을 약속하였다.

3) 비관세장벽(Non Tariff Measures)의 조치

비관세장벽(Non-Tariff Barriers)이란 정부가 자국 산업 보호를 위해 관세 이외의 방법으로 수입을 억제하려는 정책을 말한다. 비관세장벽을 쌓는 방법은 여러 가지가 있다. 우선 수입에 대한 행정절차나 통관절차를 까다롭게 할 수 있다. 예를 들어 서류가 덜 갖춰졌다는 이유를 들어 수입물품의 통관을 미루는 경우가 있을 수 있다. WTO 협정 중 하나인 무역에 대한 기술장벽(Technical Barriers to Trade)을 통해서도 비관세장벽의 한 수단이 된다. 덧붙여 설명하면 공산품의 기술 및 표준과 관련해 규제를 까다롭게 하여 비관세장벽이 될 수 있다. 제품의 안전기준을 대폭 강화하는 것이다. 농축산물의 경우 사람의 건강을 위하는 목적으로 관련 기준을 까다롭게 하는데, 이 때문에 비관세장벽이 형성되

11) 국제적으로 사용되고 있는 원산지인정 기준으로서는 세번변경기준, 부가가치기준, 주요공정기준 등이 있으며 그 적용목적에 따라 특혜원산지규정과 비 특혜원산지규정으로 구분될 수 있다. 그리고 WTO의 원산지규정협정에는 특혜원산지규정에 관해서는 언급을 하고 있지 않으며 비 특혜원산지에 관한 일반적 규정만이 제정되어 있다. (서위, 「중국 WTO가입 이후 통상제도의 변화에 관한 연구」, 우석대 경영행정대학원, 2006)

기도 한다. 이런 비관세장벽이 형성되면 수출하는데 상당한 어려움이 있을 것으로 파악된다. 이에 비관세장벽은 관세장벽 이상의 보호무역 효과를 발휘할 수 있다. 따라서 비관세장벽에 의한 수출 피해를 측정하는 것도 어렵고, 이의를 제기하기도 쉽지 않다. 객관적 기준이 없이 주관적 판단에 따르는 경우가 많기 때문에 무역 마찰이 생겨도 대상국 간의 협상에 많은 어려움이 따른다.

WTO 출범 이후에 수입품에 부과되는 관세는 낮아지는 추세이다. 게다가 나라마다 FTA(자유무역협정)를 맺는 경우가 많아져, 이제는 관세를 가지고 국경을 막거나 자국의 해당 산업을 보호하는 데 한계가 있다. 이에 따라 관세를 대신해 무역상 기술장벽 등을 수단으로 하는 비관세장벽이 점차 늘어나고 있는 추세이다.

중국은 1984년 중국 국무원이 공포한 "수입화물허가제도잠정규정" 및 동 시행세칙의 규정에 의거하여 비관세조치를 통해 국내시장을 보호해왔다[12]. 그러나 WTO 협정에서는 각종 비관세 장벽에 대한 현 상태를 유지하거나 차츰 철폐할 것을 원칙으로 견지하고 있다. 그러나 중국이 WTO회원국에 가입함에 따라 수입쿼터, 수입허가 등의 수입제한 조치를 2005년까지 점진적으로 철폐하였고, 동시에 신규 도입을 금지하기로 합의하였다[13].

이러한 합의에 따라 중국은 매우 포괄적인 수입완화 조치를 취하고 있으며, GATT 제20조(일반 예외)와 제21조(안전보장을 위한 예외) 규정을 준수하고 있는 것으로 파악된다. 평균 최혜국대우(MFN) 관세는 9.7%로 변화가 없는 반면 자동 수입라이센스와 관세율쿼터를 요구하는 제품 수를 줄이고, 중국 국내 기준과 국제 기준의 통일 조치 등을 통해 비관세장벽은 줄여왔다. 중국은 2008년 5월 기준으로 883개 품목에 대한 수입허가제를 취소하였다[14].

4) 반덤핑(Anti-Dumping)관세와 상계관세

국제무역에서 덤핑(Dumping)은 수출국의 생산자 혹은 수출자가 자국 내에서 통상적으로 거래되는 정상가격(normal price)보다 낮은 가격으로 수출하는 것을

12) 중국의 경우 수입쿼터제도를 적용받는 품목이 전체 수입액에서 차지하는 비중은 1995년 24%에서 2001년 8%로 하락한 것으로 나타났다 (北京師範大學經濟與資源管理研究所, 2003, p.135.)
13) 『중국 WTO 가입의정서』 참조.
14) WTO(2008), p.6.

말한다. 중국은 1997년 처음으로 "반덤핑과 반보조조례(反倾销反补助条例)"를 반포하여 실행하기 시작했다.

중국은 1997년 3월 반덤핑 조례를 제정 공포한 이후, WTO 가입 직전인 2001년 11월 반덤핑 조례를 새롭게 재정하여 WTO 가입 후인 2002년 1월부터 시행하고 있다. 이후 중국 상무부는 WTO협정에서 요구하는 조건에 부응하기 위한 상세한 법률적 근거들을 마련하였다. 이와 같이 WTO 반덤핑협정에 부합하지 않는 부분에 대한 보완규칙이 제정됨으로써 법률적으로는 WTO 가입 후 괄목할 만한 발전이 있었다고 할 수 있다. 또한 반덤핑 산업피해조사와 판정규칙에서는 중국 국내 산업에 대한 실질적 피해의 이유를 증명할 때, "정확한 증거에 근거해야 하며, 각 경제지표와 그 요소에 대해 객관적으로 고려하여 덤핑 이외의 산업피해 요소를 덤핑에 결부시켜서는 안 된다[15)]"고 규정함으로써 WTO 반덤핑협정과 부합하고 있다[16)].

전반적으로 중국은 WTO 규정을 바탕으로 반덤핑 관련 법률을 보완함으로써, WTO 반덤핑 합의사항을 잘 이행했다는 평가를 받고 있다. 중국은 국내 산업을 보호하기 위해 반덤핑 조항을 적극 활용하고 있다. 2007년 12월 말 기준으로 중국이 제소한 138건 중에서 피제소국은 일본 27건, 한국 25건, 미국 20건, 대만 14건으로 이들 4개국이 61%를 차지하고 있다[17)].

한편, WTO 가입 이후 중국의 수출이 빠르게 증가하면서 중국을 대상으로 하는 반덤핑 제소도 크게 증가하고 있다. 2001년부터 2007년 말까지 WTO에 신고된 데이터를 기준으로 세계 각국이 중국을 대상으로 제소한 반덤핑 건수는 391건이었으며, 이는 같은 기간 전 세계 반덤핑 제소건수(총 1,684건)의 23.2%에 해당한다. 그 중 2007년 중국을 대상으로 제소된 반덤핑 건수는 60건이었으며 이는 전 세계 반덤핑 제소건수(총 159건)의 37.7%에 해당한다(〈표 5-4〉, 〈표 5-5〉 참조).

---

15) 중국 상무부, 「반덤핑 산업피해조사 및 판정 규정」 제9조.
16) 김창곤, 박진근, "중국의 WTO 가입 후 통상정책에 대한 고찰: 무역구제조치를 위한 의사결정과정을 중심으로," 「해양정책연구」 제21권 1호, 2006, p.35.
17) WTO, 2008, p.6.

▮표 5-4▮ 중국의 반덤핑 제소 및 조치건 수

(단위: 건)

	2000년	2001년	2002년	2003년	2004년	2005년	2006년	2007년	누계
제소건수	6	14	30	22	27	24	11	4	138
조치건수	-	-	5	33	14	16	24	12	104

자료: WTO(www.wto.org)

▮표 5-5▮ 중국의 반덤핑 피소건 수

(단위: 건, %)

	반덤핑 제소건수		반덤핑 조치건수		중국비중	
	전세계	중국	전세계	중국	제소	조치
1995년	157	20	119	26	12.7	21.8
1996년	225	43	92	16	19.1	17.4
1997년	243	33	125	33	13.6	26.4
1998년	257	28	170	24	10.9	14.1
1999년	354	40	186	21	11.3	10.8
2000년	290	42	229	31	14.7	12.8
2001년	366	54	169	32	14.6	18.0
2002년	312	51	214	36	16.3	17.1
2003년	232	52	220	40	22.4	18.1
2004년	214	49	152	43	23.0	28.3
2005년	200	55	132	41	27.5	31.0
2006년	201	70	137	37	34.8	27.0
2007년	159	60	107	48	37.7	44.8
누계	3210	597	2,052	428	18.6	20.8

자료: WTO(www.wto.org)

WTO의 보조금과 상계조치협정에서 금지보조금(제3조 및 부속서1)은 수출보조금과 수입대체보조금으로 구분된다. 수출보조금은 법률상 또는 사실상 수출성과에 따라 공여되는 보조금을 말한다. 보조금의 지급이 법률적으로는 수출성과와 직접 관련이 없이 실제로 예상되는 수출 또는 실제의 수출이나 수출로 인해 발생되는 소득과 연관되어 있는 경우를 포함한다. 수입대체 보조금은 수입물품 대신에 국내물품을 사용하는 경우에 공여되는 보조금이다[18]. 중국은 WTO 가입

18) 박형래, 「WTO와 무역마찰의 이해」 도서출판 두남, 2005, p.214.

의정서에서 가입 보조금과 상계조치협정의 금지된 수출보조금을 가입 즉시 모두 철폐하며 가입 이전에 있었던 수출보조계획과 가입일로부터 이러한 계획에서의 추가지출을 멈추고 세금감면이나 기타 이익을 부여하지 않겠다고 약속했다. 그리고 가입시 "SCM협정"에서 금지되는 수입대체 보조금도 취소하기로 하였다[19].

5) 긴급수입제한조치(Safeguard)

세이프가드 관련법은 대외무역법 제29조에 최초로 언급된 이후 2001년 11월에 제정되어 WTO 가입 후인 2002년 1월부터 시행하고 있다[20]. 중국은 세이프가드 조례를 제정하면서 WTO 세이프가드협정의 범주에 벗어나지 않기 위해 노력한 흔적을 찾아볼 수 있다. 즉 산업피해유무의 결정과 관련하여 WTO협정에서 요구하고 있는 "산업피해 판정 시 고려해야 하는 요소와 심각한 피해(a significant overall impairment) 및 심각한 피해의 위협(clearly imminent threat of impairment)"의 정의를 그대로 따르고 있다. 또한 상무부는 2002년 2월 4일 "세이프가드 입안규칙"과 "세이프가드 공청회규칙"을 제정하고, 2002년 12월 13일에 "세이프가드 대상범위 조정규칙"을 제정하여 그동안 세이프가드 조례에서 상세히 규정되어 있지 않던 내용들을 보완함으로써 WTO협정 준수의 의무를 이행하고 있다[21].

4. 기타 합의사항

1) 지적재산권

중국 정부는 2001년 WTO 가입 준비과정에서 특허법을 개정하는 등 지적재산권 관련법을 WTO의 무역관련 지적재산권협정(TRIPs, Trade-Related aspects of Intellectual Property Rights)에 맞춰 대폭 수정했다. 개정 특허법은 특허

19) 서위, "중국 WTO 가입 이후 통상제도의 변화에 관한 연구", 우석대 경영행정대학원, 2006.

20) 2001년 10월 31일 국무원의 제46차 상무회의에서 "세이프가드규칙"을 채택하여 2002년 1월부터 시행하였으며, 2002년 2월 10일 중국 외경자부에서 "세이프가드 조사 입안 임시규칙"과 "세이프가드 조사청문회 임시규칙"을 제정하여 시행.

21) 김창곤, 박진근, 2006, p.35.

권을 침해한 제품의 사용자나 판매자가 제품의 정당한 유통경로를 증명할 수 없을 경우 처벌하도록 했다. 또한 특허권에 대한 보호도 특허권의 등록시점이 아닌 특허권의 출원시점부터 가능하도록 했다. 2003년에는 외자기업의 오랜 요구사항이었던 유명상표에 대한 보호가 중국 기업뿐만 아니라 외자기업에까지 확대 적용되었다. 1980년대 초까지 지적재산권 보호조치가 전무했던 중국은 20여 년 만에 WTO 규정에 부합하는 법체계를 구축했으나 지적재산권 법규의 집행에 있어서는 지역 이기주의, 행정부처간 비효율 등으로 많은 문제점이 존재한다. 또한 중국 정부의 지적재산권에 대한 인식 부족도 실질적인 법 집행을 방해하는 근본적인 요인이라 할 수 있다[22]. 중국의 지적재산권 보호 법제는 어느 정도 잘 정비되었다는 평가이나 이의 집행은 아직 크게 미흡하다는 평가가 중국의 교역 파트너의 주요 불만사항으로 대두되면서 WTO 제소로 이어진 바 있다.

2) 금융

중국은 WTO 가입 후 외국 은행의 지점설치에 대한 지리적 제한을 점진적으로 폐지하여 내국인과 동등한 대우를 할 것을 약속하였다. 또한 WTO 가입 후 각각 2년 내 및 5년 내에 외국은행에 대해 중국 기업과 개인을 대상으로 위안화 소매금융 영업을 허용할 것에 합의하였다. 보험 분야에서는 WTO 가입 즉시 생명보험 50%, 손해보험, 재보험 51%까지 합작투자를 허용하고 2년 이내에 전액출자를 허용하기로 합의하였다[23].

이에 따라 중국 인민은행은 "외자금융기구관리조례(2002년 2월 1일 시행)"를 발표하여 2001년 12월 11일부터 외자금융기관의 외환업무 대상범위 제한을 철폐함으로써 대상을 중국 국내의 모든 단체, 개인으로 확대하는 동시에 위안화 영업 허용지역을 점진적으로 확대하였다. 이에 따라 2005년 12월 현재 25개 도시에서 위안화 업무가 허용되었다. 2006년 11월에는 『외자은행관리조례』를 개정하여 외자은행에 소매금융을 전면 개방하였다. 또한 2002년 12월 『외자보험공사관리조례』를 시행하여 외자 보험회사가 비생명보험 업무를 취급할 수 있도록 허용하였으며 2004년 12월에는 보험회사 설립지역에 대한 제한을 폐지하고, 보험중개

22) 유진석, 정상은, "한중지적재산권 분쟁의 현황과 대응," SERI China Review, 삼성경제연구소, 2007, p.7.
23) 한국산업은행 조사부, "WTO 가입 이후 중국신산업정책과 대응방안", 2002, p.4.

서비스업에서의 외자지분 비율을 종전의 50%에서 51%로 상향조정하는 등 WTO 합의사항을 충실히 이행한 것으로 평가된다.

3) 정부 조달(Government Procurement) 시장 개방

중국은 2002년 WTO 정부조달협정(Agreement on Government Procurement)의 옵저버(Observer)로 참여하고 있으며, 정부조달 절차의 투명성을 확보하고 외국으로부터 조달하는 경우 최혜국대우(MFN)를 부여하기로 약속하였다. 중국 정부는 2003년 1월부터 "정부조달법"을 시행하고 정부조달의 범위, 조달 방법, 조달 절차 등 정부조달에 대한 기본사항을 규정하고 있다. 2004년 9월에는 재정부가 정부조달에 관한 각종 정보의 공개방침을 밝히고, 정부조달 네트워크를 구축하는 등 정보공개 노력도 강화하고 있다.

4) 기준 및 인증제도

중국은 기준·인증의 WTO 적합성을 확보하고 관련 내용을 무역에 관한 기술장벽협정(Agreement on Technical Barriers to Trade, TBT)위원회에 통보하기로 약속하였다. 구체적으로 중국은 기준·인증에 대하여 규칙·절차를 TBT에 정합화시키고, 수수료와 검사기간 등의 면에서 수입품이 국산품보다 불리하지 않도록 취급하기로 약속하였다. 중국 정부는 먼저 인증기관을 통합하여 통일적인 기준·인증 관리기구를 정비하였다. 또한 강제인증제도(CCC: China Compulsory Certification)를 도입하여 인증마크를 통일하였다. 2002년 5월 1일부터 국산품과 수입품의 통일적인 목록, 표준, 표식, 비용징수방법을 정한 법령이 시행되어 제품인증을 행하는 제도가 확립되었다[24].

---

24) 양평섭·구은아, "중국의 WTO 가입 5주년 결산 : 중국의 대외경제정책과 한·중 관계 변화를 중심으로," 대외경제정책연구원(KEIP), 2007, pp.32~52.

상품 거래 관련 중국 통상 환경

제6장 WTO체제하의 산업피해구제제도
제7장 한국과 중국의 반덤핑제도
제8장 한국과 중국의 상계관세제도
제9장 한국과 중국의 세이프가드제도
제10장 관세 제도
제11장 통관제도

1. 산업피해구제제도의 개요

산업피해구제제도란 특정한 물품이 외국으로부터 수입되어 들어오는데 그러한 물품의 수입이 국내의 산업에 피해를 입히거나 입힐 우려가 있을 경우 관련 이해 당사자가 피해에 대해 구제를 요청할 수 있고 수입국의 정부는 국내 산업의 피해 사실을 조사하여 수입 물품의 수량을 제한하거나 관세를 부과하는 등의 구제에 대한 조치를 취하는 것을 말한다. 이와 같은 산업피해구제제도는 자유무역을 지향하는 WTO체제하에서도 규범으로 제정하여 허용되고 있다. 그러나 자유무역을 지향하는 WTO의 기본 이념에 반해 자칫 악용되어 보호무역정책으로 사용이 될 수 있기 때문에 그 사용에 대해 구체적으로 규정하고 감시하고 있다.

산업피해구제제도의 형태는 크게 상품교역분야와 서비스교역분야로 구분할 수 있다. 상품교역분야의 국제규범으로는 반덤핑관세 제도, 상계관세 제도 그리고 세이프가드 제도가 있으며 서비스교역분야의 국제규범으로는 서비스 세이프가드 제도가 있다.

2. 산업피해구제를 위한 국제규범

1) 의의

산업피해구제제도는 반덤핑관세(Anti-Dumping Duty)제도, 상계관세(Countervailing Duty)제도, 세이프가드(Safeguards)제도 등이 있다. 선진국들은 반덤핑관세와 상계관세제도를 18세기 초에 자국의 법률에 규정하였으며 세이프가드제도는 1942년 미국과 멕시코의 무역협정에 도입된 후에 사용되었다.

무역을 하는 각국의 국가들은 GATT의 규정에 의해 자국의 법률을 규정해야 함으로 각국의 산업피해구제제도는 GATT의 규정을 근거로 운영되고 있었다. 반덤핑관세와 관련해서는 케네디라운드 협상 결과로 1967년에 처음 제정되었으며 우루과이라운드 협상결과로 1994년에 다시 개정되어 현재의 협정으로 유지되고 있다.

상계관세와 관련해서는 보조금 및 상계관세협정인 GATT 제6조, 제16조 및 제23조의 해석과 이행에 관한 협정이 동경라운드 협상결과로 1979년에 제정되었고 반덤핑관세와 마찬가지로 우루과이라운드 협상결과로 1994년에 다시 대폭 개정되어 현재의 협정으로 유지되고 있다. 세이프가드제도와 관련해서는 우루과이라운드 협상결과로 세이프가드협정이 제정되었다.

GATT의 규정들은 우루과이라운드 협상 결과로 WTO체제가 정비되었기에 WTO체제의 협정으로 대체되었다. 따라서 WTO체제하에서 반덤핑관세, 상계관세, 세이프가드조치를 규율할 국제규범은 GATT 1994협정인 우루과이라운드의 협상 결과물로서 WTO 반덤핑에 관한 협정, WTO 보조금 및 상계조치에 관한 협정, WTO 세이프가드에 관한 협정으로 정식적으로 불리고 있다.

WTO에 가입한 국가들은 WTO 협정의 규범을 준수할 의무가 있으므로 WTO 규범에 근거하여 국내법을 제정한다. 이는 WTO 협정의 규범이 가입국의 산업피해구제 관련 법규보다 상위의 규범성을 가지고 있다 할 수 있다. 따라서 WTO 협정은 각국의 산업피해구제제도의 운영에 통일적 기준을 제공해 주는 동시에 각국의 산업피해구제조치 사항이 WTO 협정에 일치하는지 여부를 판단하는 기준으로 작동하고 있다.

2) WTO 반덤핑 협정

WTO 가입국들의 반덤핑과 관련한 행위 근절을 위해 WTO는 1994년 개정된 WTO 반덤핑협정을 근거로 규율하고 있다. 기존의 협정에서 용어나 적용의 기준이 불명확하고 재량의 여지가 많아 보호무역의 수단으로 사용될 수 있어 국제무역의 장벽으로 새롭게 등장할 수 있다는 위기감에서 개정되었다. 이와 같이 기존의 개별적인 문제점을 해결하기 위해 개정되었지만 근본적인 개선은 이루지 못하였다는 평가이다. 그 주요한 내용을 살펴보면 다음과 같다. 첫째, 정상가격의 산출 시 원가 이하의 판매가 상당기간 계속되고 합리적인 기간 내에 총비용을 회수하지 못할 경우에는 정상가격 산출대상에서 제외할 수 있도록 하였다. 이는 덤핑마진이 크게 산출될 여지가 생겨 보호주의 측면이 강화된 기준이라고 볼 수 있다. 덤핑마진 산정이 정상가격과 수출가격 비교를 가중평균 대 가중평균 또는 개별거래가격 대 개별거래가격별로 비교하도록 하여 기존의 정상가격은 가중평균으로 비교하고 수출가격은 개별가격으로 비교하여 자의적으로 덤핑마진을 크게 산출할 수 있던 여지를 축소시켰다. 둘째, 산업의 피해를 판정할 경우 덤핑에 대한 마진의 크기를 고려하도록 하였다. 또한, 덤핑 수입이 되어 들어오는 물품이 2개국 이상인 경우에는 그에 대한 피해를 누적적으로 평가할 수 있도록 규정하였다. 실질적인 피해에 대한 우려를 판정할 경우 그 판단에 대한 기준을 구체적으로 규정하여 우려의 사안에 대한 규정 남용을 원천적으로 봉쇄하였다. 셋째, 자국의 산업에 대한 피해 조사 결과 피해의 판정이 내려지면 덤핑방지관세를 부과하는데 부과된 덤핑방지관세에 대한 환급의 사안이 발생하면 지연이 일어나지 않고 신속하게 처리될 수 있도록 하였다. 넷째, 반덤핑관세는 부과하고 난 후 5년이 경과되면 자동적으로 소멸하는 조항을 새롭게 규정하였다. 5년의 존속기간이 경과되기 이전에도 반덤핑관세 부과를 한 후 합리적인 기간이 경과하고 구체적이고 명확한 정보를 이해관계 당사자가 제시하여 요청하면 계속적인 반덤핑관세 적용 여부를 재심사 할 수 있도록 하였다. 물론 관계 기관으로 하여금 직권으로도 계속적인 반덤핑관세의 적용에 대한 여부를 재심사 할 수 있도록 규정 하였다.

3) WTO 보조금 및 상계관세 협정

GATT체제하에서 제정된 보조금 및 상계관세 협정은 보조금에 대한 정의, 상

계조치에 대한 대상, 보조금액에 대한 계산 등과 관련해서 해석기준이 모호하고 재량의 여지가 많아 국가간의 의견에 대한 충돌이 초래되었다. 이와 같은 문제점들은 우루과이라운드 협상 결과 1994년에 개정된 WTO 보조금 및 상계관세 협정에 상당 부분 개정되어 규범화 되었다. 그에 대한 주요한 내용은 다음과 같다. 첫째, 기존의 구 협정에서는 정부의 어떠한 행위가 보조금에 해당되는지에 대해 논란의 여지가 많았었는데 WTO 보조금 및 상계관세 협정에서는 보조금에 대한 정의를 "수혜자에게 혜택을 부여하는 정부 또는 공공기관의 재정적 기여"라고 규정하여 기존에 논란이 되었던 부분을 없앴다. 둘째, 미국의 상계관세법에 규정되어 있던 특정성의 기준이 WTO 협정에 도입되어 국제무역의 왜곡 효과가 없는 국내 보조금에 대한 수입국의 자의적인 규제를 억제할 수 있도록 하였다. 셋째, 금지되는 보조금의 항목으로 수출보조금 외에도 수입 대체 국내보조금을 새롭게 포함시켰고 수출보조금도 1차 생산품을 포함하여 모든 물품으로 확대하였다. 넷째, "심각한 손상(Serious Prejudice)"의 개념을 규정하여 기존의 법규 조항으로 다루기 어려운 부분에 대해 규제 기준을 만들었다. 다섯째, 허용되는 보조금의 개념을 연구개발 보조금, 지역개발 보조금, 환경 보조금 등으로 규정하여 기존에 선언적으로 규정되어 있던 보조금의 긍정적인 기능을 구체화하였다. 여섯째, 보조금과 관련되는 분쟁 해결 절차에 대한 특례 규정 및 상설 전문가 집단을 두어 기존의 상계관세법으로 규율하기 힘든 보조금 관행에 효율적으로 대처할 수 있도록 하였다. 또한, 분쟁해결 양해각서(Dispute Settlement Understanding : USD) 절차에서 도입된 바 있는 만장일치제도를 본 협정에서도 규정하여 강력한 집행 체제를 구비하였다.

4) WTO 세이프가드 협정

수입되는 물품이 국내산업을 위해할 경우 긴급하게 수입을 제한하는 조치를 취할 수 있다. 그 수단으로 사용되는 것이 세이프가드제도인데 기존의 GATT 제19조에서 문제점으로 제기되던 선별적 적용 가능성 여부, 심각한 피해에 관한 개념, 조사개시 통보 및 협의, 조사 절차의 투명성 제고, 조치 기간의 장기화 문제 등에 대해 우루과이라운드 협상에서 논의를 거쳐 WTO 세이프가드 협정으로 새롭게 태어났다. 그 주요한 내용은 다음과 같다. 첫째, 세이프 가드 조치는 미리

제정된 조사절차에 따라 조사 당국이 조사 절차를 거쳐 특정 물품의 수입이 수입국의 국내 생산에 비해 절대적 또는 상대적으로 증가하여 동종 물품 또는 직접 경쟁관계에 있는 국내 산업에 심각한 피해 또는 피해의 우려가 있다고 판정하는 경우에는 원산지 국가에 관계없이 무차별적으로 적용하도록 발동요건과 적용에 대한 원칙을 정하였다[1]. 둘째, "심각한 피해(Serious Injury)"는 국내 산업에 대해 중대하거나 전반적인 손상을 의미하는 것이며, "심각한 피해 우려"는 명백하게 임박한 심각한 피해로 정의하여 검토 기준을 제시하였다[2]. 셋째, 세이프가드 조치는 심각한 피해를 방지하거나 구조조정을 하는데 필요한 범위 내에서만 할 수 있으며, 그에 대한 수량의 제한은 최근 3년 평균 수입량 이상으로 하도록 규정하였다. 또한, 세이프가드의 규제 조치가 1년 이상인 경우에는 적용의 기간 동안 점차적으로 그 강도를 완화하도록 규정하였다[3]. 넷째, 세이프가드의 조치 지연으로 인해 국내 산업에 회복하기 어려운 손해가 발생될 가능성이 있는 긴급한 상황일 경우에는 200일을 초과하지 않는 한도로 잠정조치를 취할 수 있도록 하였다[4]. 다섯째, 본 조치를 발동 또는 연장하는 국가는 관련국과 보상의 수단에 대해 협상을 할 수 있다. 협상의 개시일로부터 90일 이내에 적정한 합의점을 도출하지 못한 경우 영향을 받는 수출국은 일정기간 경과 후 발동국에 동등한 양허와 기타 의무의 적용을 정지할 수 있도록 하였다[5]. 여섯째, 개도국의 물품에 대하여는 최소시장 접근물량은 수입을 허용하고 개도국이 발동하는 경우에는 최대기간 8년보다 2년을 초과할 수 있도록 하였으며 재발동 시에는 경과 기간을 절반으로 축소하여 개도국 우대에 대한 조항을 두었다. 상기의 최소시장 접근물량은 "개별국가의 수입량이 전체 수입량의 3% 미만이거나 3% 미만 국가들의 수입량 합계가 전체 수입량의 9% 미만"을 의미한다[6]. 일곱째, 회원국은 수출자율규제 등 회색조치를 향후에 할 수 없다. WTO 협정의 발효일 당시에 시행하고 있는 회색조치는 본 협정에 일치시키거나 철폐시켜야 한다. 회원국은 WTO 협정 발효일부터 180일 이내에 세이프가드위원회에 철폐에 관한 일정표를 제출하고

---

1) WTO 세이프가드 협정 제2조, 제3조.
2) WTO 세이프가드 협정 제4조.
3) WTO 세이프가드 협정 제9조 제4항.
4) WTO 세이프가드 협정 제6조.
5) WTO 세이프가드 협정 제8조.
6) WTO 세이프가드 협정 제9조.

그에 근거해 철폐하도록 규정하였다[7]. 여덟째, WTO 회원국은 세이프가드에 대한 조사개시결정, 피해판정, 조치 적용 및 연장 결정을 할 경우 세이프가드위원회에 알려야 할 뿐만 아니라 그에 대한 정보를 제공한다. 또한, 회원국들로 하여금 관련 수출국가에 정보를 제공하거나 의견을 교환하거나 양국 간 협상을 하여 원만하게 해결 할 수 있는 방안을 마련하였다[8].

WTO 세이프가드 협정은 상기와 같이 수입의 증가와 국내산업의 피해 판정 등에 대해 실체적 요건에 대한 사항과 조사개시, 조사절차, 수출국과의 협의 등과 같은 절차적 요건을 규정하여 WTO 회원국들의 산업피해에 관한 구제법의 통일된 기준을 마련하였다.

7) WTO 세이프가드 협정 제11조.
8) WTO 세이프가드 협정 제12조.

제7장 한국과 중국의 반덤핑제도

1. 한국의 반덤핑제도

1) 개요

한국은 1963년 관세법에 반덤핑 관련 규정을 도입하여 제도 운영과 관련된 기틀을 마련하였다. 그리고 1967년에는 GATT(General Agreement on Tariffs and Tarde)의 당사국이 된 이래 1986년 동경라운드 반덤핑 협정에 가입하였다.

한국은 수차례 개정을 거쳐 국제협정의 내용을 국내법에 수용하였다. 현행 한국의 관세법에는 제51조, 제56조, 관세법 시행령 제58조 내지 제71조, 불공정무역행위조사 및 산업피해구제에 관한 법률 제23조 등에 그 근거 규정을 마련해 두고 있다.

반덤핑조치를 할 수 있는 요건은 먼저 외국에서 수입되어 들어오는 물품이 수출국의 정상가격 이하로 수입국으로 들어오는 경우로 그로 인해 수입국의 산업이 실질적인 피해를 입거나 입을 우려가 있을 경우 또는 수입국 산업의 확립이 실질적으로 지연되었을 경우에 정상가격과 덤핑가격 차액의 범위 내에서 덤핑을 방지할 수 있는 관세를 부과할 수 있다[1]. 이와 같은 덤핑방지관세 부과는 불공정한 무역행위인 덤핑수입으로 인해 국내산업에 피해가 가지 않도록 하기 위한 조치로 WTO 출범 이후 자유무역의 흐름에 따라 관세 및 비관세장벽이 제거됨에 따라 계속 증가하고 있다.

반덤핑에 대한 조사와 판정은 무역위원회에서 하고 있으며 부과는 기획재정부장관이 하고 있다. 1996년 1월 1일 이후 덤핑률 조사업무 또한 무역위원회로 이관되었고, 부과에 관한 사항도 무역위원회의 잠정조치 및 확정조치건의를 기획재정부장관이 대부분 그대로 수용함으로써, 무역위원회가 실질적으로 중요한 기능을 담당하고 있다.

2) 현황

1987년부터 2015년 말까지 총 147건에 대한 덤핑방지에 대한 조사신청이 있었고, 이 가운데 104건(70.7%)에 대해 반덤핑관세를 부과하였다.

국가별 조사 신청 건수는 중국(26.5%), 일본(17.2%), 미국(10.5%), 유럽연합(10.1%) 순으로 나타났다. 품목별 조사 신청 건수는 화학(34.7%), 종이와 목재(16.3%), 기계와 전자(12.9%), 제철과 금속(10.9%) 순으로 나타났다[2].

우리나라는 전체 무역량에서 중국, 미국, 일본, 유럽연합과 무역을 하는 양이 과반을 넘는다. 따라서 이와 같은 불공정 무역의 행위가 이들 나라에 집중될 수 밖에 없다.

3) 부과 절차

(1) 조사 신청

반덤핑관세에 대한 부과를 신청할 수 있는 자는 “덤핑수입으로 인해 실질적인 피해 등을 받은 국내산업에 이해관계가 있는 자 또는 당해 산업을 관장하는 주무부장관이다.”[3]

1) 관세법 제51조
2) 무역위원회(www.ktc.go.kr)
3) 관세법시행령 제59조

상기에서 "국내산업"은 동종물품을 생산하는 국내생산자의 전체를 의미하거나 국내생산자 가운데 해당 물품 생산량의 합계가 해당 물품의 국내총생산량의 상당부분을 점유하고 있는 국내생산자를 말한다. 또한, "국내산업의 이해관계자"는 실질적인 피해 등을 받은 국내산업에 속하는 국내생산자와 이들을 구성원으로 하거나 이익을 대변하는 법인, 단체, 개인을 말한다[4].

이와 같이 신청 자격이 있는 자는 실질적인 피해 등의 사실에 관한 충분한 증거를 포함한 신청서 3부를 작성하여 무역위원회에 조사신청을 할 수 있다.

(2) 조사 개시

무역위원회는 업계의 덤핑조사 신청서를 접수하면 1개월 이내에 조사개시 여부를 결정하여야 한다. 조사개시 결정이 나면, 10일 이내 조사대상 물품, 그 물품의 공급자 그리고 조사 대상기간을 확정하여 공고한다.

그러나 덤핑수입 사실이나 실질적인 피해에 대한 증빙자료를 충분하게 제출하지 아니하거나 덤핑차액, 수입실적, 산업피해 등이 경미하여 덤핑방지관세 부과요건에 미달되는 경우, 조사신청서를 제출한 자가 자격이 없는 자인 경우, 조사신청자가 국내산업을 대표할 자격에 미달될 경우는 조사 기각 사유가 된다. 또한 무역위원회가 덤핑차액이 덤핑가격의 100분의 2 미만이거나 덤핑수입물량이 동종물품 국내수입물량의 100분의 3 미만의 점유율을 보이는 공급국들로부터의 수입량의 합계가 국내수입량의 100분의 7 이하인 경우에 해당 신청을 기각 할 수 있다.

(3) 예비조사

무역위원회는 조사 개시가 관보에 공고된 날로부터 3개월 이내에 덤핑사실이나 그로 인한 실질적 피해를 증명할 만한 충분한 증거가 있는지 예비조사를 수행하여 그 결과를 기획재정부장관에게 제출하여야 한다. 통상적으로 이 단계에서 답변서 분석, 현지조사, 이해관계인의 의견 청취 등의 방법으로 조사를 진행하여 예비판정을 내리며 덤핑에 대한 혐의가 없으면 조사는 종결된다.

무역위원회는 예비조사 결과 산업피해가 긍정적으로 판정이 된 경우 잠정반덤

4) 국내생산자는 관세법시행규칙 제12조를 만족해야 함

핑관세를 부과할 수 있으며 수출국 현지실사와 공청회 등을 통하여 예비조사에서 조사되지 않았거나 보완이 필요한 사항을 구체적으로 조사하여 산업피해에 대한 최종판단을 내린다. 산업피해의 유무를 판정할 경우 그 지표가 되는 것은 생산고, 판매액, 시장점유율, 이익, 생산성, 투자이익률 또는 조업도에 있어서 현실적이고 잠재적인 저하, 국내가격에 영향을 주는 요인과 자금순환, 재고, 고용, 임금, 성장, 자본조달, 투자능력 또는 기술개발에 대한 실재적 또는 잠재적인 부정적 영향 등과 같은 것으로 당해 산업의 상태에 관계가 있는 요인들을 평가 검토한다.

(4) 잠정조치

기획재정경제부 장관은 예비조사 결과가 제출된 날부터 1개월 이내에 잠정조치의 필요 여부를 결정하게 되는데 통상적으로 무역위원회의 건의가 그대로 받아들여진다. 잠정조치란 조사가 종결되기 전이라도 그 물품과 공급자 또는 공급국 및 기간을 정하여 잠정적으로 추계된 덤핑차액에 상당하는 금액 이하의 잠정덤핑방지관세 부과를 명하거나 담보의 제공을 명하는 것으로 조사기간 중에 발생하는 피해를 방지하기 위한 목적이다. 잠정조치는 조사개시 후 최소한 60일이 경과된 날 이후부터 적용할 수 있으며, 적용기간은 4개월 이하이나 당해 물품의 주요 공급자가 요청하는 경우 기간을 6개월까지 연장할 수 있다. 잠정조치의 기간은 국제규범상 조치일로부터 200일을 초과할 수 없으며 최종판정시 산업피해가 없다고 판정되거나 최종판정에 의한 구제조치가 시행될 경우에는 그 효력이 자동 소멸된다.

(5) 약속(Undertakings)

덤핑으로 인한 피해를 제거시키기 위한 당사자와 조사당국 간의 합의를 약속이라고 할 수 있는데 이러한 약속은 가격 인상 약속과 수출을 중지하겠다는 약속이 있다.

조사대상물품의 수출자는 산업피해에 대한 예비조사결과 긍정판정이 내려질 경우 피해가 제거될 정도의 가격 수정이나 수출 중지에 관한 약속을 무역위원회에 서면으로 제출 가능하다. 본 약속의 내용이 덤핑 수출 중지나 가격 수정일 경우 기획재정부장관은 그 약속을 수락할 수 있으며 그렇게 된 경우 기획재정부장관은 잠정조치나 반덤핑관세 부과 없이 조사를 중지하거나 종결할 수 있다. 또한 잠정조치가 취해진 경우 그 조치를 철회할 수 있다.

(6) 본 조사

무역위원회는 예비조사 결과 제출일의 다음 날부터 본 조사에 착수하고, 본 조사 개시일로부터 3개월 이내에 덤핑수입으로 인해 국내산업이 실질적 피해나 실질적 피해의 우려 또는 그런 산업의 확립에 실질적 지연을 초래했는지를 판정하여 그 결과를 기획재정부장관에게 보고하여야 한다. 본 조사 단계에서는 이해관계인을 대상으로 현지실사검증, 공청회 등을 실시한다. 본 조사 검토사항은 덤핑물품의 수입사실, 국내산업의 실질적 피해 여부, 덤핑수입과 실질적 피해와의 인과관계이다.

무역위원회는 본 조사의 결과가 산업에 피해를 주고 있다고 판단이 되면 기획재정부장관에게 반덤핑관세를 부과하여 줄 것을 건의할 수 있으며 기획재정부장관은 본 조사 결과의 접수일로부터 1개월 이내에 덤핑방지관세의 부과 여부 및 내용을 결정하여 그에 상응하는 조치를 취할 수 있다.

덤핑방지관세는 공급자 또는 공급국별로 덤핑방지관세율 또는 기준수입 가격을 정하여 조치일 이후 수입되는 물품에 대하여 부과한다.

(7) 종료 및 재심사

WTO 반덤핑협정에는 "반덤핑관세의 부과는 5년 이내에 소멸한다"라고 규정되어 있다[5]. 이는 피해를 초래시킨 덤핑의 효과를 없애는 데 필요한 기간을 규정한 것으로 합리적인 기간이 지난 후 이해관계인이 제시한 증거를 토대로 덤핑방지관세의 계속 부과 여부를 판단하는 것이다. 이와 같은 덤핑방지관세의 부과 여부 판단을 재심사라고 하며 이러한 재심사를 요청할 수 있는 자는 반덤핑관세 또는 약속의 시행일부터 1년이 경과된 날 이후에 할 수 있다. 또는 반덤핑관세 또는 약속의 효력이 상실되기 6개월 전에 요청해야 한다.

재심사의 진행절차는 이해관계인이나 당해 물품의 주무부장관이 기획재정부장관에게 재심사를 요청하게 되면 기획재정부장관은 1개월 이내에 필요 여부를 결

5) WTO 반덤핑협정의 일몰조항(Sunset Clause)

정한다. 필요하다고 결정이 되었으면 무역위원회에서 조사를 진행하게 된다. 무역위원회는 6개월의 기간을 두고 조사를 진행하고 그 결과는 기획재정부장관에게 제출한다. 무역위원회의 조사결과 반덤핑관세부과 연장 필요성이 인정되지 않으면 반덤핑관세부과는 종결된다. 만약 필요성이 인정되면 기획재정부장관은 조사결과를 받은 날부터 1개월 이내에 반덤핑관세부과 연장조치를 하게 된다.

4) 부과 효과

덤핑은 값싼 외국의 물품이 유입되는 것으로 수요자 측면에서는 단기적으로 긍정적이지만 장기적으로 보았을 때 그렇게 유입되어 들어온 외국의 값싼 물품이 국내시장을 독점하고 결과적으로 동종의 국내산업이 없어질 수 있다. 그러한 산업에서 종사했던 고용자들은 실업의 상태로 몰릴 것이다. 이러한 국내산업의 피해와 실업의 문제를 없애기 위해 반덤핑 관세는 부과되고 있는 것이다.

그 주된 효과는 다음과 같다. 반덤핑관세가 부과되면 부과된 품목의 수입이 예전과 같지 않을 것이다. 즉, 관세가 높게 부과됨으로 인해 수입이 감소할 것이며 수입이 감소한 만큼 국내생산량은 증대될 것이다. 그러한 국내생산량의 증대는 기업의 측면에서 보았을 때 시장점유율과 매출액의 증대로 이어질 것이고 이는 곧 경영의 정상화를 의미하는 것이다. 그러나 반덤핑관세의 부과는 수입되어 들어오는 물품의 국내가격을 상승시켜 물가를 인상시킬 수 있으며, 상대국과의 통상마찰을 초래할 우려가 있다. 따라서 이러한 반덤핑관세의 부과를 위한 조사와 판정은 객관성, 공정성, 투명성을 통해 최대한 신중하게 해야 할 필요성이 있다.

2. 중국의 반덤핑제도

1) 개요

중국도 한국과 마찬가지로 WTO 반덤핑협정에 근거하여 반덤핑조례를 제정하였다. 따라서 기본적으로 WTO 협정의 내용을 바탕으로 한 것이다. 물론 구체적인 사항은 각국이 스스로 정할 수 있어 그에 대한 내용 검토가 필요할 것이다.

중국 시장으로 수입되는 물품이 수출국의 정상가격이 아닌 낮은 가격(수출가격)으로 수입(덤핑)되어 중국 시장에서 이미 확립된 국내산업에 실질적인 피해를 입히거나 실질적인 피해의 위협을 초래한 경우 또는 국내산업의 확립에 실질적인 지연을 초래한 경우 조사를 통해 반덤핑관세의 부과를 취한다고 규정하고 있다[6].

여기에서 정상가격이라 함은 WTO 반덤핑협정과 한국의 관세법에 규정된 것과 마찬가지로 정상교역과정 중의 거래가격을 의미한다[7]. 그러나 중국 반덤핑조례에는 시장경제국가와 비시장경제국가의 구분이 존재하지 않는다는 특징이 있다. 수출가격은 수입상이 수출상에게 실제 지불해야 하는 가격으로 수입물품의 실제 지불가격이 있거나 당연히 지불해야 할 가격이 있는 경우에는 당해 가격을 수출가격으로 본다. 또는 수입물품의 수출가격이 없거나 그 가격을 믿지 못할 경우 당해 수입물품이 최초로 독립구매자에게 전매된 가격에 근거하여 추정한 가격을 수출가격으로 보고 있다. 다만, 당해 수입물품이 독립구매자에게 전매되지 않았거나 수입시의 상태로 전매되지 아니한 경우에는 상무부가 합리적인 기초하에 추정한 가격을 수출가격으로 확정하고 있다[8]. 수입되는 물품의 수출가격이 정상가격보다 낮을 때 그 차액을 덤핑마진이라 하고 그러한 덤핑마진으로 인해 국내산업에 피해가 있다고 판단되면 반덤핑관세의 부과 여부를 결정할 수 있는 것이다.

이와 같은 덤핑 조치를 위한 조사와 판단은 상무부의 수출입공평무역국이 주관한다[9]. 상무부는 덤핑 조사에 대한 신청인의 신청이 있거나 자체적으로 조사의 개시 여부를 결정할 수 있다. 상무부의 조사는 질의서, 표본추출, 공청회, 현장조사의 방식으로 사안을 파악 및 검토할 수 있다.

2) 현황

중국의 덤핑 방지 현황의 특징은 다음과 같다[10].

첫째, 중국의 덤핑에 대한 제소 건수는 급증하고 있다. 1998년 3건에 불과한 제소 건수가 2002년에는 30건으로 확대되었다. 이는 중국 정부와 기업들이 불공정무역행위에 대한 조치로 반덤핑관세의 부과를 선택한 것으로 자국의 산업보호를 위해 움직임을 보이고 있다는 반증이다.

---

6) 중화인민공화국 반덤핑조례 제2조
7) 중화인민공화국 반덤핑조례 제4조
8) 중화인민공화국 반덤핑조례 제5조
9) 중화인민공화국 반덤핑조례 제3조
10) 세계무역기구(www.wto.org)

둘째, 중국의 국가별 덤핑 제소 건수는 미국, 일본, 한국 순이다. 이들 국가에 대한 덤핑 제소 건수는 전체의 60% 이상을 차지하고 있다. 그 원인은 중국의 주요 교역국이 미국, 일본, 한국으로 교역량이 많아짐에 따라 덤핑 제소를 당할 가능성이 많아지는 것을 의미할 수 있겠다. 한국도 마찬가지로 중국, 미국, 일본과 덤핑 제소의 건수가 다른 국가들에 비해 높다. 이 또한 교역량이 많아짐으로 인해 덤핑 제소에 휘말릴 수밖에 없는 자연스러운 현상으로 볼 수 있다.

셋째, 1998년부터 2013년까지 중국의 대외국 품목별 덤핑 제소 현황을 살펴보면 석유화학공업, 플라스틱 제품, 제지공업 순으로 높았다[11]. 이와 같은 특징은 중국의 경공업, 가전, 섬유공업부문에서는 국제경쟁력이 비교적 높지만 반면에 정밀화학 제품이나 첨단 소재 부문의 제품은 높은 기술과 자본을 필요로 하므로 경쟁력이 미흡해 그에 대한 덤핑 제소를 하는 것으로 볼 수 있다. 이러한 현상을 통해 중국은 선진국이 반덤핑제도를 사양산업보호의 수단으로 사용하는 것과는 달리 유치산업 보호라는 명목하에 자국의 특정 산업을 보호하기 위한 수단으로 사용한다고 보아야 할 것이다.

3) 부과 절차

(1) 조사 신청

중국의 반덤핑에 대한 조사는 국내산업 또는 국내산업을 대표하는 자연인, 법인 또는 관련 조직이 일정한 요건을 갖추어서 상무부의 수출입공평무역국에 반덤핑조사 신청서를 제출할 수 있는 방법과 상무부가 자체적으로 조사개시 여부를 결정하여 진행하는 방법으로 나누어진다.

신청서에는 신청인의 상황, 이미 알려진 외국 생산업자, 수출업자 및 국내 수입업자 정보, 동종제품의 생산 수량 및 가격에 대한 설명, 수입제품의 수량 및 가격이 국내산업에 미치는 영향, 신청인이 필요하다고 인정하는 기타 사항 등이 그 내용으로 포함된다. 또한 신청인은 덤핑사실과 실질적 피해, 그리고 덤핑과 피해 간의 인과관계를 증명하는 자료를 신청서에 별첨해야 한다.

---

11) 세계무역기구(www.wto.org)

(2) 조사 개시

상무부 수출입공평무역국은 신청서와 관련 증거를 접수한날로부터 60일 이내에 조사에 대한 개시의 여부를 결정하고 조사를 한다고 결정한 경우 그 조사 개시를 공고하기 이전에 관련하는 수출국의 정부에 이에 대한 사항을 통보해야 한다. 또한, 조사에 대응하는 이해당사자는 조사개시 공고일로부터 20일 이내에 상무부 수출입공평무역국에 응소 신청을 접수해야 한다.

덤핑으로 인한 산업의 피해에 대한 조사대상의 기간은 일반적으로 조사개시 전의 3~5년간의 기간을 조사한다. 덤핑조사는 조사개시의 결정 공고일자로부터 12개월 이내에 종료되어야 하지만 특수한 상황이라고 판단되면 연장이 가능하다. 그러나 그 연장의 기간은 6개월을 초과하지 못한다.

(3) 예비 조사 및 잠정 조치

조사의 결과에 따라 덤핑사실과 피해의 사실 간에 인과의 관계가 성립되는지에 대한 예비판정을 내린다. 또한, 그러한 판정에 대한 내용은 공고를 한다. 만약 이와 같은 예비 판정에서 인과 관계가 성립되고 이로 인해 국내산업에 피해가 발생했다면 잠정적으로 반덤핑조치를 취할 수 있다. 잠정반덤핑조치는 현금예치, 은행보증서 또는 기타 형식의 담보 제공을 요구할 수 있다.

잠정반덤핑조치는 조사개시 결정 공고일로부터 60일 이내에는 부과하지 못한다. 잠정반덤핑조치의 시행기한은 잠정반덤핑조치 결정 공고에서 규정한 일자로부터 4개월을 초과하지 못하며 특수한 상황에서 9개월까지 연장이 가능하다.

(4) 약속(Undertakings)

한국과 마찬가지로 중국 또한 가격약속에 대해 반덤핑가격약속규칙 제3조에서는 다음과 같이 규정하고 있다. 수출업자나 생산자는 예비 조사에 대한 판정 공고 후 45일 이내에 가격약속에 대한 사항을 상무부에 제출할 수 있다. 상무부 또한 수출업자나 생산자에게 가격약속에 대한 사항을 권고할 수 있도록 하였다.

가격약속은 덤핑 피해가 없어질 수 있도록 수출국의 수출가격을 인상하거나 덤핑 처리를 통한 수출을 중지하겠다는 수출업자의 자발적인 약속을 말하는 것으로 이와 같은 약속을 하는 경우 덤핑 조사 당국은 예비판정을 통한 잠정적인 조치나 반덤핑 관세의 부과 없이 그에 대한 조사를 종결할 수 있다.

(5) 본 조사

덤핑에 대한 본 조사의 결정 여부는 상무부 수출입공평무역국에서 공고하며 신청인, 알고 있는 수출자와 수입자, 수출국 정부 및 기타 이해관계 당사자에게 통지한다. 조사기관은 이해관계 당사자에게 의견을 진술할 기회를 제공해야 하며 조사 진행시 이해관계 당사자는 자신을 방어할 수 있는 관련 자료를 제공해야 한다. 이와 같이 제출된 자료에 대해서는 비밀로 해 줄 것을 요청할 수 있다.

본 조사에서는 덤핑으로 인한 피해의 사실에 대한 조사를 진행한다. 덤핑의 사실이 있고 그로 인해 피해가 있다고 판정하기 위해서는 덤핑수입의 수량, 덤핑수입품의 가격, 덤핑수입이 국내산업의 관련 경제 요소 및 지표에 미치는 영향, 수출자의 생산능력, 수출능력 및 재고 현황, 국내산업의 피해를 초래한 기타 요소 등을 살펴보아야 한다[12].

또한, 상무부는 산업에 대한 피해의 조사를 진행하기 위해 설문을 통한 조사, 표본 추출, 증언에 대한 청취, 기술 감정, 현지 조사 등의 방법을 채택할 수 있다. 설문을 통한 조사의 경우 "반덤핑 조사 설문 규칙"에 근거하여 설문 답변 제출 기한을 발송일로부터 37일 이내로 하며 연장이 필요하다고 판단할 경우 상무부의 동의하에 14일까지 연장할 수 있도록 규정하고 있다. 표본 추출의 경우 "반덤핑표본추출규칙"에 근거하여 진행한다. 표본 추출 시 확보 가능한 정보에 근거하여 통계학적으로 유의미한 추출방식을 사용해야 하며 수출물량에 따라 샘플검사를 하지만 그 선택된 샘플은 대표성을 가지고 있어야 한다는 것을 규정하였다. "반덤핑현지조사규칙"에 근거하여 인력을 수출국에 파견하여 현장조사를 할 수 있도록 규정하였다. 또한, 상무부는 이해관계 당사자의 신청을 수렴하여 공청회를 개최할 수 있다. "반덤핑공청회규칙"에 의하면 이해관계 당사자가 개최를 요구한 신청서가 서면 제출되면 상무부는 15일 이내에 그에 대한 개최의 여부를 결정하여 통지하도록 하였다[13].

---

12) 중화인민공화국 반덤핑조례 제8조
13) 중화인민공화국 반덤핑조례 第24조부터 第30조까지의 규정

(6) 종료 및 재심사

반덤핑관세의 부과기간은 5년을 초과하지 않는다. 따라서 5년 내에 반덤핑관세에 대한 부과가 종료된다. 그러나 재심사의 과정에서 반덤핑관세의 부과 종료로 인해 피해나 재발 가능성이 있다고 결정되면 이러한 부과기간은 연장이 가능하다.

반덤핑관세가 효력 발생 후에 정당한 사유가 있는 경우 또는 이해관계 당사자의 요청에 의한 경우에는 반덤핑관세를 지속적으로 부과해야할 필요성에 대해 재심사를 결정할 수 있다. 이와 같은 이해관계 당사자는 반덤핑관세가 부과되고 1년이 경과된 후에 재심사에 대한 사항을 신청할 수 있으며 재심사의 기한은 재심 개시일로부터 12개월을 초과하지 못한다.

제8장 한국과 중국의 상계관세제도

1. 한국의 상계관세제도

1) 개요

세계무역기구의 보조금 및 상계조치 협정에서는 보조금에 대한 정의와 특정성에 관한 개념을 새롭게 도입하고 보조금을 재분류하였으며 구제절차도 보조금별로 상이하게 적용하였다. 한국은 관세법 제57조 내지 제62조, 관세법 시행령 제72조 내지 제85조 그리고 불공정무역행위조사 및 산업피해구제법률 제24조에 상계관세와 관련된 규정이 있다.

외국에서 제조되거나 생산 또는 수출과 관련하여 직간접적으로 보조금 및 장려금을 받은 물품의 수입으로 인하여 국내산업이 실질적인 피해를 받거나 받을 우려가 있거나 또는 국내산업의 개발이 실질적으로 지연되었음이 조사를 통해 확인되고 해당 국내산업을 보호할 필요가 있다고 인정될 경우 그 물품과 수출자 또는 수출국을 지정하여 해당 물품에 대해 기본관세 외에 당해 보조금 등의 금액 이하의 관세를 추가하여 부과할 수 있도록 하였다.

2) 보조금의 정의

세계무역기구의 보조금 및 상계조치 협정에서는 보조금의 수혜자격 및 금액에 객관적인 기준과 조건을 사전에 설정하고 자동적으로 부여하는 경우에는 특정성이 없는 것으로 본다. 그러나 특정 기업이나 산업에만 수혜자격을 한정하거나 불공평하게 금액을 할당하는 경우이거나 특정 지역 내의 특정 기업이나 산업에만 수혜자격이 제한되는 경우 및 금지 보조금에 해당하는 경우에는 특정성이 있다고 본다.

한국의 관세법에서는 보조금에 대한 정의를 다음과 같이 규정하고 있다. 정부 또는 공공기관 등의 재정지원 등에 의한 혜택 가운데 특정성이 있는 것을 말하는데 특정성은 있으나 연구와 지역개발 및 환경관련 보조금 등으로서 국제협약에서 인정하고 있는 보조금 등은 제외한다. 여기에서 특정성이라 함은 보조금 등이 일부 기업이나 기업군 또는 특정한 지역에 한정되어 지급되거나 기타 국제협약에서 인정하고 있는 특정성의 기준에 부합되는 경우를 말한다[1].

일국의 보조금 지원은 자체적인 주권적 행위로 볼 수도 있지만 상기에서 살펴본 바와 같이 타국의 입장에서 볼 때 영향을 미치는 행위로 국가 간의 마찰이 불가피하다. 즉, 공정경쟁 원칙에 입각해 볼 경우 보조금을 지급받는 물품이 상대국으로 유입되는 경우 덤핑과 유사하게 수출기업의 물품과 상대국 기업의 물품 간의 경쟁은 왜곡된다. 이는 공정 경쟁의 시장 원리 원칙에 위배될 것이다. 따라서 보조금을 지급받고 유입되어 들어오는 물품에 대해 상대국은 WTO에 제소할 수 있고 상계관세를 부과하여 자국의 산업과 시장 저해를 막는 것이다.

3) 상계관세 부과절차

(1) 부과 요청

보조금 등을 받은 물품의 수입으로 실질적인 피해 등을 받은 국내산업에 이해관계가 있는 당사자가 상계관세의 부과를 요청하고자 할 경우에는 다음의 사항을 기재한 신청서에 관계증빙자료를 첨부하여 무역위원회에 제출하여야 한다.

첫째, 당해 물품의 품명, 규격, 특성, 용도, 생산자 및 생산량, 둘째, 당해 물

1) 관세법 시행령 제72조, 관세법 시행규칙 제21조

품의 수출국, 수출자, 수출실적 및 수출가능성과 우리나라의 수입자, 수입실적 및 수입가능성, 셋째, 당해 물품의 수출국에서의 공장도가격 및 시장가격과 우리나라에서의 수출가격 및 제3국에의 수출가격, 넷째, 국내의 동종, 동질물품 또는 유사물품의 품명, 규격, 특성, 용도, 생산자, 생산량, 공장도가격, 시장가격 및 원가계산, 다섯째, 보조금 등을 받은 물품의 수입으로 인한 관련 국내산업의 실질적인 피해 등에 관한 사항, 여섯째, 수출국에서 당해 물품의 제조, 생산 또는 수출에 관하여 지급한 보조금 등의 내용과 이로 인한 당해 물품의 수출가격 인하효과, 일곱째, 국내 동종, 동질물품 또는 유사물품 생산자들의 당해 조사신청에 대한 지지 정도, 여덟째, 첨부한 자료를 비밀로 취급할 필요가 있는 경우에는 그 사유, 아홉째, 기타 기획재정부장관이 필요하다고 인정하는 사항이다[2].

(2) 잠정조치

보조금 등의 금액 및 실질적인 피해 등의 조사 및 판정에 대해서는 덤핑방지관세에 관한 규정을 준용한다. 보조금 등의 금액은 수혜자가 실제로 받는 혜택을 기준으로 계산한다.

기획재정부장관은 상계관세의 부과 여부를 결정하기 위하여 조사가 개시된 물품이 보조금 등을 받아 수입되어 국내산업에 실질적인 피해 등이 발생된 사실이 있다고 추정되는 충분한 증거(약속을 철회하거나 위반한 경우와 당해 약속의 이행에 관한 자료를 제출하지 아니한 경우에는 이용 가능한 최선의 정보)가 있음이 확인되는 경우로서 국내산업을 보호하기 위하여 필요하다고 인정될 경우 조사가 종결되기 전이라도 그 물품의 수출자 또는 수출국 및 기간을 정하여 보조금 등의 추정액에 상당하는 금액 이하의 잠정상계관세를 부과하거나 담보의 제공을 명하는 조치를 할 수 있다[3].

(3) 약속의 제의 및 종결

상계관세의 부과 여부를 결정하기 위한 조사가 개시되어 보조금 등의 지급사실과 보조금 등을 받은 물품의 수입으로 인한 국내산업 피해에 대한 예비조사결과 긍정적으로 판정이 내려진 경우에 기획재정부장관 또는 해당 물품 비수출국

2) 관세법 시행령 제73조
3) 관세법 제59조

정부는 해당 물품에 대한 보조금 등을 철폐 또는 삭감하거나 국내 산업에 대한 피해 효과를 제거하기 위한 적절한 조치에 관한 약속을 제의할 수 있으며 해당 물품의 수출자는 수출국 정부의 동의를 얻어 보조금 등의 국내 산업에 대한 피해 효과가 제거될 수 있을 정도로 가격을 수정하겠다는 약속을 제의할 수 있다.

약속이 수락될 경우 기획재정부장관은 잠정조치 또는 상계관세의 부과없이 조사를 중지 또는 종결되게 하여야 하며 잠정조치가 취하여진 때에는 해당 조치를 철회하여야 한다. 다만, 기획재정부장관이 필요하다고 인정하거나 수출국 정부가 피해 조사를 계속하여 줄 것을 요청한 때에는 그 조사를 계속할 수 있다. 잠정조치, 약속에 관한 사항, 재심사, 상계관세, 잠정조치의 적용시한 및 부과방법 등에 관한 사항은 반덤핑관세에 관한 규정을 준용한다[4].

2. 중국의 상계관세제도

1) 개요

중국은 1994년 대외무역법을 제정하였다. 상계관세의 규정은 대외무역법에 규정되었다. 대외무역법에는 상계관세와 관련해서 다음과 같이 규정을 하였다. 수출국으로부터 수입되는 물품이 직간접적으로 어떠한 형태로든 보조금을 지급 받아 이미 확립이 된 수입국의 국내 산업에 실질적인 피해 또는 피해의 우려를 초래할 경우 및 국내 산업의 확립에 실질적인 지연을 초래할 경우에는 수입국 정부는 필요한 조치를 취할 수 있으며, 이러한 피해나 피해의 우려 또는 지연을 제거 또는 경감할 수 있다[5].

그러나 중국의 대외무역법에서는 상계조치를 언급한 것이 아니라 필요한 조치라고만 언급하였다. WTO 가입 이후 대외무역법은 통상 및 무역의 현실에 맞게 변화되었다. 대외무역법 또한 2004년에 새롭게 개정되었고 동시에 "상계조치조례"도 개정하였다. 상무부는 상계관세의 부과를 더욱 공고히 하기 위해 "상계조치조례"에 "상계관세조사개시잠점규정", 상계관세조사공청회잠정규정, "상계관세설문조사잠정규정" 등을 포함한다. 이러한 과정을 통해 중국은 상계관세의 입법체계를 갖추게 되었다.

4) 관세법 제60조
5) 1994년 중국 대외무역법 제31조에 규정된 상계관세에 대한 규정임.

2) 보조금과 피해의 관계

보조금을 부여받은 물품이 이미 확립된 국내 산업에 실질적인 피해를 초래하거나 실질적인 위협을 발생시키거나 이미 확립된 국내산업에 실질적인 지연을 초래할 경우 피해가 발생했다고 할 수 있다. 여기에서 실질적인 피해라고 하는 것은 수입국의 국내 산업에 이미 무시할 수 없는 피해를 입힌 것을 말한다. 또한, 실질적인 위협이라고 하는 것은 수입국의 국내 산업에 실질적인 피해를 야기하지는 않았지만 적절한 조치를 취하지 않으면 수입국의 국내 산업에 실질적인 피해가 발생할 것이 예측 가능하고 긴박하게 상황이 나타나는 증거가 있는 경우를 말한다. 실질적인 지연은 수입국의 국내 산업에 실질적인 피해 또는 위협이 야기되지는 않았지만 수입국의 국내 산업들의 확립을 지연시키는 것을 언급한다.

이와 같이 보조금을 부여받은 물품이 수출국으로부터 수입되어 상기와 같은 피해의 개념에 비추어 볼 때 수입국의 국내 산업에 피해가 있다면 적정한 조치를 취해야 한다는 것이다.

3) 상계관세 관련 규정

(1) 대외무역법

중국 상무부는 국외로부터 수입되어 국내로 유입되는 물품이 보조금을 부여받아 수입국내의 산업에 피해를 줄 우려가 있다면 그에 대한 적절한 조사를 진행할 수 있으며, 그러한 결과에 따라 판정을 내리고 공고를 하도록 규정하였다[6]. 또한, 보조금과 피해의 조사방법은 설문조사, 공청회, 현지조사, 위탁조사 등을 포함하고 있다[7].

2004년에 개정된 대외무역법은 1994년의 대외무역법과 다음과 같은 차이점을 내포하고 있다. 2004년 대외무역법상의 상계관세에 대한 전문규정에 근거하면 "수입물품이 직간접적으로 수출국 또는 지역의 특정성이 있는 보조금을 받아 이미 확립된 국내 산업에 실질적인 피해 또는 그 우려를 초래하는 경우, 국내 산업의 확립에 실질적인 지연을 초래하는 경우, 국가는 상계조치를 취하여 이러한 피해나 피해의 우려 또는 지연을 제거 또는 경감할 수 있다"고 규정하였다. 1994년

6) 중국 대외무역법 제37조
7) 중국 대외무역법 제38조

의 대외무역법에서는 "특정성이 있는 보조금"을 그냥 "보조금"으로 규정하였었다. 또한, "상계조치"를 "필요한 조치"로 규정하고 있었다. 그러나 무역 및 통상 환경의 변화에 즉각적으로 대응하기 위해 중국 정부는 명확하고 구체적으로 상계조치에 대한 규정을 개정 입법화하였다.

(2) 상계조치조례

중국의 상계관세와 관련해서 상계조치조례는 그 사항이 자세하고 구체적으로 규정되어 있다. 그러나 국무원에서 제정한 1997년의 상계조치조례는 반덤핑조례와 같이 규정되어 있었다. 상계관세와 관련된 내용 규정은 상대적으로 적었을 뿐만 아니라 미흡한 점은 반덤핑관세의 규정을 준용하도록 되어 있었다. 따라서 상계관세를 실제적으로 조사하고 실행하는데 있어서 그 법 적용이 매우 미흡하였다. 국무원은 이와 같은 상황을 보완하기 위해 2001년 상계조치조례를 별도로 반덤핑조례와 분리하여 제정하기에 이르렀다. 이와 같은 상계조치조례는 2004년의 일부 개정을 거쳐 현재까지 조금씩 개정되면서 현재까지 사용되고 있다.

상계조치조례는 보조금의 정의, 피해의 정의 및 심사사항, 상계관세 조사 절차, 상계조치 및 행정 재심사 등 내용적인 측면에서 국제규범에 부합하고자 노력하였다. 또한, 상계조치조례에서는 상계관세 부과와 관련된 조사의 책임기관은 상무부로 하고 있으며 만약 산업피해조사에서 그 피해의 대상물이 농산물인 경우 상무부가 단독으로 진행할 것이 아니라 농업부와 함께 그 사안의 조사를 진행하도록 하였다. 상계관세의 징수여부는 국무원 관세세칙위원회에서 결정하도록 하였으며 집행기관은 세관으로 하였다. 이와 같이 조사의 진행에 있어서 기관의 분류와 책임에 대해 명확하게 규정한 것이 특징이라고 할 수 있겠다.

4) 상계관세 부과절차

(1) 조사개시 결정

반덤핑 관세의 부과와 마찬가지로 국내산업 또는 국내산업을 대표하는 자연인, 법인, 조직은 상무부에 보조금과 국내산업의 피해 원인 여부에 대하여 서면으로 신청이 가능하다. 또한, 상무부는 수입되어 들어오는 물품이 보조금을 받은 증거가 있는 경우에는 국내 산업의 신청이 없더라도 조사개시에 대한 결정을 할 수 있다.

신청인으로부터 피해의 조사 요청을 받은 경우 서면 접수를 받은 날로부터 60일 이내에 조사의 개시 여부에 대해 신청인에게 결정하여 통지한다. 조사의 개시에 대한 사항은 상무부가 결정하여 공고하고 신청서의 원본에 대해서는 보조금을 받은 증거가 있는 물품의 수출국 정부와 수출자에게 제공한다.

(2) 피해 조사

상무부는 보조금의 피해에 대한 조사를 진행하기 위해 질문서를 이해관계 당사자에게 발송하여 질문 조사를 진행한다. 또한, 이해관계 당사자의 요청이 있거나 상무부가 필요하다고 인정할 경우 공청회의 방법을 통해 피해 조사를 실시할 수도 있다. 마찬가지로 상무부의 필요에 의해 이해관계 당사자에게 사전 통지를 하고 현지 실사의 방법으로 피해 조사가 가능하다.

(3) 예비판정 및 잠정조치

상무부는 수입되어 들어오는 물품에 대한 조사 결과 보조금을 부여 받고 그로 인해 국내 산업에 피해가 있다고 판단되면 예비판정을 통해 잠정조치를 취할 수 있다. 이는 최종판정의 결정을 내리기 전 국내 산업의 피해를 줄이기 위한 조치이다.

잠정적인 반보조금 조치는 세관에서 잠정관세를 징수하는 형식을 취한다. 이와 같은 잠정 반보조금 조치의 시행기한은 잠정 반보조금 조치 결정공고가 규정하는 시행일로부터 4개월을 초과할 수 없다. 또한, 반보조금 조사개시 공고일로부터 60일 이내에는 잠정 반보조금 조치를 취할 수 없도록 되어 있다.

(4) 약속

상무부는 보조금 가격과 관련된 사항의 약속을 수출자나 수출국 정부에 건의할 수 있으며, 수출자나 수출국 정부는 보조금을 부여했다면 그에 대한 취소나 가격에 대한 수정 약속을 제출할 수 있다.

이와 같이 수출자나 수출국 정부로부터 약속의 제의가 들어오면 상무부는 반보조금 조사를 중지하거나 반보조금 관세를 징수하지 않을 수 있다. 만약 수출자나 수출국 정부의 약속에 대한 위반 사항이 발생할 경우 상무부는 반보조금 조사의 회복을 결정할 수 있으며 반보조금 관세에 대해서도 소급하여 징수가 가능하다.

(5) 상계관세 부과

수출자 또는 수출국 정부와 원만한 해결을 보지 못한 상황에서 최종판정 결정이 보조금으로 인해 국내 산업이 피해를 입었다는 것으로 확정되면 상계관세를 부과할 수 있다. 이와 같은 상계관세는 최종판정 결정 공고일 이후에 수입되는 물품에 대해 부과가 된다.

제9장 한국과 중국의 세이프가드제도

1. 한국의 세이프가드제도

1) 개요

GATT 제19조에는 "긴급수입제한조치"가 규정되어 있다. 긴급수입제한조치는 특정 상품의 수입이 급증하여 수입국의 전반적인 경제여건이나 수입국의 국내 경쟁 산업에 심각한 피해를 주거나 또는 피해를 줄 우려가 있을 경우 취할 수 있는 조치이다.

한국은 불공정무역행위조사 및 산업피해구제에 관한 법률상의 산업피해구제제도[1]와 관세법상의 긴급관세제도 및 특별긴급관세제도[2]에 긴급수입제한조치의 법적 근거가 마련되어 있다.

세이프가드의 조치는 기타 반덤핑이나 상계조치와는 달리 무역 상대국의 공정한 무역관행에 의한 국내 산업의 피해를 구제하기 위한 것으로 그 적용이 무척

1) 불공정무역행위조사 및 산업피해구제에 관한 법률 제15조 ~ 제26조.
2) 관세법 제65조 ~ 제68조.

까다롭다. 따라서 세계무역기구의 세이프가드 협정에서도 이와 같은 수입의 제한 조치 발동을 취할 경우 심각한 피해를 방지하거나 치유하고 구조조정을 용이하게 하는 데 필요한 정도로만 취해져야 하며 수입국은 세이프가드의 조치를 취할 경우 원산지에 관계없이 해당 물품의 수출국에게 협의할 기회를 제공하고 적절한 보상을 해 줄 것을 권고하였다. 이와 같은 적절한 보상의 수준이나 협상의 결과가 만족스럽지 못할 경우 수출국의 입장에서는 수입국에 대해 보복의 조치를 취할 수 있도록 하였다.

특정한 물품의 수입이 급증하거나 외국인에 의한 무역 및 유통 서비스 공급이 증가하거나 지식재산권을 침해한 물품이 수입되어 국내 산업에 심각한 피해를 초래할 우려가 있을 경우 국내 산업의 이해관계 당사자는 무역위원회에 피해에 대한 조사를 신청할 수 있고 관련 기관은 적절한 구제를 해야 한다는 것을 규정하고 있다[3].

2) 유형

무역위원회는 특정 물품의 수입 증가로 인해 국내 산업의 피해를 조사한 결과 국내 산업이 심각한 피해를 입고 있거나 피해를 입을 우려가 있다고 판정한 경우 그 판정일로부터 1개월 이내에 기간을 정하여 다음과 같은 유형의 수입제한조치를 관계 중앙행정기관의 장에게 시행을 건의할 수 있다[4].

첫째, 관세율의 조정이다. 관세율의 조정을 통해 국내시장에 접근하려고 하는 자의 행위에 경제적인 부담을 주어 수입을 감소시키는 적극적인 수입제한조치라고 할 수 있다.

둘째, 수입물품 수량의 제한이다. 수입되는 물품의 교역량에 일정한 제한을 가하는 수입제한조치로서 그 대표적인 수단으로 쿼터설정 등의 조치가 있다.

셋째, 국내 산업의 구조조정을 촉진시키기 위한 지원이 있다. 이는 국제무역을 위축시키는 수입제한 조치보다 산업에 대한 금융 등의 지원을 통해 구조조정을 지원해 주기 위한 것으로 조사의 대상인 산업에 공업 발전법에 의거 합리화 업종으로 지정해 주거나 관계법령의 규정에 의거해 지원해 주는 것이다. 관계행정기관의 장은 이와 같은 유형의 제한조치를 취할 경우에는 국제 통상 관계나 국민경

3) 불공정무역행위조사 및 산업피해구제에 관한 법률 제15조.
4) 불공정무역행위조사 및 산업피해구제에 관한 법률 제17조.

제에 대한 영향 등도 고려하여 적절한 조치의 유형을 결정하여야 한다. 그렇지 않은 경우 상대국과의 통상 마찰이 불가피할 수도 있다.

3) 신청 자격 및 방법

특정한 물품의 수입 증가로 같은 종류의 물품 또는 직접적인 경쟁관계에 있는 물품을 생산하는 국내산업이 심각한 피해를 입고 있거나 입을 우려가 있으면 해당 국내산업에 이해관계가 있는 자 또는 그 국내산업을 관장하는 관계 중앙행정기관의 장은 무역위원회에 해당 특정 물품의 수입이 국내산업에 미치는 피해를 조사하여 줄 것을 신청할 수 있다.[5]

상기에서 "해당 국내 산업에 이해관계가 있는 자"라 함은 첫째, 해당 물품의 국내 생산량의 100분의 20 이상을 생산하는 자 또는 그 집단, 둘째, 해당 물품의 국내 생산자수의 100분의 20 이상인 생산자집단을 말한다. 다만, 농림수산업의 경우에는 해당 물품의 생산자수가 5인 이상인 생산자집단, 셋째, 산업별 노동조합 또는 해당 산업을 관장하는 관계 중앙행정기관의 장이 설립을 허가한 해당 물품의 국내 생산자로 구성된 협회 또는 조합을 일컫는다. 이와 같은 이해관계 당사자가 국내시장에서의 경쟁에 영향을 미칠 정도로 해당 물품을 수입하는 경우에는 그를 국내 산업에 이해관계가 있는 자의 범위에서 제외할 수 있다[6].

특정한 물품의 수입 증가가 국내 산업에 미치는 피해를 조사하여 줄 것을 신청하는 산업피해조사신청인은 다음의 사항을 적은 신청서에 그 내용을 증명할 수 있는 자료를 첨부하여 무역위원회에 제출하여야 한다. 각 호의 사항은 다음과 같다. 첫째, 해당 물품의 품명, 규격, 특성, 용도 및 생산자명, 둘째, 해당 물품의 수출국, 수출자, 수입자, 수입실적(물량과 금액을 말한다) 및 예상 수입량, 셋째, 국내의 같은 종류의 물품 또는 직접적인 경쟁관계에 있는 물품의 품명, 규격, 특성, 용도 및 생산자명, 넷째, 해당 물품의 수입으로 국내 산업이 심각한 피해를 입고 있거나 입을 우려가 있는 사항, 다섯째, 해당 국내산업의 국제경쟁력 현황과 전망, 여섯째, 해당 국내산업이 관계 법령에 따라 지원받고 있는 내용, 일곱째, 해당 국내산업이 심각한 피해를 입고 있거나 입을 우려가 있는 경우 그 피해를 구제하기 위하여 필요한 조치의 내용, 정도 및 기간, 여덟째, 신청서의 기재

5) 불공정무역행위조사 및 산업피해구제에 관한 법률 제15조.
6) 불공정무역행위조사 및 산업피해구제에 관한 법 시행령 제14조.

내용 및 첨부 자료를 비밀로 취급할 필요가 있는 경우에는 그 사유이다[7].

4) 부과 절차[8]

무역위원회는 산업의 피해에 대한 구제의 신청을 받으면 관계 중앙행정기관의 장의 의견을 들어 신청일부터 30일 이내에 조사의 개시 여부를 결정하고, 그 결과를 신청인과 관계 중앙행정기관의 장에게 알려야 한다.

무역위원회는 산업의 피해에 대한 조사의 개시를 결정한 때에는 그 결정일부터 4개월 이내에 특정 물품의 수입이 해당 국내 산업에 심각한 피해를 미치거나 미칠 우려가 있는지를 종합적으로 판정하여야 한다. 다만, 그 조사내용이 복잡하거나 신청인이 정당한 사유를 제시하여 조사기간의 연장을 신청한 경우에는 2개월의 범위에서 그 기간을 연장할 수 있다.

그리고 무역위원회는 특정한 물품의 수입 증가로 국내 산업이 심각한 피해를 입고 있거나 입을 우려가 있다고 판단되면 직권으로 조사할 수 있다.

2. 중국의 세이프가드제도

1) 개요

중국의 세이프가드 제도에 대한 법적 규정은 처음에는 포괄적이며 개념적으로 규정하였다. 즉, 구체적인 절차는 생략된 규정이라고 할 수 있다. 이와 같은 세이프가드 조치와 관련된 법 규정은 대외무역법에 규정되었는데 그 정의는 다음과 같다. "수입되는 물품의 수량이 증가하여 동종 또는 직접 경쟁 제품을 생산하는 생산자에게 심각한 손해나 심각한 손해의 위협을 초래할 경우 중국 정부는 필요한 조치를 취하여 이와 같은 피해나 피해의 위협을 경감하거나 제거할 수 있다."[9] 세이프가드 조치와 관련해서는 이와 같이 대외무역법에 규정되었고 관련 시행에 대한 세부적인 규칙도 초창기에는 마련되지 않아 수량의 증가로 인해 손해가 발생해도 누구에 의해 조사가 진행될 것이며 어떠한 조치를 취할 것인지에

7) 불공정무역행위조사 및 산업피해구제에 관한 법 시행령 제15조.
8) 불공정무역행위조사 및 산업피해구제에 관한 법률 제16조.
9) 중화인민공화국 대외무역법 제29조.

대해 알 수 없었다. 따라서 중국은 대외무역법에 세이프가드에 대한 규정이 있음에도 불구하고 그 조치를 취한 사례가 거의 없었다.

중국 정부는 WTO에 가입한 이후 2001년에 대외무역법 제29조에 규정되어 있는 세이프가드 조치의 규범을 구체화시키기 위해 "세이프가드조치조례"를 발표함과 동시에 "세이프가드조치 조사 입안에 관한 잠정규칙", "세이프가드 조사청문회에 관한 규칙", "세이프가드 조치 물품 범위의 조정 절차에 관한 잠정규칙" 그리고 "세이프가드 산업피해 조사에 관한 규정" 등을 공포하여 세이프가드와 관련한 법규 안정성을 꾀하였다.

2003년에는 무역구제와 관련한 업무를 상무부가 단독으로 관할하면서 조직의 개편, 기관 명칭 변경 그리고 직능 변경이 됨과 동시에 대외무역법에 있던 세이프가드 조치의 관련 규정들에 대한 개정 작업이 있었다. 세이프가드조치조례의 주요 개정 작업 내용은 다음과 같다. 첫째, 세이프가드조치를 주관하던 "대외무역경제합작부"와 "국가경제무역위원회"에 대해 명칭을 "상무부"로 통일시켰다. 둘째, 변경 전의 세이프가드조치조례 제7조에 규정되어 있던 "수입제품의 수량증가는 국내생산에 비해 수입제품의 수량이 절대적 또는 상대적으로 증가한 것을 칭한다."에서 "수입제품의 수량증가는 수입제품 수량의 절대적 증가 또는 국내생산에 비해 상대적으로 증가한 것을 칭한다."로 수정되었다.[10] 이는 수량의 증가에 대한 개념을 조금 더 명확하게 한 것이라 할 수 있다. 셋째, WTO의 세이프가드 조치의 실시 기간을 반영하였다. 기존 중국의 세이프가드 조치 조례에서는 연장조치 기간을 포함하여 실시기간이 최고 8년을 넘어서는 안 된다고 규정하였지만 개정 후의 세이프가드 조치 조례에서는 연장조치 기간을 포함하여 실시기간이 최고 10년을 넘어서는 안 된다고 규정하였다[11].

2) 세이프가드 조치의 발동 및 잠정조치

중국의 세이프가드 조치에 대한 발동 요건은 WTO 협정의 발동 요건과 기본적으로 비슷하다. 먼저 수입되어 들어오는 물품의 수입량 증가이다. 둘째, 동종 물품 또는 직접적인 경쟁관계에 있는 물품을 생산하는 국내 산업이 심각한 피해를 받거나 받을 우려가 존재해야 한다. 셋째, 수입의 증가와 국내 산업의 피해간에

10) 중국 세이프가드조치조례 제7조.
11) 중국 세이프가드조치조례 제26조.

인과 관계가 성립되어야 한다. 이는 WTO 협정의 세이프가드 조치의 발동 요건과 일치한다. WTO 협정의 "국내산업"에 대한 정의와 마찬가지로 중국의 세이프가드 조치 조례에서도 국내산업에 대한 정의를 중국 국내에서 활동하는 동종 또는 직접적인 경쟁상품의 생산자 전체 또는 자신의 동종 또는 직접적인 경쟁상품의 총산출량이 동 상품의 국내 총생산의 상당한 비율을 구성하는 생산자로 규정하였다. 그 밖에 세이프가드 조치는 어떠한 원산지 국가인지를 불문하고 국내로 수입되는 물품에 모두 적용 가능함을 규정하였다.[12] 이 또한 WTO 협정의 무차별 원칙을 그대로 수용한 것이다.

중국의 세이프가드 조치 조례에서 수입되는 물품의 수량 증가를 확실한 증거를 가지고 입증할 수 있고 빠른 시일 내에 잠정적인 조치를 취하지 않으면 국내산업에 구제하기 어려운 피해가 초래될 수 있는 긴급한 상황 하에서는 세이프가드에 관한 예비 판정과 동시에 관세를 높여 부과하는 잠정 조치를 발동할 수 있다는 것을 규정하였다.[13] 이와 같은 잠정조치를 실시할 수 있는 기간은 잠정조치 실시에 관한 공고일로부터 200일을 넘어서는 안된다고 규정하였다[14]. 그리고 최종판정에서 세이프가드의 조치를 취하지 않기로 하였다면 이미 징수한 잠정관세는 환급해야 함도 규정하였다[15]. 이러한 규정 또한 WTO 협정의 규정과 같다.

3) 부과절차

중국 또한 WTO 협정을 준용하였기에 세이프가드 부과 절차가 비슷하다. 먼저 중국은 세이프가드 조치를 담당하는 기관은 상무부이다. 그러나 농산품의 피해조사에 대한 세이프가드 조치는 농업부와 공동으로 실시한다[16]. 이와 같은 조사에 대한 결정이 나오면 상무부는 공고하고 WTO에 통보하도록 규정하였다[17].

조사의 진행 방식으로 중국의 세이프가드 조치 규정은 설문지, 청문회 등의 방식으로 수출입업자와 기타 이해관련 당사자들의 의견과 진술의 기회를 보장하였다[18].

12) 중국 세이프가드조치조례 第22조.
13) 중국 세이프가드조치조례 第16조.
14) 중국 세이프가드조치조례 第18조.
15) 중국 세이프가드조치조례 第25조.
16) 중국 세이프가드조치조례 第6조.
17) 중국 세이프가드조치조례 第5조.

상무부는 수입되는 물품의 수량 증가와 피해에 관한 조사의 결과와 그 이유에 대한 설명을 공고하고 WTO 세이프가드 위원회에 통보해야 함을 규정하였다[19]. 그리고 상무부는 조사의 결과에 따라 세이프가드 조치를 발동하게 되었을 경우 관련 물품의 수출업체와 실질적인 이해관계가 있는 국가에 사전에 협상을 진행할 수 있는 충분한 기회를 제공해야 함도 규정하였다[20]. 이러한 조치는 세이프가드 조치가 상대국의 불공정 무역으로 인한 것이 아니기에 함부로 발동하였을 경우 상대국의 보복 조치가 뒤따르기 때문으로 해석할 수 있다.

상기와 같은 세이프가드 부과 조치는 보호무역으로 작동해서는 안 되며 반드시 필요한 범위 내에서 엄중한 산업피해의 구제를 위해 사용되어야 한다[21]. 이러한 세이프가드 조치를 발동한다는 최종적인 판정도 마찬가지로 WTO 세이프가드 위원회에 통보해야 한다[22].

18) 중국 세이프가드조치조례 제12조.
19) 중국 세이프가드조치조례 제14조.
20) 중국 세이프가드조치조례 제24조.
21) 중국 세이프가드조치조례 제23조.
22) 중국 세이프가드조치조례 제22조.

1. 관세의 개요

1) 관세의 목적

우리나라는 외국으로부터 수입되어 들어오는 물품에 일반적으로 관세를 부과한다. 이러한 관세는 관세법으로 관장한다. 관세법에서는 수입 물품에 대한 관세의 부과와 징수를 통해 국가 재정을 확보하고 통관의 적정성을 보장하기 위해 관련 규정들을 두었다[1]. 즉, 관세법은 국민 경제를 발전시키기 위한 목적 달성을 위해 관세의 부과, 징수 및 수출입 물품의 통관을 적정하게 하도록 하고 있다. 또한, 국가재정의 확보를 목적으로 관련 규정을 두었다. 과거 관세의 출현 당시에는 국가의 재정 수입을 목적으로 부과하는 재정 관세가 주요한 목적이었다. 그러나 현재는 이와 같은 재정 수입을 목적으로 부과하는 관세가 점차 철폐되고 있다. 국가 간의 자유 무역 확대에 따른 결과로 보면 될 것이다. 결국 국가들은 재

1) 관세법 제1조.

정 수입의 목적보다 국가의 보호 수단으로 관세를 활용하는 추세이다.

관세의 궁극적인 목적은 국민 경제의 발전에 이바지하는 것이다. 이러한 목적 달성을 위해 국가는 임의적으로 관세를 조절한다. 관세의 조절을 통해 자국의 산업을 보호하고 소비를 억제하고 있으며 국제수지를 개선시키는 등 국가의 정책에 중요한 역할을 수행하고 있는 수단이다.

2) 관세의 법적 성격

관세에 대한 법적 성격은 관세법 제1조에 명확하게 규정되어 있다. 관세의 부과, 징수 및 수출입물품의 통관을 적정하게 하여 국민경제에 이바지하는 것으로 조세법적인 성격과 통관법적인 성격을 가지고 있다. 또한, 국민경제의 발전이라는 목적 달성을 위해 처벌 규정도 가지고 있다. 여기에서는 조세법적인 성격, 통관법적인 성격 그리고 처벌 규정과 관련된 형사법적인 성격에 대해 간략히 언급하도록 한다.

첫째, 조세법적인 성격이다.

관세가 조세법적인 성격을 지니는 이유는 관세법에서는 관세의 부과, 징수, 감면에 관한 규정을 두고 있기 때문이다. 이와 같이 조세법적인 성격을 가진 관세법은 납세의무 등 과세요건과 감면요건을 규정하고 있으며 징수절차와 감면절차도 규정하고 있다.

둘째, 통관법적인 성격이다.

관세법의 목적에도 나타나 있지만 "수출입 물품의 통관을 적정하게"라는 문구는 관세법이 통관법적인 성격을 가지고 있다는 것이다. 수출의 경우 관세의 징수 없이 통관만 이루어진다는 것을 보았을 때 관세법은 통관법적인 성격을 지니고 있다는 것을 알 수 있다. 통관이란 기관들이 승인한 수출입 물품의 사항을 관할 세관에서 실물과 대조를 통해 승인받은 사항과 불일치함이 없을 경우 수출입 신고수리라는 형식적인 절차를 통해 수출입을 가능하게 하는 것이다. 따라서 통관이란 세관이 실물을 확인하고 집행하는 행정업무라고 할 수 있다.

셋째, 형사법적인 성격이다.

관세법은 관세의 부과, 징수 및 통관의 적정성을 확보하기 위해 벌칙, 조사, 처분에 관한 여러 가지 관세 형벌 규정들이 있다. 이와 같은 관세 형벌 규정들은 관세법 제1조의 목적을 효과적으로 수행하기 위해 규정이다. 이러한 의미에서 관세법은 형사법적인 성격을 가진다고 말할 수 있다. 그러나 관세법에서는 처벌의 실체적 규정만 있기 때문에 실제적으로 처벌할 경우 형사소송법의 절차에 따른다.

3) 관세의 특징

관세는 다음과 같은 특징을 가지고 있다[2].

첫째, 관세를 부과하고 징수하는데 있어서 다른 조세와 마찬가지로 국가의 권력이 작용한다. 이러한 관세는 반대급부 없이 국가가 관세 납세자에게 일방적으로 금전적 부담을 지우는 강제성이 있다. 관세의 납부는 법률의 규정에 의해 관세 납세자가 국가에 납부를 해야 하는 의무 사항이다. 이를 성실하게 이행하지 않을 경우 재산의 압류, 가산세, 가산금 등의 조치로 의무 이행을 강제한다.

둘째, 일국이 관세를 부과하거나 관세율을 책정하는데 있어서 자국의 입장만을 고려하여 부과하는 것이 아니라 WTO 협정, 각국과 체결한 FTA 협정 등을 통해 직간접적으로 제약을 받게 된다. 이와 같이 관세는 국제적인 협정을 통해 인하되거나 철폐되는 환경하에 있기에 국제성을 가진다고 말할 수 있다.

셋째, 관세는 일반적으로 모든 국가들이 자국으로 수입되어 들어오는 물품에 대해 부과한다. 우리나라는 수입되어 들어오는 물품에만 관세를 부과하도록 법에 명시하였지만 아르헨티나, 러시아, 중국 그리고 북한 등의 국가들은 수출하는 물품에 대해서도 관세를 부과하고 있다. 이와 같이 국가들은 자국의 상황에 따라 수출관세 또는 수입관세를 부과한다. 일반적으로 수입되는 물품에 관세를 부과하는 것은 자국의 상황에 따른 것으로 무역수지나 산업보호 측면이 강하다. 따라서 관세는 국경을 통한 물품에 대해 부과하는 조세로 거래비용에 포함된다. 국가들의 관세 조절은 무역장벽으로 활용될 수 있다.

넷째, 부가가치세나 개별소비세는 국내의 거래 단계에서 일정 기간 단위로 부과되거나 징수되지만 관세는 물품이 수입될 때마다 부과되는 수시세의 성격을 가지고 있다. 그러나 관세의 납부가 일정 기간별로 이루어지는 월별납부제도를 통해 예외적으로 관세 편의를 제공하고 있다.

다섯째, 관세는 법의 목적에도 규정되어 있는 것과 같이 재정수입을 목표로 한

2) 정재완, "관세법", 청람, 2016, pp.7~10.

다. 뿐만 아니라 산업의 보호와 지원이라는 정책적인 수단으로도 사용된다. 선진국들은 재정수입의 측면이 많이 약화되었지만 개발도상국은 재정수입과 산업의 보호 및 지원이라는 측면을 모두 고려하고 있다.

여섯째, 관세의 부과는 생산자들의 관계에서도 이해관계가 상충될 수 있으며 생산자와 소비자 사이에서도 이해관계가 상충될 수 있다. 수입되는 물품에 관세가 부과되면 수입국의 동일한 제품의 생산업체는 보호라는 이익이 발생하지만 수출국의 생산업체는 관세의 비용만큼 비용의 증가가 발생하기 때문이다. 물론 관세를 경감하면 반대의 효과가 발생한다. 따라서 정부는 수출입 물품에 관세 정책을 입안할 경우 이와 같은 상충의 소지가 있는 문제를 고려하여야 한다.

2. 관세의 종류

우리나라의 관세는 외국으로부터 들어오는 수입 물품에 부과하는 조세로 기본관세, 잠정관세 그리고 각종 탄력관세가 있다. 기본관세의 비율은 평균적으로 8%를 유지하되 그 차이가 있다. 다만, 기본관세의 비율이 50%를 초과하는 경우는 없다. 농수산물이나 그의 가공품도 가장 높은 기본관세의 비율이 50%이다. 그리고 잠정관세는 기본관세의 비율과 함께 국회가 제정하는 관세의 비율로 특정한 품목에 대해 기본 세율과는 다른 세율을 한시적으로 적용하기 위해 마련된 관세의 비율이다. 대통령령으로 그 세율의 적용을 정지하거나 기본세율과의 차이를 좁히도록 인상 또는 인하할 수 있도록 하였다[3].

기본관세와 잠정관세 외에도 아래의 관세들이 관세법에 규정되어 있다. 법에 규정되어 있는 순서대로 살펴보도록 한다.

1) 덤핑방지관세

국내 산업에 이해관계가 있는 자는 외국의 물품이 대통령령으로 정하는 정상가격 이하로 덤핑 수입되어 국내 산업이 실질적인 피해를 받거나 받을 우려가 있는 경우 또는 국내산업의 발전이 실질적으로 지연된 경우에는 이에 대한 조사를 요구할 수 있고 해당 당국은 조사를 통하여 실질적 피해 등이 조사를 통해 확인

3) 관세법 시행령 제57조.

되고 국내 산업을 보호할 필요가 있다고 인정되는 경우에는 그 물품과 공급자 또는 공급국을 지정하여 해당 물품에 대하여 정상가격과 덤핑가격 간의 덤핑 차액에 상당하는 금액 이하의 덤핑 방지 관세를 추가하여 부과할 수 있다[4]. 이와 같은 덤핑방지관세의 부과 요건, 절차 그리고 방법 등은 관세법과 시행령에 자세하게 규정되어 있다. 덤핑방지관세와 관련된 우리나라의 관세법 규정은 WTO의 반덤핑협정을 반영하였다.

2) 상계관세

국내 산업에 이해관계가 있는 자는 외국에서 제조·생산 또는 수출에 관하여 직접 또는 간접으로 보조금이나 장려금을 받은 물품이 수입되어 인하여 국내 산업이 실질적인 피해를 받거나 받을 우려가 있는 경우 또는 국내 산업의 발전이 실질적으로 지연된 경우에는 이에 대한 조사를 요구할 수 있고 해당 당국은 조사를 통하여 실질적 피해 등이 조사를 통해 확인되고 국내 산업을 보호할 필요가 있다고 인정되는 경우에는 그 물품과 수출자 또는 수출국을 지정하여 그 물품에 대하여 해당 보조금 등의 금액 이하의 상계관세를 추가하여 부과할 수 있다.[5] 이와 같은 상계관세의 부과 요건, 절차 그리고 방법 등은 덤핑방지관세와 마찬가지로 관세법과 시행령에 자세하게 규정되어 있다. 상계관세와 관련된 우리나라의 관세법 규정은 WTO의 보조금 및 상계조치에 관한 협정을 반영하였다.

3) 보복관세

교역상대국이 우리나라의 수출물품 등에 대하여 관세 또는 무역에 관한 국제협정이나 양자 간의 협정 등에 규정된 우리나라의 권익을 부인하거나 제한하는 경우이거나 그 밖에 우리나라에 대하여 부당하거나 차별적인 조치를 하는 경우에는 우리나라의 무역이익이 침해되는 것이다. 따라서 그 나라로부터 수입되는 물품에 대하여 피해 상당액의 범위에서 보복 관세의 조치를 취할 수 있도록 법으로 규정하고 있다[6]. 그러나 이와 같은 보복 관세는 상대국과 적정한 협의 없이 행위를 취할 경우 상대국의 또 다른 보복을 초래하여 국제무역질서를 어지럽힐

4) 관세법 제51조.
5) 관세법 제57조.
6) 관세법 제63조.

수 있는 여지가 있다. 따라서 보복조치를 취할 경우에는 적용하는데 있어서 신중을 요한다. 우리나라는 아직까지 보복관세를 통해 무역규제를 취한 경우가 없지만 필요할 경우 관련 국제기구 또는 당사국과 미리 협의하여 보복관세를 부과할 수 있다.

4) 긴급관세

특정물품의 수입증가로 인하여 동종물품 또는 직접적인 경쟁관계에 있는 물품을 생산하는 국내산업이 심각한 피해를 받거나 받을 우려가 있음이 조사를 통하여 확인되고 해당 국내 산업을 보호할 필요가 있다고 인정되는 경우에는 해당 물품에 대하여 심각한 피해 등을 방지하거나 치유하고 조정을 촉진하기 위하여 필요한 범위에서 긴급관세를 추가하여 부과할 수 있도록 하였다[7]. 긴급관세도 WTO의 긴급수입제한조치에 관한 협정의 내용을 수용한 것이다. 이와 같은 긴급관세를 부과했다면 WTO의 긴급수입제한조치위원회에 통보해야 한다. 또한, 긴급관세는 불공정한 무역의 행위가 아니므로 이해당사국은 이로 인해 피해를 받을 수밖에 없다. 따라서 적절한 무역보상 방법을 협의해야 한다.

5) 조정관세

조정관세는 첫째, 산업구조의 변동 등으로 물품 간의 세율 불균형이 심하여 이를 시정할 필요가 있는 경우, 둘째, 국민보건, 환경보전, 소비자 보호 등을 위하여 필요한 경우, 셋째, 국내에서 개발된 물품을 일정 기간 보호할 필요가 있는 경우, 넷째, 농림축수산물 등 국제경쟁력이 취약한 물품의 수입증가로 인하여 국내시장이 교란되거나 산업기반이 붕괴될 우려가 있어 이를 시정하거나 방지할 필요가 있는 경우에 기본관세율을 인상하는 것으로 운용된다[8]. 1990년대 후반부터는 중국과의 거래에서 조정관세 운용에 대한 품목의 수를 계속해서 줄이고 있다. 중국은 우리나라와 가장 무역량이 많은 나라로 교역관계의 강화를 위해서는 불가피한 선택일 것이다.

---

7) 관세법 제65조.
8) 관세법 제69조.

6) 할당관세

할당관세는 첫째, 원활한 물자수급 또는 산업의 경쟁력 강화를 위하여 특정물품의 수입을 촉진할 필요가 있는 경우, 둘째, 수입가격이 급등한 물품 또는 이를 원재료로 한 제품의 국내가격을 안정시키기 위하여 필요한 경우, 셋째, 유사물품 간의 세율이 현저히 불균형하여 이를 시정할 필요가 있는 경우에 100분의 40의 범위의 율을 기본세율에서 빼고 관세를 부과할 수 있으며 필요하다고 인정될 때에는 그 수량을 제한할 수 있다. 그리고 특정물품의 수입을 억제할 필요가 있는 경우에는 일정한 수량을 초과하여 수입되는 분에 대하여 100분의 40의 범위의 율을 기본세율에 더하여 관세를 부과할 수 있다[9].

지금까지 운용되어 왔던 할당관세는 그 비율을 인상하여 적용하는 경우보다 원활한 물자수급, 물가안정, 중소기업과 농축산업지원, 첨단산업지원 그리고 세율 불균형의 시정 등을 이유로 인하하는 것으로 적용했다. 할당관세는 관세 가운데 유일하게 매 회계연도 종료 후 5개월 이내에 관세의 전년도 부과 실적 및 그 결과를 국회 소관 상임위원회에 보고하여야 하는 탄력관세이다[10].

7) 계절관세

계절관세란 계절에 따라 가격의 차이가 심한 물품으로서 동종물품, 유사물품 또는 대체물품의 수입으로 인하여 국내시장이 교란되거나 생산 기반이 붕괴될 우려가 있을 때에는 계절에 따라 해당 물품의 국내외 가격차에 상당하는 율의 범위에서 기본세율보다 높게 관세를 부과하거나 100분의 40의 범위의 세율을 기본세율에서 빼고 관세를 부과할 수 있다[11].

만약, 계절관세를 높게 부과해야 할 경우가 발생한다면 이는 국내 경쟁상품 생산자들의 이익이 고려될 것이고, 낮게 부과해야 할 경우가 발생한다면 국내 소비자들의 이익이 고려되는 것이라 할 수 있다. 현재에는 자유무역협정에 의해 특혜관세가 가능한 농산물에 주로 계절관세가 적용되고 있다.

---

9) 관세법 제71조.
10) 관세법 제71조 제4항.
11) 관세법 제72조.

8) 국제협력관세

정부는 우리나라의 대외무역 증진을 위하여 필요하다고 인정될 때에는 특정 국가 또는 국제기구와 관세에 관한 협상을 할 수 있으며, 이와 같은 협상을 수행할 때 필요하다고 인정되면 관세를 양허할 수 있다. 다만, 특정 국가와 협상할 때에는 기본 관세율의 100분의 50의 범위를 초과하여 관세를 양허할 수 없다. 이를 국가간 또는 국가와 국제기구와의 협력에 의한 양허세율이라 칭한다. 관세를 부과하여야 하는 대상 물품, 세율 및 적용기간 등은 대통령령으로 정한다[12].

국제기구와의 협력에 의한 양허관세는 대표적으로 WTO양허관세가 있으며, 이는 WTO협정 등에 의한 양허관세 규정으로 공포되어 있다. 또한, 국가간 협력에 의한 양허관세는 대표적으로 FTA를 들 수 있다. 이와 같은 FTA와 같은 양자간 협상에 의한 것은 특정국가와의 관세 협상에 따른 국제협력관세의 적용에 관한 규정으로 공포되어 있다.

9) 편익관세

편익관세란 관세에 관한 조약에 따른 편익을 받지 아니하는 나라의 생산물로서 우리나라에 수입되는 물품에 대하여 이미 체결된 외국과의 조약에 따른 편익의 한도에서 관세에 관한 편익을 부여할 수 있다[13].

대통령령으로 WTO의 가맹국이 아니지만 WTO양허관세를 적용하는 것으로 운영되고 있다. 일반적으로 우리나라가 어떠한 대상 국가와의 통상 협력을 강화하기를 원한다면 일방적으로 저세율의 적용을 법에 근거해서 하는 것이다. 상대국가는 WTO의 가맹국이 아니기 때문에 양허관세와 같은 저세율의 적용을 요구할 수 없다. 편익관세를 부여할 수 있는 대상 국가, 대상 물품, 적용 세율, 적용방법, 그 밖에 필요한 사항은 대통령령으로 정한다. 현재 편익관세가 적용되는 국가는 아시아 2개국(아프가니스탄, 부탄), 중동 4개국(이란, 이라크, 레바논, 시리아), 대양주 1개국(나우루), 아프리카 4개국(코모로, 에디오피아, 리베리아, 소말리아), 유럽 4개국(안도라, 모나코, 산마리노, 바티칸)이다[14].

---

12) 관세법 제73조.
13) 관세법 제74조.
14) 관세법 시행령 제95조.

10) 일반특혜관세

일반특혜관세(GSP: Generalized System of Preferences)란 대통령령으로 정하는 특정 개발도상국가를 원산지로 하는 물품에 대하여 기본세율보다 낮은 세율의 관세를 부과하는 것이다. 일반특혜관세를 부과할 때 해당 특혜대상물품의 수입이 국내산업에 미치는 영향 등을 고려하여 그 물품에 적용되는 세율에 차등을 두거나 특혜대상물품의 수입 수량 등을 한정할 수 있도록 하고 있다. 또한, 국제연합총회의 결의에 따라 최빈(最貧) 개발도상국 중 대통령령으로 정하는 국가를 원산지로 하는 물품에 대하여는 다른 특혜대상국보다 우대하여 일반특혜관세를 부과할 수도 있다[15].

일반특혜관세는 먼저 선진화된 선진국 그룹이 개발도상국의 수출증대와 선진화를 도모하기 위해 대가 없이 일방적으로 관세상의 혜택을 부여하는 것이다. 이는 특별한 협정에 의해 의무가 있는 것이 아니기 때문에 혜택의 공여 변경에 있어서도 공여국은 특별한 제한을 받지 아니한다.

3. 중국의 관세 제도

1) 관세법의 목적

중국은 관세법을 제정함에 있어서 한국과 크게 상이하지는 않다. 한국은 수입 물품에 대한 관세의 부과와 징수를 통해 국가 재정을 확보하고 통관의 적정성을 보장하기 위해 관련 규정들을 제정한다고 명시하였다. 중국 또한 국가의 주권과 이익 수호, 세관의 관리 감독 강화, 대외경제무역과 과학, 기술, 문화의 교류 촉진, 그리고 사회주의 현대화 건설 보장을 위해 관세법을 제정한다고 명시하였다[16].

중국 관세법의 국가 이익 수호, 세관의 관리 감독 강화 등은 한국의 재정 확보와 통관의 적정성과 유사하다. 또한, 대외경제무역과 과학, 기술, 문화의 교류를 촉진시키고 국가의 발전을 위한다는 측면은 한국 관세법의 국가 발전에 이바지함을 목적으로 한다는 것과 유사하다. 결국 중국 관세법의 목적은 한국 관세법의 목적과 유사하다고 말할 수 있다.

---

15) 관세법 제76조.
16) 중국 관세법 제1조.

2) 관세법의 특징

중국 관세 제도를 제정한 목적은 우리나라가 관세 제도를 제정한 목적과 크게 상이하지 않다. 그러한 측면에서 본 법의 내용 또한 크게 상이하지 않다. 한국과 중국의 관세제도를 과세 객체 및 결정, 관세의 납세의무자 및 납세, 관세 감면 및 환급의 측면에서 유사한 점과 상이한 점을 살펴보도록 한다.

(1) 과세 객체 및 가격 결정

우리나라는 수입하는 화물에 관세를 부과한다고 명시하고 있기 때문에 과세의 객체는 수입물품에 한정되어 있다. 그러나 중국은 "수출입을 허가한 화물이나 반출입을 허가한 화물에 대해서는 별도의 예외 규정을 제외하고는 수출입 세칙에 따라 세관이 관세를 징수한다."고 규정하였다[17]. 따라서 중국은 한국과 달리 수입 화물뿐만 아니라 수출 화물에도 관세를 부과하고 있다.

중국은 과세를 하기 위한 화물 가격 결정에 있어서 다음과 같이 규정하고 있다.

수출입 화물에 대한 과세 가격은 중국 세관 당국이 해당하는 화물의 거래가격으로 기초적인 심사를 하여 확정한다. 이 경우 거래가격이 확정되지 않는다면 법에 의거하여 과세가격을 기산하도록 하고 있다. 수입화물에 대한 과세가격은 화물의 단가, 화물의 중화인민공화국 수입지점까지의 선적, 하역전의 운소 및 관련 비용, 보험료를 포함하고 수출화물의 과세가격은 화물의 단가, 화물을 중화인민공화국 국경 내의 수출지점까지 적재하기 전의 운수 및 관련 비용, 보험료를 포함하는 것으로 규정되어 있다[18].

관세평가와 관련해서 우리나라는 관세법 제30조부터 35조까지 규정되어 있다. 거래가격을 기초로 한 과세가격 결정에서부터 조금 추상적이지만 반드시 과세가격을 산출하기 위해 마지막은 합리적인 기준이라는 방법으로 과세가격을 산출하도록 하고 있다. 중국도 한국과 마찬가지로 과세가격 결정을 법에 규정하고 있다[19]. 첫째, 해당 화물과 동시 또는 비슷한 시기에 중화인민공화국 내에 판매된 것과 같은 화물의 거래 가격을 기초로 한 과세가격 결정, 둘째, 해당 화물과 동시 또는 비슷한 시기에 중화인민공화국 내에 판매된 것과 유사한 화물의 거래 가

17) 중국 관세법 제53조.
18) 중국 관세법 제55조.
19) 중국 수출입조례 제21조.

격을 기초로 한 과세가격 결정, 셋째, 해당 화물의 수입과 동시 또는 비슷한 시기에 해당 수입 화물, 서로 같은 화물이나 유사한 화물이 일급 판매처에서 특수관계가 아닌 구매자에게 최대로 판매된 총량의 판매 단위가격을 기초로 한 과세가격 결정, 넷째, 해당 화물의 생산에 사용된 부품원가에 가공비용, 통상적인 이윤, 운송관련비용, 보험료 등이 가산된 가격을 기초로 한 과세가격 결정, 다섯째, 합리적인 방법으로 추정한 가격을 기초로 하여 과세가격을 결정하는 방법이다.

(2) 관세의 납세의무자 및 납세

수출입 화물의 화주와 국경출입 물품의 소유자는 중국의 관세법에 근거하면 관세의 납부를 부담하는 자이다[20]. 우리나라의 관세 납세의무자와 상이함이 없지만 중국은 수출화물에도 관세를 부과하고 있기 때문에 수출 화물의 화주가 포함되었다. 우리나라는 수입하는 화물에만 관세를 부과하기 때문에 수입 화주로 국한되어 있다. 그러나 반드시 수입하는 화물에 대해 모두 관세를 부과하는 것은 아니다. 수입하는 화물 가운데 관세가 없는 물품도 상당수 있다. 최근에는 각국의 국제 협정에 기인해 관세의 인하 및 철폐는 더욱 빠르게 진행되고 있다.

수입 화물에 대한 관세의 납부기한은 선박이 국내에 입항한 날로부터 14일 이내에 신고를 해야 할 것을 규정하였으며 수출 화물에 대해서는 세관의 감독 구역에 도착한 후 적재되기 24시간 전에 관할 세관에 신고해야 할 것을 규정하고 있다[21]. 그리고 수출입 화물에 대한 관세의 납부는 세관이 고지서를 발부한 날로부터 15일 이내에 납부하여야 한다. 만약 기한 내에 납부하지 아니하고 기한이 초과된 경우 한국과 마찬가지로 세관은 연체금을 징수할 수 있다. 또한, 이와 같은 조세를 3개월이 지나도록 납부하지 아니할 경우 세관은 강제조치를 실시할 수 있다[22].

관세의 납세의무를 지니는 자가 규정된 기한 내에 세금 납부 화물 및 기타 재산을 이전, 은닉하려는 기미가 뚜렷할 경우 세관은 납세의무자로 하여금 담보 제공을 명령할 수 있다. 그러나 납세의무자가 담보 제공을 할 수 없는 경우 세관은 납세의무자가 가지고 있는 계좌의 예금에 대한 잠정적인 지급정지나 납세의무자

20) 중국 관세법 제54조.
21) 중국 수출입조례 제29조.
22) 중국 관세법 제60조.

의 화물 또는 기타의 재산을 압류하는 세수보전조치를 실시할 수 있다. 이와 같은 세수보전조치는 납세의무자가 규정된 기간내에 세금을 납부한다면 즉시 해제해야 한다. 그러나 세관의 세수보전조치가 부당하거나 납세의무자가 규정된 기한 내에 이미 세금을 납부하였으나 세관이 즉시 세수보전조치를 해제하지 아니하여 납세의무자의 합법적인 권익에 손실이 생긴 경우 세관은 법에 의거하여 배상에 대한 책임을 진다[23].

또한, 수출입 화물이나 반출입 물품이 통관되고 난 후 세관이 세금을 적게 징수하였거나 누락된 사실을 알게 된 경우 세금납부일 또는 화물이나 물품의 통관일로부터 1년 이내에 납세의무자에게 추징한다. 납세의무자가 규정 위반으로 적게 징수되거나 누락된 세금은 세관이 3년 이내에 추징할 수 있다[24]. 반면, 세관이 과다하게 징수한 세금은 세관에서 발견하였다면 즉시 환급해야 한다. 납세의무자는 세금을 납부한 날로부터 1년 이내에 세관에 환급을 요청할 수 있도록 하였다[25].

(3) 관세의 감면 및 환급

관세를 낮춰주거나 면제해주는 것은 국가의 정책적인 목표를 실현하기 위해 수단으로 사용되고 있다. 즉, 재정수입을 희생하면서까지 관세를 감면하는 것은 외교적인 관례, 기간산업의 육성, 특정산업의 보호, 가공무역의 증진, 소비자 보호 등의 목적을 위한 것으로 귀결된다.

중국은 첫째, 상업적 가치가 없는 광고와 견본, 둘째, 외국정부나 국제조직이 무상으로 증여한 물자, 셋째, 세관의 통관 이전에 손괴를 당하거나 손괴된 화물, 넷째, 규정 액수 이내의 물품, 다섯째, 법률이 관세의 감면이나 면세를 규정하는 기타 화물이나 물품, 여섯째, 중국이 체결하거나 또는 참가한 국제조약이 관세의 감면을 규정한 화물이나 물품 등에 대해 법에 근거하여 관세를 감하거나 면제하는 규정이 있다[26]. 그리고 특정지역, 특정기업, 특정용도에 사용하는 수출입화물은 법에 근거하여 관세를 감하거나 면제할 수 있다. 관세가 감해지거나 면제된

---

23) 중국 관세법 제61조.
24) 중국 관세법 제62조.
25) 중국 관세법 제63조.
26) 중국 관세법 제56조.

수입화물은 특정지역, 특정기업, 특정용도에만 사용되어야 하지 다른 용도에 사용하여서는 안된다[27].

중국은 가공무역을 국가 발전 전략으로 채택하여 20세기 후반부터 지속적으로 국외의 제조기업을 유치해 왔다. 물론 지금은 인건비 등의 이유로 인해 국외의 제조 기업들이 퇴출되는 분위기다. 중국의 가공무역은 관세의 환급과 밀접한 관련이 있다. 중국은 가공무역을 위한 수입부품들에 대해 보세 수입을 허용하였다. 이와 같이 보세 수입이 되어 보세 및 기타 구역에서 완제품으로 제작된다. 그러나 보세 수입이 되었기에 기한을 엄수하여 수출을 하여야 한다. 만약 기한을 엄수하지 않으면 세관 당국은 규정에 근거하여 수입시 징수하지 않고 보류한 관세를 징수한다. 또한, 가공무역을 위한 수입부품이 수출을 위해 사용되었을 경우 세관은 관련 규정에 근거하여 수입시 징수한 관세의 대금을 환급한다[28].

상기의 규정에 근거해 보면 중국의 감면 및 환급제도는 한국과 상이한 부분이 거의 없다고 할 수 있다.

3) 중국의 수출입 관세율

(1) 수입 관세율

중국은 WTO가입 양허안에 대한 이행을 지속한다는 차원에서 2007년 1월 1일부로 HS코드 8단위 기준 44개 세목의 최혜국세율을 다시 인하한데 이어, 재정부는 2008년 1월1일부로 수입관세율을 조정했다. 평균수입 관세율은 지난해와 동일한 9.8%이나 공산품의 평균수입관세율은 8.9%로 2007년의 8.95%에 비해 0.05% 인하됐다. 농산품의 평균수입관세율은 2007년과 동일한 15.2%이며 수출입세목도 HS Code 8단위 기준 2007년 7,646개에서 2008년에는 7,758개로 늘어났다. 중국의 평균 수입관세율은 WTO가입 당시 15.3%에서 2008년 5월 기준 9.8%로 5.5% 인하됐다. 그러나 상당수 품목의 수입관세율이 중국의 WTO가입 양허안 내용에 부합하고 있지만, 당초 중국이 WTO가입 양허안에서 약속한 9.4%에는 미치지 못하는 수준이다.

27) 중국 관세법 제57조.
28) 중국 관세법 제41조.

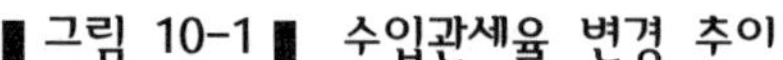

▌그림 10-1▌ 수입관세율 변경 추이

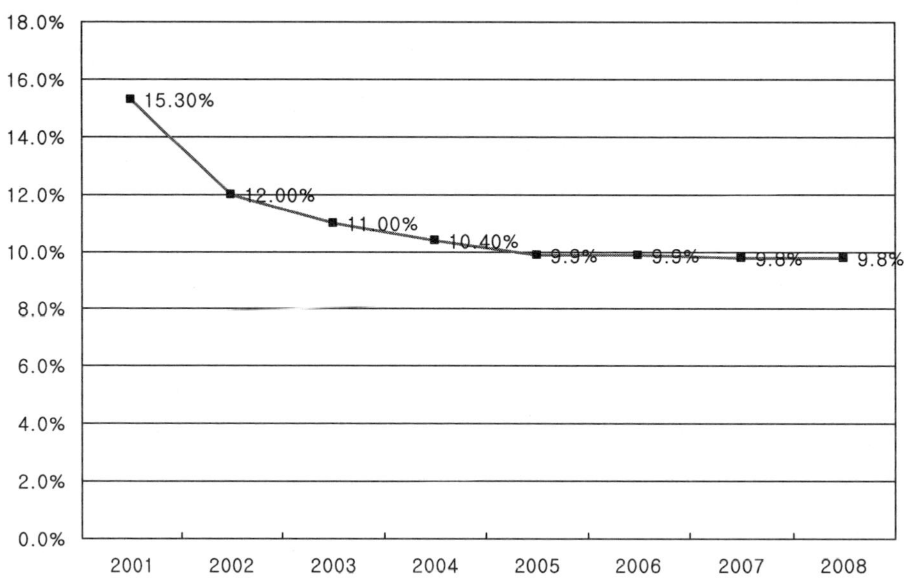

자료: 대한무역투자진흥공사(http://www.kotra.or.kr)

현 중국의 관세 수준은 개발도상국보다는 낮은 수준이나 선진국 수준(3.9%)에 비해 크게 높기 때문에 수입관세율 인하를 단계적으로 지속할 예정이다. 중국정부는 2007년 일부 농산품을 중심으로 제한적인 수준으로 수입관세율을 인하했으며, 2008년에도 화공제품과 세목수가 많지 않은 일부 제품을 중심으로 매우 제한적인 관세인하가 실시되었다.

대표적인 수입관세율로 최혜국 세율, 잠정 최혜국 세율 그리고 협정 세율이 있다. 이에 대해 간략하게 살펴보도록 한다.

① 최혜국 세율

2008년 최혜국 수입관세율을 인하하는 품목은 딸기, 폴리에틸렌, 기초화장품 등 총 45개이며, 이외 다른 품목의 최혜국 수입세율은 2007년과 비교해 변동이 없기 때문에 2007년과 비교해 전체 세목 중 최혜국세율이 달라지는 품목은 적다. 이들 평균 수입관세율은 2007년 9.2%에서 2008년에는 8.0%로 1.2%p가 인하됐다. 특히, 기초 화장품류(HS33049900)는 종전의 2007년 9.7%에서 2008

년 6.5%로 재인하 되었으며, 플라스틱과 제품류(HS39) 대부분도 2007년도 7.6%에서 6.5%로 인하됐다.

② 잠정 최혜국 세율

잠정수입관세율은 일부 생산설비 및 생산성 원자재의 원활한 수입을 위해 부분 생산 설비와 생산성 원자재에 대해서는 최혜국 세율보다 낮은 세율을 적용하는 것을 말한다. 수입확대를 통한 무역불균형 해소를 위해 국무원관세세칙위원회는 제9차 전체회의 심의를 거쳐 2007년 6월 1일부터 209개 세목에 대해 수입세율 인하조치를 실시했다. 중국은 2006년 11월 1일부로 58개 세목에 대해 잠정수입관세율을 적용해 왔으며 2007 1월 1일부로 석탄, 석재 등 자원류를 포함한 총 309개 세목에 대해 최혜국세율 이하의 잠정수입 관세율을 적용한 바 있다. 2008년 1월 1일부터는 유제품 가공기계 등 620개 품목에 최혜국세율보다 낮은 잠정수입세율을 실시한다. 주요 대상 품목으로 농업 및 농촌경제발전을 지원하고 신농촌의 건설을 촉진하기 위하여 농업생산에 시급히 요구되는 사료, 농약중간재 등 농업생산자료 및 면화채집기, 유제품가공기 등 농용기계설비 및 부품이 있으며, 또한 기업의 자주창의를 권장하고 첨단기술산업 및 선진제조업의 발전을 촉진하기 위하여 일부 국내 생산이 불가능하거나 국산기술수순이 수요를 만족하지 못하는 전자, 화공, 정보기술 생산품의 원료나 새로운 기술을 유인하거나 확대 응용하는데 필요한 설비 및 부품이 있다. 그 밖에 자원을 절약하고 환경을 보호하는 등 국내 부족한 광산자원을 보호하고 에너지절약 및 배출량감소를 위하여 연료유, 전해동, 희소금속 등 자원 에너지류 품목과 글리세린, 나프타 등 기초원료, 풍력발전설비 및 그 부품 등 환경보호에 필요한 설비 및 부품 또한 잠정수입세율을 적용한다. 2008년 시행하는 잠정수입세율로 인하여 해당품목의 수입관세율이 최혜국세율보다 최소1%p에서 최대 21%p 인하되고 산화세륨 등 상당수 품목이 수입시 영세율을 적용한다. 품목 가운데 석탄, 코르크, 연유 등 자원성 제품 수입잠정세율을 0~3%로 조정했고, 용적용 펌프, 미캐니컬 Seal, 베어링, 밸브용 부품, 에어컨과 냉장고용 압축기 및 그 부품과 공정기계부품, 카메라부품, TV부품, 카메라 일체형렌즈 등 핵심부품 수입잠정세율을 2~6%로 낮추었다. 또한 소비확대를 위해 영아 식품, 주방취사도구, 식기, 식품가공기계, 시력교정렌즈 등 일용품과 건자재, 장식용 도자기, 가전기기에 대해 종전보다 낮은

6~17%의 잠정수입 세율을 적용했다.

③ 협정 세율 : 원산지가 한국 등 52개국 수입품 적용

2008년 중국은 관련국가 및 지역과 체결한 무역, 또는 관세대우협정에 따라, 이들 국가 또는 지역에 대해서는 최혜국세율보다 낮은 협정세율을 적용하고 있다. 이에 원산지가 칠레, 아세안, 한국, 인도, 스리랑카, 파키스탄, 홍콩, 마카오, 아프리카 일부 국가 등 52개 국가의 수입제품에 대해 국가별, 품목별로 차등을 두어 협정세율을 적용하고 있다.

협정세율 적용의 구체적 내용으로는 중국-칠레간 자유무역협정에 따라 2008년도는 제3단계 조치로 소고기, 포도주등 2,660여 개 세목에 대해 세율을 전면 인하함에 따라 동 협정세율의 총세목수는 7,500여 개에 이르며, 평균 특혜폭은 70%를 초과한다. 또한 중국-파키스탄 간 자유무역협정에 따라 2008년도는 제2단계 조치로 일부농산품을 제외한 6,000여 개의 세목에 대해 세율을 전면 인하함에 따라 동 협정세율의 총세목수는 7,000여 개에 이르며, 평균특혜 폭은 30% 이상에 달한다. 이 밖에 중국-아세안 FTA세율에 따라 아세안 10개국이 원산지인 일부 상품에 대해 2007년과 동일한 최혜국 세율 이하의 협정세율을 적용하며, 아시아태평양무역협정국인 한국, 인도, 스리랑카, 라오스, 방글라데시에 대해서는 2007년 대비 36개 증가한 1,709개 품목에 대해 협정세율을 적용하고 라오스와 방글라데시에 대해서는 165개 품목을 별도로 지정, 저개발국가에 대한 특혜세율을 적용한다. 특히 2008년에는 아시아태평양무역협정국에 대해 에틸렌, 프로필렌 등을 포함한 25개 품목에 대해 0.5~2% 감소된 협정세율을 적용한다. CEPA협정에 따라 영세율을 적용하는 품목은 2008년 1월 1일 기준 홍콩이 원산지인 1,503개 품목과 마카오가 원산지인 665개 품목이며, 2008년 홍콩산 영세율 수입품목은 2007년 대비 17개 추가되었다. 이 밖에 앙골라 등 아프리카 28개국이 원산지인 수입품 258개 품목에 대해서도 영세율을 적용한다.

(2) 수출관세율

중국은 2008년 철강, 인회석, 탄산세륨, 산화세륨와 같은 희토류 원료 등 49개 품목에 잠정 수출관세를 신규 부과 하는 등 총 334개 품목 잠정수출세율을 신규 부과 및 인하하였다. 그 중 철강제품이 121개로 전체의 36.3%를 차지하며,

이 중 116개 품목의 잠정수출 관세율이 최대 25%에 달한다. 그 밖에 벤졸 등 68개 제품의 잠정수출관세율을 2007년 대비 최대 40%p 인하하였으며, 벤졸, 구리막대 등 35개 품목에 대하여 잠정수출관세 취소했다. 이번 조정으로 수출관세율이 최소 5%에서 최대 15%로 조정됐다. 품목별로는 스트레이트 탄소강선재, 판재, 형재 등 2007년 4월 15일부로 시행된 83개 수출허가증 관리품목에 대해 5~15%의 잠정수출관세가 부과되고 2006년 11월 1일부로 잠정수출관세가 부과됐던 강편, 강괴, 생철 등 철강초급제품의 수출관세율도 기존 15%에서 25%로 인상했다.

이번 조치는 2007년 4월 83개 철강제품의 수출증치세 환급을 취소하고 70여개 철강제품의 수출증치세 환급률을 대폭 하락하는 수출조정정책에도 불구하고 무역수지흑자가 줄어들 기미를 보이지 않자 추가조치가 필요하다는 판단에 따라 실시된 것으로 보인다. 또한 원자재의 무분별한 수출 방지 및 가공제품의 수출 장려를 위해 1982년부터 농산물, 광산물 등 일부 자원성 수출물품에 대해 수출관세를 부과했다. 중국은 고에너지, 고오염, 자원성 제품의 수출제한기조를 유지한다는 차원에서 2008년에도 석탄, 원유, 금속광석 등 이들 품목에 대해 잠정수출관세를 부과하고 있다. 또한 목재펄프, 코크스, 철합금, 강철괴, 부분강재 등 생산시 에너지소모가 높고 환경영향이 큰 품목에 대해 수출관세를 상향조정 했다. 그 외, 국내농업생산용 비료의 수요를 충족하기 위하여 요소, 인산암모늄 등 화학비료에 대해 수출시 계절성관세를 징수한다.

1. 한국의 통관제도

1) 개요

우리나라는 물품을 관세법의 규정에 의해 수출, 수입, 반송하는 것을 통관이라 칭하고 있다[1]. 물품이 수출, 수입, 반송되는 과정에서 세관은 관리 및 감독을 하는 기관으로 물품에 대한 적정성의 심사를 진행한다. 세관의 적정성 심사는 수출, 수입, 반송인의 신고절차가 이행되어야 하며, 그에 대한 세관의 심사와 수리절차가 이행되는 과정을 통관이라고 말한다. 외국으로 나가는 물품이나 외국에서 들어오는 물품에 대해 국가는 통관절차를 통해 관세를 부과하고 징수한다.

여기에서는 세관의 통관절차는 신고인이 신고하고 세관은 화물의 적정성을 검사함과 동시에 관세를 부과해야 하는 화물이라면 그에 대한 징수가 이루어지는지 살펴보아야 한다. 따라서 이러한 통관절차를 신고, 검사, 수리로 구분하여 보도록 한다.

1) 관세법 제2조 제13항.

2) 신고인

통관의 주체는 물품을 수출, 수입, 반송하는 화주 또는 관세사 등이다. 다만, 수출신고의 경우에는 화주에게 당해 수출물품을 제조하여 공급한 완제품 공급자의 명의로 할 수 있다[2]. 여기에서 화주는 수입하는 물품에 대한 화주, 수출신고할 물품에 대해서는 수출 승인서 상의 수출자, 무역업자가 대행 수출입한 경우에는 그 물품의 수출입 위탁한 자를 말한다. 관세사는 관세사의 자격을 얻어 관세청에 등록한 자로 세관장에게 통관업 신고를 하고 타인으로부터 수출입 또는 반송의 신고와 이와 관련되는 일련의 절차 이행 업무를 수행하는 것을 직무로 하는 자이다[3]. 관세사 이외에도 관세사법인과 통관취급법인도 통관의 주체가 될 수 있다.

3) 신고

수입신고는 수입하고자 하는 물품을 적재한 선박 또는 항공기가 입항한 후에 하는 것이 원칙이다[4]. 그러나 수입하고자 하는 물품의 신속한 통관이 필요하다면 당해 물품을 적재한 선박 또는 항공기가 입항하기 전에도 수입신고를 할 수 있도록 하였다. 이 경우 입항전 수입신고된 물품은 우리나라에 도착한 것으로 본다[5]. 이러한 규정은 신속한 통관이라는 현재의 경향에 맞추어 제정되었다고 생각할 수 있다. 이때 수입신고는 당해 물품을 적재한 선박 또는 항공기가 그 물품을 적재한 항구 또는 공항에서 출항하여 우리나라에 입항하기 5일전부터 할 수 있다. 만약 항공기라면 1일전부터 할 수 있도록 하였다[6]. 그러나 출항부터 입항까지의 기간이 단기간인 경우 등 당해 선박 등이 출항한 후에 신고하는 것이 곤란하다고 인정되어 출항하기 전에 신고하게 할 필요가 있는 때에는 관세청장이 정하는 바에 따라 그 신고의 시기를 조정할 수 있도록 하였다[7]. 최근 물류의 원활화라는 측면에서 수출입 신고와 관련되는 복잡한 규정들은 간소화되었고 향후에도 신고의 업무는 더욱 간소화될 것이다.

---

2) 관세법 제242조.
3) 관세사법 제2조.
4) 관세법 243조 제2항.
5) 관세법 제244조 제1항
6) 관세법 시행령 제249조 제1항.
7) 관세법 시행령 제249조 제2항.

4) 검사

세관공무원은 수출입 또는 반송하려는 물품에 대해 검사를 할 수 있다.[8] 물품의 통관 과정에서 검사는 가장 중요한 절차이다. 적정한 화물의 검사를 통해 관세의 부과, 징수와 통관의 적정성을 확보할 수 있을 것이다. 즉, 수출입 또는 반송 신고서에 기재한 물품과 현물이 다를 경우 관세의 부과, 징수와 통관의 적정성에 위배될 것이고, 이는 곧 국민경제의 발전에 영향을 미친다. 따라서 세관공무원의 검사 과정은 공정하고 철저해야 한다. 그러나 모든 수출입 또는 반송 물품에 대한 전량 검사는 진행될 수 없다. 세관의 업무는 시스템화 되었고 세관공무원의 수도 증대되었지만 아직까지 전량 검사를 할 만한 시스템과 인원이 구비되지 않았다. 물론 그러한 환경이 되었더라도 전량 검사는 효율성을 저하시킬 수도 있을 것이다.

세관에서는 전량 검사를 해야 할 물품에 대해서만 진행하고 그 외에는 샘플 검사를 진행하거나 물품에 대한 검사가 아닌 서류 검사만으로 통관의 절차를 진행하는 경우가 대부분이다. 결국 모든 물품에 대해 검사를 해야 한다는 개념이 아니라 검사를 할 수 있지만 효율성의 측면에서 생략하고 있다.

관세청은 이와 같은 물품에 대한 검사의 효율을 거두기 위해 검사대상, 검사범위, 검사방법 등에 관하여 필요한 기준을 정할 수 있도록 하였다[9].

5) 수리

세관장은 수출입 및 반송의 신고가 관세법에 따라 적합하게 이루어졌을 때에는 이를 지체 없이 수리하고 신고인에게 신고필증을 발급하여야 한다. 다만, 국가관세종합정보망의 전산처리설비를 이용하여 신고를 수리하는 경우에는 관세청장이 정하는 바에 따라 신고인이 직접 전산처리설비를 이용하여 신고필증을 발급받을 수 있도록 하고 있다[10].

세관장은 관세를 납부하여야 하는 물품의 신고를 수리할 때에 다음에 해당하는 자에게는 관세에 상당하는 담보의 제공을 요구할 수 있도록 하였다. 첫째, 관세법 또는 기타 관련법을 위반하여 징역형의 실형을 선고받고 그 집행이 끝나거

8) 관세법 제246조 제1항.
9) 관세법 제246조 제2항.
10) 관세법 제248조 제1항.

나 면제된 후 2년이 지나지 아니한 자, 둘째, 관세법 또는 기타 관련법을 위반하여 징역형의 집행유예를 선고받고 그 유예기간 중에 있는 자, 셋째, 관세법 또는 기타 관련법을 위반하여 벌금형 또는 통고처분을 받은 자로서 그 벌금형을 선고받거나 통고처분을 이행한 후 2년이 지나지 아니한 자, 넷째, 관세법에 따른 수입신고일을 기준으로 최근 2년간 관세 등 조세를 체납한 사실이 있는 자, 다섯째, 수입실적 등을 고려해 보았을 때 관세채권의 확보가 곤란한 경우에 해당하는 자이다[11].

수입신고에 대한 수리가 적정하게 완료되면 물품을 보세구역으로부터 반출할 수 있다. 다만, 수입신고를 한 물품을 세관장이 수리하기 전에 장치된 장소로부터 반출하려는 자는 납부하여야 할 관세에 상당하는 담보를 제공하고 세관장의 승인을 받아야 한다. 예외적으로 정부 또는 지방자치단체가 수입하거나 담보를 제공하지 아니하여도 관세의 납부에 지장이 없다고 인정하는 물품에 대하여는 담보의 제공을 생략할 수 있도록 하였다[12].

2. 중국의 통관제도

1) 개요

중국 세관은 한국의 세관과 마찬가지로 물품의 수출입에 대하여 관리, 감독하는 국가기관이다. 즉, 중국 세관은 중국의 관세법과 기타 관련 법률, 법규에 의거하여 국경을 출입하는 운송도구, 화물, 여행물품, 우편물 및 기타 물품을 관리, 감독하고 관세 및 기타의 비용을 징수하며 밀수를 적발, 체포하는 것이 주요한 임무이다. 이에 더해 세관통계를 작성하며 기타 세관업무를 처리하고 있다[13].

한국과 마찬가지로 세관 행정은 물품에 대한 적정성의 판별과 관세의 적절한 부과 및 징수라 하겠다. 이에 대한 적정한 신고와 검사를 통해 통관절차가 완료되는 것이다.

---

11) 관세법 제248조 제2항.
12) 관세법 제252조.
13) 중국 관세법 제2조.

2) 신고인

수출입 화물에 대해서는 별도의 규정을 제외하고 송하인 또는 수하인이 통관의 수속을 처리할 수 있도록 하였다. 또한, 한국과 마찬가지로 관세사와 같은 통관 취급법인이 송하인이나 수하인을 대리하여 통관의 수속 절차를 진행할 수 있도록 하였다[14].

통관 취급법인은 수출입화물의 송하인과 수하인의 위탁을 받아 통관수속을 진행하는 자로 세관에 권한을 부여받았다는 증명서를 제출한다. 또한, 통관 취급법인은 송하인과 수하인으로부터 권한을 부여받고 난 후 자신의 명의로 통관수속을 진행하기 때문에 화주와 동일한 법률적 책임을 부담하여야 한다[15].

수출입화물에 대한 통관의 수속 처리는 법에 근거하여 세관의 지시 사항을 따르고, 관세사 등은 자격을 취득하여 세관에서 지시하고 있는 통관 업무를 취급 및 담당할 수 있다. 이와 같은 자격이 없는 자는 통관과 관련된 업무에 종사하여서는 아니 될 것을 관세법에서는 규정하고 있다[16].

통관을 진행하는 화주 또는 통관취급법인 등은 불법으로 통관 행위를 하여서는 아니 되며 업무 범위를 초월하여 통관 활동을 진행하는 것도 세관에서 규제하고 있다. 이와 같은 통관의 주체와 행위에 대해서는 한국과 유사한 제도를 가지고 있다.

3) 신고

화주나 통관을 취급하는 법인은 수출입하는 화물에 대해 관세법, 기타 관련 법률, 행정법규 및 규칙에 근거하여 전자데이터 신고서나 서면 신고서의 형식을 사용하여 세관에 자신의 화물에 대해 신고한다. 세관은 이러한 신고를 접수하고 이에 대한 심사를 진행한다. 수출입신고란 이와 같은 일련의 절차적인 행위를 일컫는다[17].

수출입에 대한 신고의 시기는 다음과 같다. 먼저 수입화물에 대해서는 운송수단의 입항 신고일로부터 14일 이내에 하도록 하고 있다. 다음으로 수출화물에 대

14) 중국 관세법 제9조.
15) 중국 관세법 제10조.
16) 중국 관세법 제11조.
17) 중국 관세법 제25조.

해서는 세관이 특별하게 허가하는 경우를 제외하고 화물이 세관의 관리 또는 감독 구역에 도착한 후 선적하기 24시간 이전에 신고해야 함을 규정하고 있다[18].

중국도 한국과 마찬가지로 화주의 수입신고 행위에 대한 정확성과 유효성을 요구하고 있다. 따라서 세관은 기본적으로 수출입의 경우에 신고해야 하는 서류 이외에 별도로 기타의 서류를 요구할 수 있다. 세관의 요구에 대응하여 신고를 하는 자는 과세가격, 품목분류, 원산지 자료 등을 구비하여 신고해야 한다. 화물에 대한 수출입 신고시에 품명, 수량, 가격, 원산지 등에 대해 신고하는 사항이 잘못되거나 신고를 하지 않은 경우 한국과 마찬가지로 행정적인 처벌이 부과되고 있으므로 주의를 기울여 신고를 해야 한다.

4) 검사

화주의 신고에 따라 세관은 내용의 정확성을 심사하고 특이한 사항이 있다면 그에 대한 시정의 조치를 취하도록 할 수 있다. 세관은 서류에 대한 심사와 더불어 화물에 대한 검사를 진행한다. 이는 송화인이나 수화인이 세관에 신고한 내용의 사실 여부와 화물의 가격 적정성, 품목 분류의 정확성, 원산지 등을 확정하기 위한 법률적인 행위를 의미한다.

중국 관세법에서는 화물에 대한 세관의 검사가 진행될 경우 그 수출입 화물에 대한 송화인 또는 수화인이 그 현장에 출석하도록 하고 있으며 화물의 운반, 개봉 그리고 재포장에 대해서도 책임을 지도록 하고 있다. 또한, 세관은 필요하다면 임의로 화물에 대한 검사, 재검사, 견본의 채취를 할 수 있도록 규정하였다. 다만, 송화인이나 수화인이 세관에 신고를 하고 세관이 허가를 하면 수출입 화물에 대한 검사를 면제할 수도 있다[19].

중국도 한국과 마찬가지로 세관 업무의 효율화 측면에서 모든 화물에 대해 검사를 진행할 수 없다. 따라서 화물에 대한 검사는 선별하여 진행한다. 그러한 측면에서 재검사를 진행하는 경우는 더욱 신중해야 할 것이다. 다음과 같은 요건에 부합해야만 재검사를 진행하도록 규정하고 있다. 첫째, 화물을 더욱 구체적으로 확인해야 하는 것이 필요할 경우, 둘째, 처음의 검사로 화물의 특성에 대해 명확하게 파악할 수 없는 경우, 셋째, 화물의 밀수 혐의로 재검사가 필요한 경우, 넷

18) 중국 관세법 제24조.
19) 중국 관세법 제28조.

째, 화물의 송화인이나 수화인이 세관의 검사 결과에 대해 이의를 제기하여 재검사를 요청하고 그에 대해 세관이 동의를 한 경우, 다섯째, 기타 세관에서 재검사가 필요하다고 판단한 경우를 들 수 있다[20].

세관은 화물에 대한 검사를 담당하는 기관이다. 이러한 검사를 진행하는 과정에서 담당자의 과오로 인하여 화물에 직간접적인 손해가 발생하였다면 그에 대한 검사를 담당했던 세관은 손해배상을 하여야 할 것이다[21]. 손해배상 금액은 화물의 손상 정도에 따라 확정이 될 것이며, 필요하다고 인정될 경우 공증기관의 감정에 따라 손해배상을 확정하도록 하고 있다.

5) 수리

중국의 수리라는 개념은 한국의 통관과 마찬가지로 신고된 물품에 대한 확인의 작업이 종료되는 것을 의미한다. 수리가 확정된 화물의 화주는 세관의 영역으로부터 화물을 반출하면 된다. 그러나 반출하는 화물이 조세를 납부해야 하는 화물인 경우 납세의무자는 세액에 대한 납부고지서를 발부받은 날로부터 15일 이내에 고지서 상의 세액을 납부해야 한다.

납부 기한이 경과되면 한국과 마찬가지로 세관은 체납에 대한 조치로 체납금을 징수한다. 이와 같은 체납의 기간이 3개월이 초과하면 세관은 체납에 대한 처분절차를 진행한다. 체납에 대한 처분은 납세의무자의 재산을 압류 및 매각하여 세액을 공제하거나 예치된 예금에서 세액을 공제하는 방법 등이 있다[22].

세관은 납세의무자로 하여금 필요하다고 인정될 경우 담보의 제공을 명령할 수 있다. 납세의무자가 담보를 제공할 수 없는 경우 납세의무자의 은행 예금 또는 기타 금융기구의 예금에 대해 잠정적 지급 정지를 통지하거나 기타 재산을 압류하여 세수에 대한 보전조치를 세관은 취할 수 있도록 하고 있다[23]. 중국도 한국과 마찬가지로 조세의 징수에 대한 관리가 엄격하다고 볼 수 있다.

---

20) 중국 수출입화물 검사관리방법 제11조.
21) 중국 관세법 제94조.
22) 중국 관세법 제60조.
23) 중국 관세법 제61조.

6) 통관 관련 이슈

(1) 수출입화물의 직통관통행허가제도 실시

중국 국가질량감독검험검역총국은 2008년 7월18일에 수출입화물의 직통관통행허가제도 실시관련 공고를 발표하고, 발표 당일부로 시행단계에 들어갔다. 이번 직통관통행허가제도는 수출과 수입을 각각 구분해 수출직통관통행허가 및 수입직통관통행허가 관련 절차·대상품목 요건 등을 명시했으며, 직통관통행허가 신청기업의 자격요건에 대해서도 명확히 규정하였다. 특히 국가질검총국은 이 제도와 동시에 수출직통관통행허가대상목록과 수입직통관통행허가 불이행 대상목록을 각각 발표했으며, 향후 실제상황에 따라 조정할 예정이라고 밝혔다. 이 두 목록은 주로 심가공상품과 고부가가치품목에 대한 통관편리를 제공하는 반면, 원료성 품목·초기가공품목 등 품목에 대해서는 감독을 강화하기 위해 제정됐다. 수출직통관통행허가 대상목록은 농산품, 공업품, 방직품, 가정용품, 스포츠용품 등을 비롯한 2623개 품목이 포함됐으며 수입직통관통행허가 불이행 대상목록은 동물제품, 농산품, 의료용품, 오락용품, 잡화 등을 비롯한 1894개 품목이 포함됐다.

(2) 직통관통행허가 신청업체의 자격요건

공고에 따르면 직통관통행허가 신청업체는 반드시 아래 조건에 적합해야 한다.

① 중국출입경검험검역법규 준수하며, 2년간 행정처벌기록이 없어야 한다.

② 검험검역신용관리(분류관리) 중 A류기업(1류 기업)에 포함돼야 한다.

③ 기업 연간 수출입액이 150만 달러 이상이어야 한다.

④ 기업 내 이미 HACCP 또는 ISO9000 품질관리체계를 도입하고, 관련 기관에서 발급한 품질체계평가심사합격증서를 취득해야 한다.

⑤ 수출기업이 동시에 제품질량안전에 대한 통제능력을 보유해야 하고, 제품품질이 안정적이며 연간 회수별 검사합격률이 99% 이상에 달해야 함과 동시에 1년 내 제품품질로 인한 반품·배상 또는 기타 사고가 발생하지 말아야 한다.

수입직통관통행허가 신청화물은 반드시 아래 조건에 적합해야 한다.

① 우선 수입직통관통행허가 불이행 대상목록 내에 포함되지 말아야 한다.

② 비전염병 발생지역으로부터 수입돼야 한다.(동식물전염병지역과 일반전염

병지역 모두 포함한다).

③ 원 컨테이너(기체나 유독화학품 등을 담는 통, 트레일러 등 포함)로 직접 목적지까지 운송해야 한다.

④ 국가질검총국이 반드시 항구 내 검사 또는 처리하도록 요구한 범위에 포함되지 않는 품목 이어야 한다.

수출직통관통행허가 신청화물은 반드시 수출직통관통행허가대상목록에 포함돼야 하며, 반면 아래 경우에는 해당하지 말아야 한다.

① 벌크화물.

② 외국원조화물이나 시장구매화물을 수출하는 경우.

③ 항구에서 반드시 포장을 갱신하거나 재포장하는 경우.

④ 상호협정, 수입국 또는 수입지역의 요구에 따라 반드시 항구에서 발급한 검사검역증서를 제출해야 할 경우.

⑤ 국가질검총국의 규정한 기다 직통관통행허가에 적합하지 않은 품목의 경우.

(3) 수출입직통관통행허가 절차 간소화

공고에 따르면 수입직통관통행허가는 해당 조건에 적합한 수입화물이 항구검사기관에서 검사받지 않고 직접 목적지로 운송된 후, 목적지 검사기관에서 해당 품목에 대해 검사시행 하는 제도를 의미한다. 수입직통관통행허가절차는 항구에 직접 통관신청한 경우와 목적지에서 직접 통관신청한 경우에 따라 다소 상이하다. 항구에 통관신청한 경우, 통관신청 후 항구 검사기관을 통해 입국화물통관서를 발급받고 통관 후 목적지까지 직접 화물을 운송해 목적지검사기관을 통해 검사받는다. 목적지에서 통관신청한 경우, 신청 후 직접 목적지 검사기관의 입국화물통관서를 발급받고 해당 품목에 대한 검사 및 통관하게 된다.

공고에 따르면 수출직통관통행허가는 해당 조건에 적합한 수출화물이 생산지 검사기관의 검사합격 후, 해당 검사시관에서 발급한 통관서를 통해 통관신청지 해관에서 직접 통관처리 가능한 제도를 의미한다. 수출직통관통행허가방식을 선택한 기업은 검역신청수속 시 직접 생산지 검사기관에 수출화물통관서를 신청해야 하며, 생산지 검사기관은 검사합격한 화물컨테이너에 대해 봉폐표식 후 직접 수출통관서를 발급해야 한다. 통관항구는 “통관서 네트워크 검증시스템”을 통해 해당 항구에서 수출되는 직통관통행허가 대상품목의 정보를 파악가능하며, 기업부담을 증가시키지 않는 상황에서 해당 품목들에 대한 추출검사 진행이 가능하다.

그림 11-1 수출입직통관통행허가절차

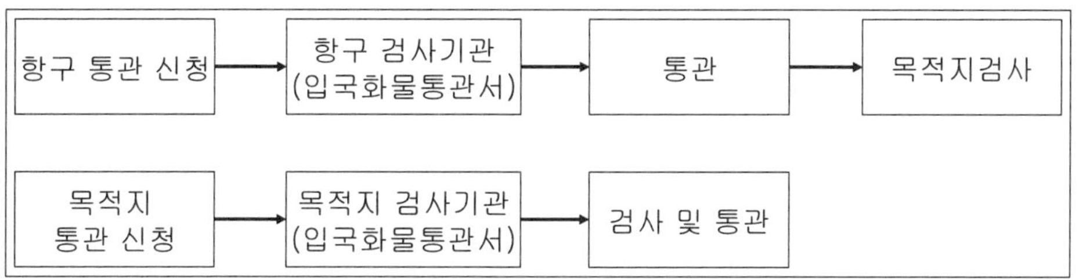

상품의 거래 관련 중국 통상 환경

제12장 무역에 대한 기술장벽(TBT)
제13장 서비스 무역
제14장 지적재산권
제15장 중국의 해외직접투자(FDI)

제 12 장

무역에 대한 기술장벽(TBT)

1. 비관세장벽(Non-Tariff Barriers)의 등장

1) 비관세장벽(Non-Tariff Barriers)의 확산

과거의 수입장벽이었던 관세와 물량규제 등은 1947년 GATT 체제 출범이후 본격화된 무역자유화의 흐름과 1995년에 출범한 WTO체제의 영향으로 점차 사라지고 있다. 관세나 물량규제 등이 사후적 무역구제조치의 수단으로 성격이 변화된 반면 그 자리를 소위 기술장벽이 대체하고 있다. 기술장벽은 다자무역체제의 정착으로 인해 관세가 크게 인하됨에 따라 각국 정부들이 과다한 기술요건, 국제적으로 통용되지 않는 표준, 수출국과의 중복검사 등의 수단을 통해서 자국 산업의 보호를 목적으로 사용할 수 있는 무역장벽의 수단이다. 특히 최근 글로벌 경기침체로 인해서 각 국가들은 겉으로는 보호주의의 철폐를 천명하면서도 실질적으로는 새로운 차원의 무역장벽을 더 높게 쌓고 있다. 다만 달라진 점이 있다면 겉으로 드러나는 차별수단을 동원하는 대신 기술규제나 국제표준과 같은 합법적인 수단을 통해 보호주의 장벽을 쌓아올리고 있다는 점이다. 세계무역기구

(WTO)의 무역기술장벽위원회의가 발표한 기술규제 추이를 보면 2004년 638건, 2005년 771건, 2006년 875건, 2007년 1031건, 2008년 1251건으로 가파른 증가세를 보이고 있다.

2) 비관세장벽(Non-Tariff Barriers)의 개념

비관세 장벽은 자국의 산업보호를 위해 취하는 세제적인 장벽 이외의 수단으로 쌓는 모든 장벽을 이야기 한다. 국내산업을 보호하고자 취하는 조치라는 점에서 관세장벽과 공통점을 가지고 있다. 비관세장벽이 관세의 중요성이 낮아지고 자유무역이 추세인 상황에서 국내산업을 보호할 수 있는 이유는 다음과 같다. 첫째, 효과를 확실히 예측하기 힘들다는 이유가 있다. 관세의 경우 여러 수리·경제적 모형으로 전반적인 효과를 예상할 수 있지만, 비관세장벽은 산업 혹은 상품에 대해 해당 국가 마음대로 적용할 수도 있기 때문이다. 둘째, 객관적인 기준이나 국제적인 가이드라인이 없다. 그래서 사소한 이유로 트집을 잡거나 자국민의 안진 등을 빌미로 갑작스레 수입을 제한하는 사례도 있다. 셋째, 상대국 고유의 법률과 제도가 방패 역할을 하기에 일반 기업은 제대로 대처하지 못하는 경우가 빈번하다. 마지막으로 자국의 규제를 외국 상품이나 기업, 투자자에게는 더 엄격하게 적용하는 등 차별적인 성격이 짙다. 이러한 비관세장벽은 수입을 제한하는 조치 뿐 아니라 수출을 촉진하기 위한 지원도 포함하고 또한 직접적인 무역정책 수단뿐만 아니라 간접적인 조치까지도 포함하고 있다.

또한 외국과의 경쟁에서 자국 상품을 보호하고 교역조건을 유리하게 하며 고용을 증대하고 국제수지를 개선하기 위하여 각국 정부는 여러 가지 법적·제도적 조치를 취한다. 역사적으로 볼 때 대부분의 국가에서 가장 일반적으로 널리 사용되어 온 대외무역장벽의 수단으로는 관세(Tariff)와 수량규제(Quota)가 있다. 관세란 교역되는 상품이 국경을 통과할 때 부과되는 조세 또는 징수금을 말하며, 수량규제란 수입상품이나 수출상품의 수량에 대해서 정부당국이 직접적으로 제한하는 것을 말한다. 무역장벽은 보호되는 상품의 국내가격을 올리고 무역량을 감소시켜 세계자원의 배분효율을 감소시키고 세계 총소득과 총생산 수준을 저하시킬 수 있다. 이에 수량규제는 1948년 GATT(관세와 무역에 관한 일반협정) 체제하에서 그 사용이 크게 제한되었고, 관세도 그동안 여러 번에 걸친 다자간 무

역협상을 통해서 모든 국가에서 현저하게 하향 조정되었다.

세계경제가 침체를 거듭하면서 선진국 내에서는 보호주의 압력이 크게 증대되었지만, 더 이상 관세나 수량규제와 같은 전통적 수입규제수단의 사용이 여의치 않게 되자, 비관세장벽(non-tariff barriers)에 의한 새로운 수입규제수단이 급속히 확산되었다. 비관세장벽이란 각국 정부가 관세를 통해 수입품의 가격을 높이는 것 외의 방법으로 자국 상품과 외국상품을 차별하는 직·간접적인 선별적 규제를 포괄한다. 비관세장벽의 도입이유는 첫째, 우루과이 라운드 이후 수입제한수단으로 관세를 이용하기가 어려워졌으며, 둘째, 비관세장벽은 효과가 관세효과보다 더 크고 대상국에 주는 영향도 막대하며, 인간건강보호, 환경보호 등 각국의 주요 정책목표 달성이 가능하기 때문이다.

비관세장벽의 개념이 처음 소개된 것은 1939년 Bidwell이 "보이지 않는 관세(Invisible Tariff)"라는 용어를 사용하면서부터이고, 그 후 1964년에 Hemmenginger가 "비관세 무역장벽(non-tariff Barrier)"이란 표현을 사용한 후 일반화되었다. 비관세장벽은 형태나 성격이 광범위하고 복잡 다양하기 때문에 통일된 정의가 존재하지 않는다. 다만 국제기구나 학자들이 각자의 기준에 따라 개별적인 정의를 내리고 있을 뿐이다. 국제기구들은 정책적 ·실무적 입장에서 비관세장벽을 분류하고 있으며, 학자들은 원칙적·이론적인 측면에서의 분류를 시도하고 있다. OECD의 경우 비관세장벽을 "비관세조치(non-tariff measures)"와 "비관세장벽(non-tariff barriers)"로 구분하고 있다. 이러한 구분의 목적은 "장벽"이라고 부르기 어려운 상황들이 발생하기 때문이다. WTO의 경우 비관세장벽에 대한 법적 정의는 존재하지 않으며, 협상의 원활한 진행을 위해서 실제 비관세장벽이라고 느끼는 것들을 목록화하여 귀납적 방식에 의해 비관세장벽의 개념을 공유하고 있을 뿐이다. 따라서 본 연구에서는 무역장벽에 관한 학계와 국제기구의 분류를 참고하여 아래 〈그림 12-1〉과 같이 무역장벽을 유형화하였다. 무역장벽은 크게 관세장벽과 수량규제 및 비관세장벽으로 분류할 수 있으며, 비관세장벽의 수단 중 하나가 기술장벽이라 할 수 있다.

▮그림 12-1▮ 무역장벽의 유형

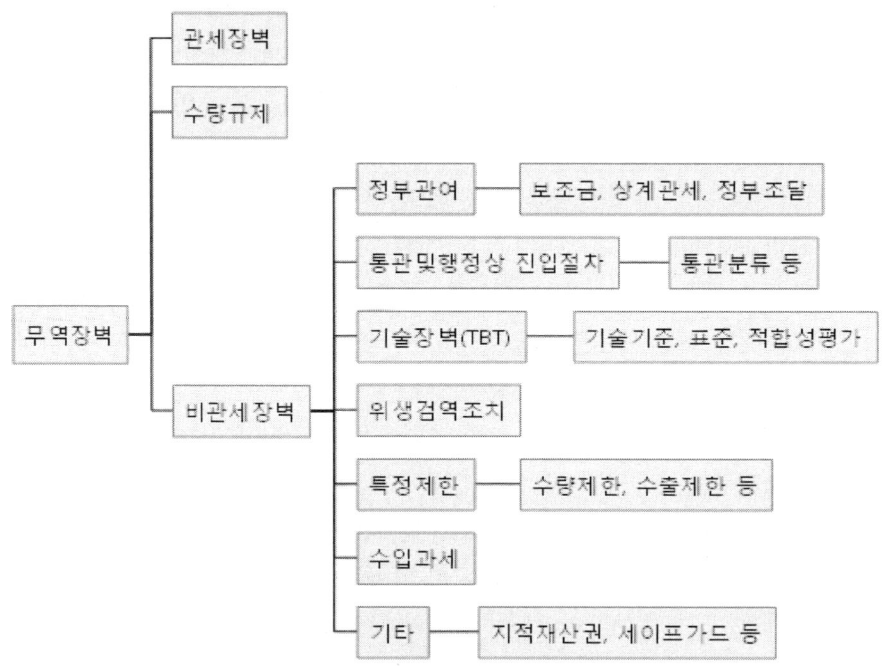

2. 무역기술장벽(Trade Barriers to Trade) 측면에서의 기술규제 분석

1) 무역기술장벽의 유형과 특성

(1) 무역기술장벽의 유형

무역기술장벽(TBT: Technical Barriers to Trade)이란 무역 상대국간에 서로 상이한 기술규정(Technical Regulation), 표준(Standard) 적합성평가절차(Conformity Assessment Procedure) 등을 채택·적용함으로써, 상품 및 서비스의 자유로운 이동을 저해하는 무역에 있어서의 각종 장애요소를 포괄적으로 의미한다. 특정 국가가 각종 표준·기술 규정 및 인증 절차 등을 자국의 실정에 따라 나름대로 까다롭게 운영하거나 중복 인증을 요구할 경우, 상품을 수출하는

국가는 수출 대상국의 표준·기술 규정 요건에 맞도록 새로운 생산 설비를 구비하거나 까다로운 절차를 통과하는데 막대한 비용과 시간을 소비해야 되므로, 이는 수입을 제한하는 무역에 대한 기술 장벽으로 작용하게 된다.

무역기술장벽 중 기술규정(technical regulations)이란 적용 가능한 행정규정 등을 포함하여 법률 또는 법규에 의해 강제적으로 준수해야 하는 기술규격, 생산공정 및 생산방법을 의미한다. 표준(standards)이란 준수가 강제적이지 않는 기술규격, 생산공정 및 생산방법을 의미한다. 이처럼 기술규정과 표준의 가장 핵심적인 차이는 적용의 강제성이라 할 수 있다. 기술규정은 공중위생, 안전, 환경보호, 소비자보호, 국방 등 공공이익을 추구하기 위해 국가가 제정하여 그 적용을 강제하는 하나의 법령이다. 반면, 표준은 표준화에 따른 생산과 유통의 효율성을 제고할 목적으로 제정된 것으로서 기술규정이 목적으로 하는 공공이익도 포함하지만 그 적용은 강제가 아니라 표준 사용자들의 자발적 의사에 맡긴다. 기술규정과 표준의 또 다른 중요한 차이점은 공공성이라고 할 수 있다. 그러나 표준의 공공성은 표준의 기능 확대로 인해 지속적으로 확대되고 있으며 그에 따라 표준의 법적 구속력도 강화되는 추세에 있다. 특히 표준의 법적 구속력은 인증제도를 통해 사실상 기술규정에 가까운 방향으로 가는 경우가 적지 않다. 적합성평가절차(conformity assessment procedures)란 기술규정 또는 표준 관련 요건이 충족되었는지 여부를 결정하기 위해 직접 또는 간접적으로 이용되는 모든 절차로 표본추출, 시험 및 검사, 평가, 검증 및 적합성 보증, 등록, 인증 및 승인 그리고 이들의 조합을 의미한다. 기술규정, 표준, 적합성평가절차 등에 따른 무역기술장벽의 주요 내용은 아래 〈표 12-1〉과 같다.

표 12-1 무역상 기술장벽의 주요 유형

구 분	내 용
기술규정	민간표준화기구나 단체 등에서 설정한 표준을 준수하도록 법으로 강제화하거나 시장에서 소비자들의 차별적인 선택에 의해 실질적인 강제성을 부여하여 기술장벽으로 작용케 하는 것
표준	차별적인 기준의 적용, 다자무역규범에서 인정되는 정당한 목적을 달성하는데 필요 이상의 지나친 기술요건, 국제표준과의 불일치, 투명성이 결여된 규제와 절차, 기술규정의 부재 등
적합성 평가절차	양국간 기술규정, 표준 또는 시험, 인증절차에 있어서 수입국에서 중복적인 검사를 요구하거나 검사지연, 관련비용 과다, 불투명한 절차 등

TO/TBT 체제하에서는 무역기술장벽은 그 범위나 내용이 보다 확대되고 구체화되었는데, 그 주요 내용은 다음과 같다. 첫째, 표준 및 기술규정의 개념을 제품의 성능 위주에서 생산 및 공정방법까지 확대하였다. 둘째, "표준의 준비, 채택 및 적용에 관한 공정 관행 규약"을 신설하고, 중앙, 지방, 비정부 기관과 임의 규정인 표준까지 범위를 확대하였다. 셋째, 자료 제공시 사용 언어를 명문화하였다. 넷째, 분쟁 발생시 TBT 협정과 관련한 종전의 권고 수준에서 벗어나 WTO 체제 내에서의 제도적 개선 명령 조치를 취하게 할 수 있는 강력한 체제로 개편하였다. 다섯째, GATT 체제하에서는 TBT 협정범위가 모든 공산품·농산품을 대상으로 하였으나, WTO 체제하에서는 식품위생 및 동·식물 검역과 관련된 조치는 SPS(Sanitary and Phytosanitary) 협정을 신설하여 TBT에서 분리하였다. WTO/TBT 협정은 국가안보, 기만적 관행 방지, 안전, 인간·동식물의 생명과 건강, 환경보호를 위해서는 수출 상대국의 무역을 제한할 수 있는 법적 효력을 가진 강제 기술규정을 채택·적용할 수 있다.

(2) 무역기술장벽의 특징

기술장벽은 우월한 기술력을 바탕으로 주로 선진국들에 의해 활용되고 있을 것으로 생각하기 쉬우나, 실질적으로는 선진국과 개발도상국이 모두 활용하며, 최근에는 다양한 특성을 가진 국가와 지역으로 확산되고 있다. 둘째, 첨단 제품 및 새로운 기술 분야뿐만 아니라 교역의 대상이 되는 대부분의 제품에 대해 다양하게 부과되고 있다. 셋째, 무역상 기술장벽에서 적합성 평가절차의 중요성이 점차 높아지고 있다. 넷째, 기술장벽은 제품의 품질, 특성뿐만 아니라 잠재적으로 공정 및 제조 방법과도 관련되어 있다. 다섯째, 기술규제는 동태적 특성을 갖고 있기 때문에, 지속적인 다자, 지역 및 양자차원 등 다양한 측면에서 지속적 및 상호 협력적인 노력이 요구된다. 여섯째, 기술규제의 설정주체는 정부, 기술개발 및 상품생산의 주체는 대부분 민간 기업이며, 외국의 기술장벽은 실제 시장 접근 과정에서 구체적으로 파악되기 때문에, 정부와 민간부문간의 유기적인 협력 관계가 중요하다. 무역 기술장벽의 문제점으로는 첫째, 그 규정의 일반성, 포괄성으로 인해 주관적인 판단이 불가피하며, 분쟁의 여지가 있다. 즉, 기술장벽은 관세와 달리 사전에 파악하거나 국가 간 비교가 어려우며 WTO 협정은 기술규제, 위생검역 등의 조치를 취할 수 있는 정당한 목적들로 매우 일반적이고 포괄적인 요소들을 포함해 제시하므로 문제제기가 어렵다. 둘째, 표준과 같은 임의적인 기술규제의 경우에도 그에 따르지 않는 제품의 경우 소비자의 선택에 의해 시장에서 사실상 배제되는 경우가 흔하기 때문에 강제적인 기술규제와 유사하게 무역에 대한 장벽으로 작용할 수 있다. 셋째, 기술규제는 모든 단계에 걸쳐 다양한 형태로 적용될 수 있기 때문에 사전적으로 파악하거나 국가 간 비교를 하는데 어려움이 있다. 넷째, 선진국기업과 후진국 기업 간, 그리고 대기업과 중소기업 간 기술력 차이로 인한 양극화 발생의 가능성과 중소기업 등 기술력이 부족한 일부 업체에게는 여전히 시장진출 장애요소로 작용할 가능성이 존재한다.

2) 무역기술장벽과 표준

WTO 회원국들은 국제표준이 제정된 경우 국제표준을 우선적으로 따르고 국제표준과 다른 기술규제를 하여 국제무역을 저해해서는 안 되며, 새로운 기술규제를 할 경우 회원들에게 사전에 통보하여 의견을 수렴해야 하는 무역기술장벽(TBT) 협정을 체결하였다. 그 결과 전 세계가 “One Standard, One Testing Accepted World Wide”를 지향하면서 국제표준의 위상이 높아지고 있다. 이에 따라, 선진 각국은 표준을 법제도에 반영하여 절차의 정당성과 행정비용 절감 등의 효율성을 확보하고 있다. 일본은 약사법, 건축법, 전기용품 안전관리법 등의 기술기준에 일본국가표준(JIS) 2,000여종이 활용되어 행정비용을 절감하고 있으며, 미국은 주정부 및 지방정부가 조달물품 구입시 민간의 자발적 표준을 그대로 유연한 방식으로 인용(Flexible citation)함으로써 행정비용을 절감하고 있다. 제도와 문화가 서로 다른 유럽연합은 회원국이 법률 제정시 유럽표준(EN) 적용을 의무화하는 뉴어프로치(New approach) 정책으로 경제사회통합과 규제완화를 실현하고 있다. 왜냐하면 법률, 명령, 조례 등의 법제는 국가권력으로서 많은 행정비용이 드는 반면 시장에서 자발적으로 형성되는 표준을 법에서 인용하여 사용하는 경우 행정비용의 절감은 물론 법제도의 정당성을 확보할 수 있어 사회적 통합을 이룰 수 있는 최선의 정책도구가 되기 때문이다. 따라서 보건이나 안전 및 환경과 관련된 기술규정들을 유럽표준에 따라 강제하도록 했을 뿐만 아니라, 기타 많은 민간 부문에서는 CEN(유럽표준화위원회)와 CENELEC(유럽전기표준화위원회)가 유럽표준으로 정한 것을 CE표기를 통해 인증해준다.

표준 선진국들은 자신들의 의도대로 국제표준을 만들고 표준 후발국들이 이에 따르도록 각종 국제기구들의 강제력과 연계하여 영향력을 행사하고 있다. 선진국들은 무역과 기술표준을 연계시키는 정책을 적극적으로 추진하여 종전의 기술우위를 무역기술장벽으로 활용하던 것을 이제는 표준을 선점하여 무역상의 우위를 확보하여 자국의 산업경쟁력을 키워 나가고 있다. 표준의 중요성이 부각되고, 이를 계기로 사실상 표준이 통상규범의 역할을 하고 있다.

3. 중국강제인증(CCC) 제도

1) 개요

과거의 중국 품질 및 안전관련 인증제도는 국내산품과 수입품에 대해 별도의 인증을 적용하는 등 이원적으로 운영되어 왔다. 이는 WTO기본이념인 내국민대우의 원칙에 위배된다. WTO 가입을 계기로 인증제도의 개선을 위해 2002.05.01일부터 이를 하나의 인증제도로 통합 시행하였다. 중국강제인증(China's Compulsory Certication : CCC)마크를 유지하기 시작하였다. 적용품목은 전선 및 케이블 등 19분류 132개 품목이다. 이것은 과거 중국의 제품안전 인증제도로서 국내 상품에 적용되던 CCEE마크와 수입상품에 적용되던 CCIB마크가 WTO의 내국민대우원칙에 위배된다는 지적을 받아 국무원이 강제인증제도 업무를 정비하고 규범화를 도모하기 위해 통합된 CCC마크로 변경했다.

중국의 제품품질법, 표준화법, 상품검사법, 소비자 권익보호법 및 제품인증관리 조례에 기초하여 ① 검사대상 리스트, ② 기술관련 법규, ③ 마크, ④ 비용 등을 일원화 한다는 목표 아래 제정하여 2002년 5월 1일부로 시행했다. 중국 내에서 생산, 유통되거나 중국으로 수출되는 제품 및 부품 가운데 강제인증품목에 해당하는 제품은 반드시 IEC(국제전기표준협회) 및 중국국가표준에 준하여 안전 및 품질 인증을 받도록 하는 제도로 반드시 CCC마크를 획득해야만 중국 내 판매가 가능하다.

▌표 12-2▌ 중국강제인증(CCC) 통합의 과정

〈자국내 생산〉	〈수입 제품〉	〈수출 제품〉
- 국가품질기술감독국(CSBTS)	- 국가수출입검험검역국(CIQ)	- 국가수출입검험검역국(CIQ)
- CCEE(상품안전인증)·가전제품, 조명설비 등 104개 품목	- CCIB(수입상품안전품질인증)·주로 자동차, 가전제품, 의료 설비 등 107개 품목	- CIQ(수출안전인증)·주로 전기제품, 완구, 화장품 등 76개 품목

▼ 통합

〈자국내 생산, 수입제품, 수출제품〉
- 국가품질감독검험검역총국(AQSIQ) : 제도관련 기준 및 인증대상제품 목록 승인 - 국가인증인가감독관리위원회(CNCA) : 인증마크·서식 결정, 인증기관 지정 · - 지정인증기관(DCB) : 인증신청 접수 및 처리
- CCC마크(중국강제인증마크) : 자동차, 전기제품 등 132개 품목

따라서 중국강제인증(CCC)제도는 복잡한 인증제도를 하나로 통합함으로써 절차를 간소화하기 위한 것이나 휴대전화(GSM, CDMA)를 비롯해 전선, 냉장고, 에어컨 등 132개 품목의 완제품은 향후 CCC 인증마크가 없을 경우에는 원칙적으로 대중 수출과 중국 내 유통이 금지되며 물론 경우에 따라서는 벌금이 부과된다. 신규로 중국시장에 진출하고자 하는 경우에는 CCC인증 획득이 필수적이며 규격인증 획득의 핵심적인 문제는 당해 기업 제품의 품질수준에 따라 인증획득에 소요되는 기간이 길어지기도 하고 짧아지기도 하기 때문에 각각의 품질관리 능력이 조기 인증획득의 관건이 될 것으로 판단된다.

이처럼 중국강제인증(CCC; China Compulsory Certification)은 중국 국내에서 생산 판매되거나 혹은 외국에서 생산돼 중국 국내로 수입되기 위해서 반드시 받아야 하는 강제성 인증이다. CCC인증은 자국 내 소비자 및 동식물의 안전과 환경보호를 통일된 제도 아래 시행하고 국가표준, 기술규칙, 실시 규정 등에 대한 통일을 적용하기 위해 마련되었다. 이를 통해 강제성 제품 인증의 통일된 마크를 사용하고 인증 실시와 동시에 인증제도의 유효성을 관리 및 감독할 수 있게 있다. CCC인증은 지난 2001년 12월 국가품질감독검험검역총국(AQSIQ)이 "강제성제품인증관리 규정"을 발표한 것이 시초가 되었고 AQSIQ는 중국 전역의

질량, 계량, 수출입상품·출입국위생·출입국동식물 검역, 수출입식품 안전과 인증인가, 표준화 총괄 등의 역할을 담당하는 기구이다.

▮표 12-3▮ 중국강제인증(CCC) 인증대상 품목

	분류		품목수
1)	전선 및 케이블	Electrical wires and cables	5
2)	전기스위치 및 보호장비, 전기접속장치	Switches for circuits, Installation protective and connection devices	6
3)	저압형 전기장비	Low-voltage Electrical Apparatus	9
4)	저공률 전동기	Small power motors	1
5)	전동공구	Electric tools	16
6)	전기용접기	Welding machines	15
7)	생활용 전기제품	Household and similar electrical appliances	18
8)	음향제품(단, 라디오 방송 및 자동차용 음향설비 제외)	Audio and video apparatus (not including the acoustics apparatus for broadcasting service and automobiles)	16
9)	정보기술장비	Information technology equipment (IT)	12
10)	조명장비	Lighting apparatus (not including the lighting apparatus with the voltage lower than 36V)	2
11)	정보통신 단말기 설비	Telecommunication Terminal equipment	9
12)	자동차 및 안전부품	Motor vehicles and Safety Parts	4
13)	자동차 타이어	Motor vehicle Tyres	3
14)	안전용 유리	Safety Glasses	3
15)	농기계 제품	Agricultural Machinery	1
16)	라텍스 제품	Latex Products	1
17)	의료기기-2013년 5월 2일 삭제	Medical Devices	7
18)	소방기기	Fire Fighting Equipment	3
19)	기술안전보호제품	Detectors for Intruder Alarm Systems	1
20)	건축 내장재 제품		
21)	실내 장식 제품(도료)		
22)	완구		

강제성제품인증관리 규정은 당시 수입제품안전품질허가제도(CCIB)와 전기제품 안전인증제도(CCEE)를 대체하는 제도로 만들어졌다. 이를 통해 CCC인증은 지난 2002년 5월부터 시행돼 1년간의 유예기간을 거친 뒤 2003년 5월부터 강제집행에 들어갔다. CCC제도 운영기관은 AQSIQ를 중심으로 중국국가인증인가감독관리위원회(CNCA), 중국국가표준관리위원회(SAC), 중국합격평가국가인가위원회(CNAS) 등으로 구성돼 있다. CNCA는 제품 인증 업무와 인증서 발행, 공장심사, 사후관리, 취소 및 철회 등의 업무를 실시하는 지정인증기관(약 15개)을 지정한다. 또 CCC인증 신청 제품 시험을 실시하는 지정시험기관(약 194개, 국가·지역·제품별로 시험기관 이용제한)도 지정해 인증 업무가 원활히 이뤄지도록 하고 있다. 아울러 마크관리국을 통해서는 CCC인증 마크를 관리하는 역할을 부여했다. 강제 인증을 받아야하는 대상 품목은 전선과 케이블, 전동공구, 정보기술 제품, 조명기기, 정보통신 단말기, 자동차 타이어, 농기계, 소방기기, 건축 내장재, 완구 등 21개 대분류 제품군으로 구분된다. 소분류 제품과 부품으로 들어가면 광산용 고무절연전선, 금융 및 무역 결제 전자 설비, 음성 및 TV신호 케이블 분배 시스템 설비 및 부품, 위성 TV 방송 수신기, 튜너 등 155개에 달한다. 다만 정부원조 및 증정 물품, 과학 연구와 실험시 필요한 제품, 기술평가를 위해 도입한 생산 설비에 필요한 부품, 공장 생산라인에 필요한 설비와 부품, 판매 목적이 아닌 단순 상업적 전시 사용 제품, 완제품 제조에 사용하기 위해 수입한 재료와 부품 등은 CCC인증 의무가 면제된다.

인증 절차는 CCC 대상 제품 확인과 신청자료 제출이 이뤄진 뒤 온라인 신청 및 접수를 하게 되면 인증기관에서 시험기관과 공장심사기관에 각각 시험 및 심사 지시를 하게 된다. 시험기관에서는 형식시험(샘플테스트)을, 공장심사기관에서는 초기공장심사를 진행하게 되며, 이를 취합해 합격 평가가 이뤄지게 된다. 합격 판정이 나면 CNCA 라벨관리국으로부터 CCC 인증서 및 라벨을 받게 되며 사후 공장심사 및 제품 샘플링 검사가 이뤄지게 된다.

인증 획득에 소요되는 기간은 업무일 기준 90일로 약 4달가량으로 인증서 유효기간은 5년이다. 인증서 기간이 만료되기 6개월 전에 연장 신청을 해야 연장이 가능하다. CCC 인증을 취득한 제품은 반드시 CCC 라벨을 부착해 제품을 출하해야 하며 신청 중 단계 또는 인증 변경 상태, CCC 인증 승인서 일시 정지 기간에는 제품에 CCC 라벨을 부착할 수 없다. 그러나 이러한 CCC 강제인증 제도

는 중국 시장에 진출하려는 국내 기업들에게 있어서 최고 걸림돌로 작용하고 있다. 제도상의 어려움뿐만 아니라 양국간 운영상의 차이와 상호 이해 및 정보 부족도 한몫을 하고 있다. 한국무역협회에 따르면 2012년 중국 수출 경험이 있는 국내기업 400여개 중 40% 이상이 중국 인증제도에 대한 정보가 턱없이 부족하고 중국 컨설팅업체들도 무작정 믿어서는 안 된다고 지적하고 있다. 이러한 국내 기업의 중국 진출에 따른 무역상 애로사항 해소를 위해 주무부처인 산업통상자원부 기술표준원은 관련 설명회를 개최하는 등 적극적인 홍보에 나서고 있다.

점점 부각되고 있는 무역기술장벽(TBT)에 대한 정부의 대응 현황과 중소기업의 해외규격 인증획득 지원 사업에 대해 알리고 특히 중국의 CCC 인증에 대한 전반적인 현황과 신규 인증 동향, 공장심사 키포인트 등 대 중국 수출기업의 인증획득에 필요한 정보 및 노하우를 제공하는 기회를 늘려갈 필요성이 있다.

2) 조직 체계

중국강제인증제도(CCC)는 국가품질감독검험검역총국이 강제인증제도 관련 기준 및 인증대상제품 목록을 승인하고 국가인증인가감독관리위원회가 인증마크와 서식을 결정하고 인증기관을 지정하며 이에 따라 지정된 인증기관이 인증신청을 접수하고 처리하는 체계로 구성된다. 현재 9개의 인증기관과 68개의 시험기관이 있다.

▮그림 12-2▮ 중국강제인증제도(CCC) 조직 체계

국가품질감독검험검영총국 (AQSIQ)

국가인정인가감독관리위원회(CNCA)

인증기관(DCBs)

주: AQSIQ(제도 기준 및 인증품목 승인), CNCA(인증품목 개발 및 인증마크 결정 등), DCBs(인증기관)

3) 중국 강제인증제도(CCC) 시행의 의미

중국의 강제인증제도는 자국 내 소비자와 동식물의 안전, 환경보호를 위해 실시하는 일종의 상품검사제도로서, 그 동안 인증절차가 복잡하고 관련 기관이 산재돼 있고 과다한 비용과 검사소요 기간의 장기화 등이 문제점으로 제기돼 왔다.

WTO 가입을 계기로 중국정부가 이러한 문제점을 감안해 CCC제도를 마련, 검사 대상 상품 21류 132종에 대한 리스트를 확정했다. 중국은 과거 104개에 달하는 국산품에 대해 상품안전인증을, 107종의 수입제품에 대해 안전품질허가증제도를, 76종 수입제품에 대해 품질허가증제도를 실시했으나(총 138개), CCC리스트에서는 의료용 초음파진단 치료설비 등 16종을 제외하고 건축 안전용 유리 등 10종을 추가했다(최종 132개 품목). 신규 추가된 품목들은 과거 CCEE(장성마크), CCIB(안전품질검사) 대상품목은 아니었지만 계획 생육위원회(計劃生育委員會) 및 국가질검총국 등의 국가기관으로부터 별도 관리를 받아온 품목들이다.

CCC제도의 시행에 따라 과거 각 기관별로 시행된 제품의 품질관리를 국가인증인가감독관리위원회로 단일화되었다. 과거 중국산(내수용)은 품질기술감독국에서, 수출입제품은 출입 국검사국(出入境檢驗檢査局)에서 관리했으나 CCC의 실시에 따라 관리기관이 국무원직속 의 국가인증인가감독관리위원회(國家認證認可監督管理委員會)로 일원화되고 수입뿐만 아니라 자국산 제품에 대해서도 동일하게 적용되었다.

4. 중국 비관세장벽 주요 사례

2016년 6월에 발표된 한국무역협회의 국가별 비관세장벽 현황에 따르면 중국의 비관세장벽이 26개로 가장 많다. 2위 인도네시아(5개), 3위 일본(4개), 4위 미국(3개) 등을 압도한다. 최근 4년간 중국으로 수출된 제품 중 비관세장벽 때문에 통관 거부된 사례는 9,043건에 달하고, 작년 한 해 동안만 1,067건이 발생한 것으로 집계됐다.

중국의 대표적 비관세장벽은 기술무역장벽(TBT; Technical barriers to trade)이다. TBT는 무역 상대국간에 서로 다른 기술규정, 표준 및 적합성 평가절차 등을 적용해 상품의 자유로운 이동을 어렵게 하는 것이다. 예를 들면 중국은

의료기기 수입을 허가할 때 국제공인시험성적서를 인정하지 않고 자국 식품의약품감독관리총국(CFDA)이 발행한 시험성적서만 인정한다. 하지만 이 성적서를 발급받으려면 평균 3~6개월의 대기시간이 소요된다. 게다가 유효기간이 발급일로부터 12개월까지라 기간이 지나면 재발급을 받아야 하는 번거로움도 있다. 이러다 보니 중국으로 의료기기를 수출하는 기업은 인허가에 지나치게 많은 시간이 걸려 제품출시가 늦어지고, 그 사이 국내기업을 벤치마킹한 중국기업이 추격해 와 사업진행에 어려움을 겪는다.

중국은 또 쇠고기, 우유, 이동통신제품, 자동차제품 등 45개 분야 537개 품목에 수입허가증 관리제도를 운영하는데, 이 허가증을 받는데 최소 한 달 이상이 걸린다. 규정이 바뀌는 것도 다반사다. 위생증명서를 받는 것도 만만찮다. 유통기한이 14일인 우유의 위생증명서를 받는 데 5일이 걸리고, 유통기한이 5개월인 라면의 경우 위생증명서를 받아 소매점까지 배송되는 데만 두 달 반이 걸리기도 한다.

중국의 비관세 장벽이 다른 나라에 비해 유독 높은 건, 아직까지 완벽한 시장경제체제에 진입하지 못했기 때문이라는 지적이 많다. 이철 서강대 교수는 "여전히 빠르게 성장하는 단계이다 보니 정부 주도하에 자국 산업을 보호해야 한다는 생각이 강하다"라고 말했다. 지방정부마다 규정이 다른 것도 비관세장벽을 높이는 요인 중 하나로 꼽힌다[1].

1) 김진주, "中 유별난 비관세장벽에 수출기업들 속탄다", 한국일보, 2016.06.03.

김승범, “유산균 있다고 김치 禁輸(수입 금지)… 中 비관세 장벽 여전”, 조선일보, 2014.12.03. 신문기사에서 발췌하였다.

중국의 비관세 장벽을 압축적으로 보여주는 사례는 '적정 수준을 넘는 과도한 검역 기준'이다. 지난해 대중 수출 물량이 '제로(zero)'에 그친 김치가 대표적이다. 중국 정부가 한국산 김치를 중국 절임 채소인 '파오차이(泡菜)'의 한 종류로 보고 파오차이의 위생 기준(100g당 대장균군 수 30마리 이하)을 그대로 적용하고 있는 탓이다. 국내 최대 김치 수출 기업인 대상FNF의 문성준 팀장은 "김치는 발효 식품이어서 몸에 좋은 유산균이 생기는데도 중국 당국은 유산균을 세균으로 간주해 수입을 막고 있다"며 "세계 50여 개국에 400억원이 넘는 물량의 김치를 수출하고 있지만 중국에는 수출을 전혀 못하고 있다"고 말했다.
화장품 업계는 위생 허가 절차 때문에 애를 먹고 있다. LG생활건강은 최근 중국에서 내년 여름 판매할 제품에 대한 위생 허가를 현지 당국에 신청했다. 품목별로 일일이 허가를 받아야 해 시간이 오래 걸리기 때문이다. 예컨대 동일한 브랜드의 립스틱이라도 색상이 다르면 따로 허가를 받아야 한다. 회사 관계자는 "중국에서 위생 허가를 받으려면 9개월 이상 시간이 걸린다"며 "이런 구조에서는 유행에 민감한 최신 화장품 제품을 곧바로 중국에 수출할 수가 없다"고 했다.
중국의 '강제성 제품 인증'도 한국 기업들의 발목을 잡고 있다. 이 제도는 전자제품, 자동차 부품 등 157종(種)의 공산품에 대해 국제 인증을 받았더라도 중국의 품질 인증을 별도로 받도록 의무화한 것이다. 인증서 유효기간(5년)이 지나면 재인증을 받아야 하고, 중국의 안전기준이 변경돼도 인증을 다시 받아야 한다. 인증이 까다롭기로 유명한 유럽연합(EU)에서도 한 번 인증받은 부품은 사양 변경이 없으면 재인증을 받을 필요가 없는 것과 대비된다. 중국에 자동차 헤드램프를 수출하는 자동차 부품업체 관계자는 "인증을 한 번 받을 때마다 1,500만 원 정도 비용이 들어간다"고 말했다.

1. 서비스 무역의 개요

1) 서비스 무역의 개념

서비스 무역의 중요성은 OECD 회원국 및 세계에서도 증가하고 있다. 운송, 보험·상품 및 여행과 같은 전통 서비스는 전 세계 서비스 무역의 절반 정도만 차지하고 있으며 새로운 유형의 서비스, 특히 인터넷으로 수행될 수 있는 서비스들은 빠르게 증가하고 있는 추세이다.

한편, 서비스 무역은 국제통화기금(International Monetary Fund, IMF)의 국제수지매뉴얼(Balance of Payments Manual)에 따라 정의된다. 서비스 무역에는 다음 항목들이 포함된다.

운송(화물 및 승객 운송), 여행(주로 관광객과 출장자의 상품 및 서비스에 지출된 사항), 통신 서비스(우편, 전화, 위성 등), 건설 서비스, 보험 및 금융 서비스, 컴퓨터 및 정보통신 서비스, 로열티 및 라이센스 비용, 그 외 비즈니스 서비스(무역상, 임대, 기술 및 전문 서비스 등), 문화 및 오락 서비스(영화·음반·책

구매를 제외한 영화 임대료, 배우 및 공연자 비용 등), 위에 포함되지 않은 정부 서비스 등이 서비스무역에 포함된다.

서비스무역에 대한 정의는 주체에 따라 다양하다. GATT/WTO 다자간협상에서는 서비스무역을 "국경을 넘어서 발생하는 서비스교역"을 말하며 일국의 국경 내에서 발생하는 서비스의 생산 및 분배등과 같은 국내거래는 아니고 국제서비스무역은 소비자가 물적 재화로부터 얻는 만족과는 달리 어떤 서비스 또는 노동이 국경을 넘어서 소비자욕구에 만족을 제공하는 행위 또는 물적 투입이 아니면서 재화 또는 서비스의 생산자에게 투입물을 공급하는 행위로 정의하고 있다.

OECD에서는 서비스무역을 첫째, 일국의 거주자에 의해 생산된 서비스가 다른 국가의 거주자에 의해 생산·수취·지불되는 행위, 둘째, 서비스 공급국으로부터 수출되어 서비스 수요국에서 수입되는 행위, 셋째, 어느 일국에서 주로 생산된 서비스가 다른 국가의 거주자에 의해 사용·수취·지불되는 행위로 구분하여 정의한다.

이와 같이 서비스무역은 다양한 개념으로 정의되지만 서비스무역은 기본적으로 국가와 국가 간의 상호서비스를 제공하는 경제적 교환활동으로 말할 수 있다.

2) 서비스 무역의 특징

서비스무역은 오래전부터 보이지 않는 무역이라고 불려왔다. 또한 서비스무역은 상품무역과는 다른 특징이 있으며, 재화무역과 비교하면 비정형적이며 무역장벽이 복잡하고 거래할 때 곤란한 점이 많다. 특히 무역장벽은 국경 이외에도 제도나 규정·관습·생활양식 등 일반 상품보다 다양하다. 또한 자유화를 측정하기가 곤란하고, 선진국과 개발도상국 간에 무역 불균형이 일반상품보다 심하다는 특징이 있다. 또한 서비스무역은 수입국이나 수출국에서 모두 서비스가 제공되는 특징을 가지고 있다.

이처럼 향후 성장이 가장 가능성 높은 분야는 서비스 산업이다. 치열한 국제경쟁에 노출돼 있는 제조업이 생존하는 길은 생산성 제고밖에 없다. 이는 고용 없는 성장을 의미한다. 그런데 제조업의 생산성 제고는 주어진 소득으로 구입할 수 있는 물품의 양이 증가하는 실질 구매력의 증진을 의미한다. 선진국의 경험을 보면 실질 구매력이 높아지면 서비스 구매가 늘어난다. 즉 소득이 높아지게 되면

자동차를 한 대 더 구입하지는 않지만 교육·의료·문화 등 소비구조를 고도화하는 서비스 구매가 활성화되는 것이다.

공장의 기계 생산에 의존하는 제조업과 달리 서비스의 공급은 철저히 사람에 의지한다. 서비스 수요 증가에 대응하려면 인력 투입을 늘여야 한다. 그렇게 되면 일자리 창출 기회도 확대된다. 이런 연유로 경제발전이 고도화된 선진국일수록 서비스 분야에서 일자리 창출이 많이 이뤄진다.

서비스업의 고용 창출이 용이한 것은 서비스업에서는 기계화가 어렵다는 요인도 작용한다. 제조업 발달로 소득이 늘어날수록 서비스 수요가 증가해 서비스업의 고용이 늘고 관련 종사자들의 몸값도 높아진다. 제조업의 생산성 증가로 종사자들의 소득 분배가 일시 악화될 수 있지만, 서비스업 종사자들로 소득이 이전되면서 소득분배가 다시 개선될 수 있는 것이다. 다시 말해 시장을 통해 커다란 사회적 소요를 일으키지 않으면서 산업 간 및 계층 간 소득 재분배에 이바지하게 되는 것이다.

2. 서비스 무역의 중요성

경제가 발전함에 따라서 국제 분업이 심화되고 정보기술은 급속히 변화하고 있으므로 서비스무역은 새로운 발전추세를 나타낸다. 더군다나 21세기에는 국민경제에서 서비스산업의 중요성이 더욱 확대되어 가고 있으며, 세계 경제의 글로벌화가 급속도로 진전되면서 각국은 서비스산업 그 자체에 대한 중요성뿐만 아니라 다음과 같은 이유로 서비스무역을 핵심적인 전략부문으로 인식하고 있다[1].

첫째, 서비스무역은 세계와 각국의 핵심적이고 전략인 산업이다. 정보통신기술의 발달과 함께 서비스무역은 현재 국가 경제와 주권에 밀접한 분야까지 국제시장으로 끌어들이면서 일국의 서비스무역 발전은 국가의 경제성장과 이익이 될 뿐만 아니라 국가의 안보에도 영향을 미치는 중요한 요소가 되었다.

둘째, 서비스무역의 발전은 국민경제의 안정화에 기여한다. 서비스에 대한 수요는 재화에 대한 수요보다 소득탄력성이 낮아 서비스무역의 비중이 커질수록 상대적으로 경기순환에 따른 변동 폭이 작아져 경기변동을 완화시키고 안정적인

1) 산업연구원, “서비스산업의 발전과 정책적 지원방안”, 「e-Kiet 산업경제정보」, 제386호(2008-12), 2008.3.12, p.2.

경제성장에 기여하게 된다.

셋째, 한 국가의 경제활동에 있어 서비스무역이 차지하는 비중은 국가의 경제 발전 수준을 가늠하게 하는 기준이 된다. 즉 경제발전의 단계가 높은 선진경제국일수록 국가경제에서 서비스무역이 차지하는 비중이 높아지는 추세가 나타난다.

넷째, 서비스무역의 확대에 따른 서비스산업의 발전은 제조업 등 타산업의 발전 또한 촉진시킨다. 서비스는 독립적인 무형상품으로서 가치가 높아지고 있을 뿐만 아니라 제조업 등 타 산업의 생산 활동에 중간재로 투입되어 그 비중이 더욱 높아지고 있다. 특히 금융, 보험, 통신, 회계, 법무, 컨설팅, 광고, 디자인 등을 중심으로 하는 사업서비스 등 생산자 서비스[2]분야가 확대되고 있으며, 제조업의 분업화가 더욱 고도화되면서 제조업의 발전을 위한 많은 부분들이 서비스 영역으로 확장되어 서비스산업의 발전이 제조업 등 타 산업의 발전을 가속화시키는 결과를 가져오고 있다.

다섯째, 서비스무역은 잉여 노동력을 흡수하여 고용을 창출하고 소비를 촉진한다. 관광, 문화, 스포츠, 유통, 판매 등의 서비스 부문 발전은 상대적으로 고용 창출 효과가 매우 커 잉여 노동력을 흡수하고 이에 따른 소비를 촉진하여 시장의 활성화에 기여한다.

마지막으로, 국민경제가 선진화되어 갈수록 서비스산업은 국가경제의 핵심적인 경제활동이 되고 있으며 서비스무역의 확대와 서비스산업의 고도화는 국가가 지식기반사회로 진입하는데 발판이 되고 있다.

3. WTO 서비스 무역협정의 개요

1) WTO서비스 무역협정(General Agreement Trade in Services : GATS) 등장배경

1947년에 출범한 GATT는 설립초기부터 물품에만 초점이 맞추어져 있었고 서비스부분은 포함되어 있지 않았다. 1970년대 후반 이후 기술과 통신이 발달함에 따라 서비스산업의 경쟁력 제고를 위한 투자와 정책 개발이 주목되기 시작하였

2) 생산자 서비스란 다른 재화나 서비스의 생산 및 유통과정에는 투입되는 서비스를 말한다. 즉, 기업이나 공장과 같은 생산자를 위해 제공하는 서비스를 말한다.

으나 서비스교역에 대한 일반적인 국제규범이 마련되지 않아 대부분의 국가들은 자국의 서비스 시장을 개방하지 않거나 일부 개방하더라도 외국의 서비스업자를 국내업자와 차별대우하는 등 서비스교역을 광범위하게 제한하여 왔다. 이에 따라 서비스산업과 서비스교역이 갖는 경제적 비중이 상품무역 못지않게 증가하면서 1986년 시작된 우루과이라운드 다자간무역협상(UR)에서는 서비스교역을 대상으로 하는 본격적인 규범화 논의가 시작되었다. 서비스교역의 특수성을 감안하여, 세계무역기구(WTO)체제의 발족과 함께 GATT와는 별개의 "서비스무역에 관한 일반협정(General Agreement on Trade in Services : GATS)"을 체결하였다. 동 협정은 WTO 설립협정 부속서 1나에 규정되어 있으며, 총 6부(part) 29개 조문의 본문과 부속서 및 각료결정·양해각서 등으로 구성되어 있다. GATS는 "상품무역에 관한 다자간협정 GATT(1994)" 및 "무역 관련 지적재산권에 관한 협정(Agreement on Trade-Related Aspects of Intellectual Property Right : TRIPs)"과 함께 WTO체제 3대 협약 중의 하나로 평가받고 있다.

2) WTO서비스 무역협정(General Agreement Trade in Services : GATS) 특징

GATS는 서비스산업을 크게 사업서비스, 통신서비스, 보건·사회서비스, 건설, 유통, 교육, 환경, 금융, 관광, 운송, 문화·오락·스포츠 및 기타 분야 등 총 12개 분야로 분류하고 있다. GATS는 서비스에 영향을 미치는 조치의 종류로 서비스의 구매, 지불 및 이용, 일반 공중에게 서비스를 공급할 때 요구되는 서비스의 접근이나 이용, 다른 회원국의 영토 내에서 서비스를 공급하기 위한 상업적 주재나 자연인의 주재를 모두 포함한다.

(1) 최혜국대우 예외의 광범위한 인정

GATS에서는 최혜국대우 문제와 관련하여 최혜국대우의 예외를 상당히 광범위하게 인정하고 있다(GATS 제2조 제2항). 서비스협정을 제정함에 있어 최혜국대우를 원칙으로 하면서도 기존의 관행과의 조화를 도모하기 위해 최혜국대우에 대한 예외조치를 광범위하게 인정하고 있다. 왜냐하면 서비스무역의 경우에는 GATS가 체결되기 이전에는 주로 항공, 해운, 금융 등 각 분야별로 양자협정에 따라 무역을 규율하는 상호주의가 지배적이었기 때문에 최혜국대우를 무조건적으로 인정하게 되면 관련 서비스 분야를 개방하지 않는 국가가 최혜국대우 원칙에 근거하여 소위 "무임승차(free riding)"를 하게 되는 경우가 발생할 수 있어 불공정 무역에 대한 우려가 커지기 때문이다. 그러나 면제는 한정적이다. 최혜국대우 의무의 불준수 허용범위는 부속서 기재시 1회에 한하고 5년 후에 WTO기관의 심사를 받아야 한다. 예외 기간은 10년을 넘을 수 없다.

(2) 자유화조치 확장

GATT의 기본사상은 상품무역에 관련된 장벽을 가능한 관세로 일원화하여 관세장벽의 감소 및 철폐를 통하여 무역자유화를 도모하는 것인 반면, 서비스무역은 국경이동, 현지법인의 설립, 서비스제공자의 일시적 입국, 소비자(예컨대, 관광객)의 일시적 이동이라는 형태를 통하여 이루어지며 이러한 경우 관세라는 개념은 의미가 없게 되고 "시장접근"과 "내국민대우"가 자유화개념의 중심에 위치하게 된다. 서비스무역에서는 상대국시장에서의 영업활동이 중요한 비중을 차지하고 있어 그것만으로도 내국민대우의 중요성이 클 뿐만 아니라 일반적 의무사항이 아닌 자유화 교섭을 통한 구체적 양허에 의해 의무사항으로 되는 점이 GATT와 다르다. 이러한 특징으로 GATS는 회원국에 부과하는 의무를 ① 회원국이 약속한 분야에 한정된 의무(positive), ② 서비스 분야 전체의 일반적 의무(negative)로 구분하고 있다.

상품무역에서는 관세율의 국제비교가 비교적 용이한 수량화 기준을 사용하여 교섭이 가능하지만 서비스무역에서는 국제적으로 비교가 가능한 것이라는 것이 존재하지 아니한다. 따라서 ① 서비스무역 자유화의 추진과정에서 서비스협정 발효당시의 양허표에 무역장벽을 전부 기재토록 하고 기재하지 않은 경우에는 장벽이 없는 것으로 간주하며 새로운 무역장벽도 추가할 수 없도록 한 후 이를 토대로 하여 장벽제거를 목적으로 하는 자유화협상을 진행해 나가는 방식(소위 negative)과 ② 각 국가별 자유화협상결과 구체적으로 양허한 조치를 양허표에 기재하고 기재한 것에 대하여만 의무를 부담하도록 하는 방식(소위 positive)이 있는데, 전자의 방식이 후자의 방식보다 자유화의정도가 강하므로 서비스 분야의 자유화를 주장하는 선진국은 전자의 방식을, 개발도상국들은 후자의 방식을 주장하였다. 결국 협상과정에서 각 분야별로 자유화에 대한양허가 가능한 분야를 양허표에 기재하고(positive방식), 기재한 분야에 대하여는 제한조치(시장접

근과 내국민대우에 대한 제한)를 양허표에 기재하지 않는 한 제한이 없는 것으로 간주하는(negative방식) 절충안이 채택되었다.

3) WTO서비스 무역협정(General Agreement Trade in Services : GATS) 유형

상품 무역은 물리적으로 일정한 형태를 가진 제품이 어떤 국가에서 생산이 되어 다양한 운송수단을 이용해 이를 소비하는 다른 나라로 옮겨지는 것을 말한다. 주로 컨테이너 선박에 가득 차 있는 상품들을 상품무역에 해당한다. 그러나 서비스는 형태가 없기 때문에 컨테이너 선박을 이용해서 수출하거나 수입할 수 없다.

WTO서비스무역에 관한 일반협정문은 서비스무역의 정의와 관련하여 4가지 유형의 서비스공급으로 정의하고 있는데 서비스무역의 정의를 첫째, 한 회원국의 영토로부터 다른 회원국의 영토내로의 서비스공급, 즉 서비스의 국경이동, 둘째, 한 회원국의 영토 내에서 다른 회원국의 서비스 소비자로의 서비스공급, 즉 서비스의 해외소비, 셋째, 한 회원국의 서비스 공급자에 의한 다른 회원국 영토 내에서의 상업적 주재를 통한 서비스공급 즉, 상업적 주재, 넷째, 한 회원국의 서비스공급자에 의한 다른 회원국 영토 내에서의 자연인의 주재를 통한 서비스 공급 즉, 자연인 주재로 보고 있다.

(1) 국경간 공급(Cross-border Supply)

서비스수요자(소비자)와 서비스공급자(생산자)의 이동 없이 서비스만 이동되는 형태로 국제전화와 같이 한 국가에서 다른 국가로 공급되는 서비스를 말한다. 우리나라의 온라인 게임업체가 자체 개발한 게임을 국내에 게임서버를 두고 인터넷을 통하여 중국의 소비자에게 공급해 중국 네티즌들에게 온라인 게임의 이용요금을 받는 경우가 이에 해당된다. 이처럼 서비스가 한 국가의 국경을 넘어 다른 국가로 공급되는 것을 서비스의 "국경 간 공급"이라고 칭한다. 인터넷을 통한 원격 진료도 서비스의 국경 간 공급의 대표적인 사례가 될 수 있다.

(2) 해외소비(Consumption Abroad)

서비스수요자의 서비스공급자로의 이동 형태로 관광과 같이 소비자나 기업이 다른 국가에서 이용하는 서비스를 말한다. 우리나라의 학생이 미국에 어학연수를 가서 미국업체의 온라인 게임을 이용하면서 요금을 내는 경우도 있을 수 있다. 이와 같이 게임이라는 서비스를 소비하는 주체인 개인이나 기업이 이를 공급하는 국가에 직접 가서 현지에서 서비스를 소비하는 형태를 서비스의 "해외 소비"라고 한다.

(3) 상업적 주재(Commercial Presence)

서비스공급자의 서비스수요자로의 이동 형태로 외국은행 영업과 같은 외국회사가 다른 국가에 자회사나 지사를 설립하여 공급하는 서비스를 말한다. 혹자는 이를 직접투자형태라고 한다. 그런데 이것은 서비스의 국경 간 공급이 여의치 않거나, 기업의 경영 전략상 온라인 게임업체가 중국에 직접 진출해서 기업을 설립한 후 중국 현지에 게임서버를 두고 서비스를 제공하는 경우도 있다. 이렇게 한 국가의 기업이 다른 국가에 들어가 자회사나 지사 등을 설립하여 서비스를 제공하는 것을 서비스의 "상업적 주재(駐在)"라고 한다. 상업적 주재의 대표적인 예는 우리 주위에서 쉽게 볼 수 있는 외국계 대형 할인점이나 외국계 은행의 국내 지점 등이 해당된다.

(4) 자연인의 이동(Presence of Natural Persons)

외국의 병원이 다른 나라의 환자들에게 의료서비스를 제공하기 위해 자국의료진을 파견하는 경우가 이에 해당된다. 서비스 공급자가 소비자의 주재국에 주재한다는 점에서는 상업적 주재와 동일하지만, 서비스 공급의 주체가 회사가 아닌 자연인이라는 점에서 다르다. 예컨대 패션모델, 컨설턴트와 같이 개인이 다른 국가로 이동하여 공급하는 서비스 형태이다.

이와 같은 서비스 무역의 제한은 보통 "국경 간 공급"과 "상업적 주재", 그리고 "자연인의 이동"에 집중되어 있다. 해외소비는 대개의 국가에서 제한을 두고 있지 않다. 왜냐하면 서비스의 해외소비를 제한한다고 해도 이를 막기가 어렵기 때문이다. 반면 해외소비 외의 다른 세 가지 서비스 무역은 자국 내로 들어오는 서비스 또는 서비스 인력에 관한 것이기 때문에 국내 산업과 고용 등에 영향을 줄 수 있다. 따라서 각국은 자국의 제반 여건을 고려하여 일정한 제한을 둔다.

서비스 시장을 개방한다는 것은 이러한 제한을 부분적으로 없애거나 아니면 완전 철폐하는 것을 말한다. 우리나라는 종합지, 경제지, 스포츠지 등 일간 또는

주 3회 이상 발행하는 신문사에 대한 외국인 투자비율을 30% 미만으로 제한하고 있다. 결국 외국인이 우리나라에 신문사를 설립할 수는 있지만 투자지분이 30% 미만이기 때문에 신문사의 의사결정을 좌지우지할 수는 없다. 이와 같은 경우가 서비스의 부분개방에 해당된다. 반면 외국인이 국내에서 호텔이나 음식점을 설립하는 데 아무런 제한이 없다. 우리 국민이든 외국인이든 국내에서 마음대로 호텔이나 음식점을 설립할 수 있는데 또한 국내외 어떠한 차별도 받지 않는다. 이와 같은 경우는 서비스의 완전개방에 해당된다.

4. 중국 서비스 및 서비스무역 현황

1) 중국 서비스 산업 현황

중국의 1980년대 서비스 무역 총액은 43.5억 달러로 중국 무역에서 차지하는 비중이 0.6%에 불과하였다. 그러나 이후 1982년~1991년 사이의 서비스 무역 또한 줄곧 걸음마 단계를 벗어나지 못하였다. 그러다 중국의 서비스산업은 중국 정부의 적극적인 서비스산업 육성정책에 힘입어 1990년대 초반 이후 급격히 성장하고 있다. 2010년 중국 서비스무역 수출입총액은 3,645.2억 달러에 달하였다. 2000년의 세계 12위에서 2010년 4위로 순위가 상승하였다. 2012년 중국 서비스무역 수출입총액은 4,700억 달러에 달해 세계 3위를 차지하였다.[3] 2013년 서비스무역 총액 또한 5,396억 달러로 안정적으로 세계 3위에 올랐으며, 2012년 대비 14.7% 증가해 증가 속도는 전 세계 수준인 6.1%에 비해 8%p 높았다. 또한 1978년 중국 서비스산업의 부가가치총액은 872억 위안으로 전체 GDP의 23.9%에 불과했지만 2000년에는 39.0%로 상승하였으며, 2005년에는 40.5%로 2011년에는 43.4%[4] 2012년에는 23조 위안으로 44.6%를 차지하며 매년 상승 추세를 보이고 있다.

3) 유진, 「한국과 중국 서비스무역의 국제경쟁력 비교분석」, 경기대학교 석사학위논문, 2013, p.16.
4) 최문·리천국·이상빈, "중국 서비스산업의 발전과 서비스무역의 결정요인에 관한 연구", 「비교경제연구」, 제20권 2호, 한국비교경제학회, 2013, p.99.

▮표 13-1▮ 중국 서비스 산업의 발전 현황

(단위: %, 억 달러)

구분		1978년	1985년	1990년	1995년	2000년	2005년	2010년	2011년
GDP	서비스업	23.9	28.7	31.6	32.9	39.0	40.5	43.1	43.4
	제조업	47.9	42.9	41.3	47.2	45.1	47.9	46.8	46.6
	농림수산업	28.2	28.4	27.1	19.9	14.4	11.1	10.1	10.0
서비스 무역 수출입 현황	서비스 수출	NA	29	57	184	301	739	1705	1821
	서비스 수입	NA	23	41	246	359	832	1922	2370
	총액	NA	52	98	430	660	1571	3624	4191
	수지	NA	6	16	-62	-58	-93	-219	-549

자료: GDP비중은 「2012중국통계연감」에서, 무역현황은 중국 상무부 「중국서비스무역통계 2012」에서 정리함.

서비스업이 GDP에서 차지하는 비중과 취업비중은 그 나라의 서비스업 발전수준을 의미한다. 1978년부터 2004년까지 26년간 중국의 서비스업이 GDP에 점하는 비중은 평균 29.39%이며, 비중이 가장 높은 해인 1992년과 2002년에도 33.4%에 지나지 않았다. 1999년 중국의 서비스업 취업비중은 26.4%에 지나지 않았다[5]. 이것은 세계의 평균과 비교할 때 아주 큰 차이를 보이고 있다. IBRD의 발표에 의하면, 1999년 서비스산업이 GDP에 점하는 비중은 세계 평균 61%이며 그 중 저수입국가 34개국의 평균은 43%, 중등수입국가 48개국은 50% 정도, 고수입국가 22개국의 평균은 64%이다. 서비스산업 종사자수는 선진국이 60~75%, 중등 수준의 개도국이 45~60%, 저수준의 개도국은 30~45%를 점하고 있다[6]. 몇 년간의 발전을 거쳐 현재 세계적으로 서비스산업이 GDP에 점하는 비중은 평균 65%이다. 그 중 발달한 나라들에서는 평균 70%이고, 개발도상의 국가들에서는 평균 50%이다[7].

---

5) "中國服务業的發展和對外開放", 李善同·段志剛, 2005.03.20
6) 세계은행, "세계발전보고", 1990-2001.
7) 張向晨, "中國加入WTO兩年半的回顧和思考", (http://www.cacs.gov.cn, 2004.08.11)

2) 중국 서비스 산업 개방 시기

과거 십여 년간 발달한 국가들에서 서비스업이 GDP에서 차지하는 비중은 증가가 비교적 빠른데 대체적으로 5% 안팎이다. 원래 제조업으로 유명하던 많은 국가들은 현재 서비스업 위주로 경제를 발전시키고 있다. 그러나 중국은 1990년대 초반부터 지금까지 서비스산업이 GDP에서 차지하는 비중의 증가율이 제자리 걸음을 하고 있다.

중국의 서비스 산업은 제조업과 비교하여 대외개방이 늦고 개방정도가 낮으며 WTO 가입 시 적지 않은 산업은 국가 독점경영 상태에 처해 있었다. 따라서 서비스업은 경쟁력과 효율성이 많이 떨어진다.

2004년 기준으로 중국의 제조업은 이미 포화상태에 처해 있다. 그리하여, 중국정부는 제10차 5개년 계획(2000년~2005년)과 제11차 5개년 계획(2006년~2010년)에서 모두 산업발전의 중점을 서비스업에 두고 있다. 중국 상무부 외국투자관리사(外國投資管理司)에서 2005년 10월 9일 발표한 "2005년 중국외상투자보고(中國外商投資報告)"에 의하면 중국 서비스산업의 개방 현황은 아래와 같았다.

은행업의 대외개방 시범은 1982년부터 시작되었다. 1995년 국무원의 비준을 거쳐 시범도시가 원래의 13개에서 24개로 확장되었고, 1999년에는 전국의 모든 중심도시로 확장되었다. 그러나 WTO 가입 전까지 외국자본의 중국 은행업 진입에는 지역, 고객, 업무범위, 진입기준 등 여러 면에서 엄격한 제한이 있었다. 가입 후에는 2004년 말까지 모두 19개 국가와 지역의 62개 외자은행이 중국에 204개의 외자은행 영업성 기구를 설립하였고 223개의 대표처를 설립하였다.

증권업은 WTO 가입 전까지 외자 진입이 엄격하게 금지되어 있었다. WTO 가입 이후 외자의 진입을 허용하기 시작했다.

보험업의 대외개방 시범은 1992년부터 시작되었다. 1992년 중국은 보험시장에 대한 조건부 개방을 시작하여 외국보험기구가 상하이(上海)에서 시범적으로 보험회사 중국지사와 합자보험회사를 개설하는 것을 허용하였다. 1995년에는 또 시범범위를 광저우(廣州)로 확장하였다. 2004년 말까지 모두 43개의 외국보험회사가 중국에 70여개의 영업성 기구를 개설하였다.

회계업 대외개방 시범은 1992년부터 시작되었다. 중국은 1992년부터 국제적으로 저명한 회계사사무소가 중국의 회계사사무소와 합작하여 회계사사무소를 설립하는 것을 허용하기 시작했다. 2004년 말까지 중국에는 9개의 중외합작회계사사무소와 6개의 회원소 그리고 4개의 연락소가 설립되었다.

유통업의 대외개방 시범은 1992년부터 시작되었다. 1992년 중국 국무원은 베이징(北京), 텐진(天津), 상하이(上海), 다랜(大連), 광저우(廣州), 칭도우(青島) 및 5개 경제특구에서 각기 1~2개의 중외합자 상업소매기업을 시범적으로 설립하기로 결정하였다. 그 후 또 베이징(北京)과 상하이(上海)에서 시범적으로 모두 2개의 합자체인상업기업을 설립하고 중국 본토에서 몇 개의 대만과 합자한 상업소매기업을 시범적으로 개설하기로 결정하였다.

법률업의 대외개방 시범은 1992년부터 시작되었다. 1992년 7월, 중국은 5개의 시범도시를 정하고 외국의 변호사사무소가 연락사무소를 설립하고 법에 규정된 범위 내에서 법률서비스를 제공하는 것을 시범적으로 허용하였다. 시범도시는 그 후 19개 도시로 확장되었고 외국의 변호사사무소는 중국에 하나의 대표처만 설립할 수 있었다. 이러한 지역제한과 수량제한은 중국이 WTO에 가입 후 1년 내에 철회되었다. 2005년 10월에 발표된 중국 사법부의 공고에 의하면, 현재 중국에는 16개 국가의 139개 대표처와 홍콩의 43개 대표처가 있다.

중국 의료서비스시장의 실제발전상황에 근거하여 의료업은 중국의 "외상투자산업가이드목록(外商投資産業指導目錄)"에서 줄곧 제한류에 속했다. 위생부와 원대외경제무역합작부는 합동으로 1989년과 1997년에 선후하여 "외빈화교병원·진료소 개설 및 외국적 의사 중국 의사직 종사 관련 몇 가지 규정"과 "외상투자 의료기구 설립 관련 보충규정"을 반포하고 위생의료 서비스영역에서 대외개방의 시범작업을 시작했다. 2004년 말까지 중국에서 누계로 비준한 외상투자 의료기구는 189개로 의료기구 총수의 0.07%를 차지한다.

WTO 가입 전 전신업무는 국가에서 외국자본 투자를 엄격하게 금지하는 영역이었다. 가입 후 중국의 WTO 가입양허에 따라 전신업은 질서 있게, 제한적으로 외국투자자에게 개방하기 시작했다. 2002년 3월 22일, 미국AT&T회사와 상하이시 전신회사, 상하이정보투자주식유한회사가 합자하여 설립한 중국의 첫 번째 중외합자 전신운영기업인 상해신천(上海信天)통신유한회사가 상하이에서 정식으로 개업하였다.

중국은 1982년부터 석유와 천연가스 중외합작개발 시범작업을 시작했다. 2004년 말까지 중국이 석유와 천연가스 개발에서 외상직접투자를 이용한 프로

젝트는 모두 80건이며 계약한 외자금액은 8.04억불이며 실제 이용한 외자금액은 19.20억불에 달했다[8].

3) 중국 서비스 무역 분야별 수출입 현황

(1) 중국 서비스 수출 현황

중국 서비스수출에서 가장 큰 비중을 차지하고 있는 여행서비스의 경우 수출액은 2000년 162.3억 달러에서 2012년 499.6억 달러로 증가했으나 총 서비스 수출에서 차지하는 비중은 동 기간 53.8%에서 26.1%로 25% 이상 떨어지고 있는 추세를 나타냈다. 여타 서비스 항목의 수출이 확대되면서 전반적으로 그 비중이 감소하고 있으나, 여전히 여행서비스가 중국 최대 서비스무역 항목의 지위를 유지하고 있다. 운송서비스의 경우, 수출액은 2000년 36.7억 달러에서 2012년 389.1억 달러로 10배 이상 확대되었으며 이에 따라 총 서비스수출에서 차지하는 비중도 12.2%에서 20.3%로 크게 상승하였다. 이는 중국 상품무역의 급속한 성장에 힘입어 운송서비스 역시 빠르게 성장하고 있는 것으로 이해할 수 있다.

이 외에 성장이 두드러지는 항목으로는 컴퓨터 및 정보서비스와 건설서비스를 들 수 있다. 컴퓨터 및 정보서비스 수출은 2000년 3.6억 달러에 불과하였으나 2012년 144.9억 달러로 크게 증가하였다. 이는 중국이 우수한 인적 자원과 저렴한 통신비용을 이용하여 소프트웨어 개발 등의 분야에서 차세대 아웃소싱 기지로 부상하고 있음을 나타내는 것이다.

건설서비스는 대표적인 노동집약적 서비스산업으로 저렴한 노동력을 대량으로 보유하고 있는 중국이 비교우위를 가지고 있는 서비스부문이라고 할 수 있다. 2000년 수출액은 6.0억 달러에 불과했으나 꾸준한 성장을 기록한 결과 2012년에는 수출액이 122.2억 달러까지 확대되었다. 그러나 이 두 항목이 총수출에서 차지하는 비중은 2012년 각각 7.6%, 6.4%로 앞서 설명한 네 항목에 비해 아직 그 규모가 현저히 작은 편이다. 이상의 몇 가지 항목을 제외한 나머지 항목, 즉 통신서비스, 금융서비스, 지적재산권 사용료 지불 항목 및 영화음반서비스의 경우 모두 수출의 비중이 각각 1% 미만이며 두드러진 성장세도 나타나지 않는다.

결론적으로 중국의 서비스수출은 여전히 운송서비스, 여행서비스와 같은 노동

8) 왕상한, "중국의 서비스시장 개방 관련 법제도 연구", 2006.10.31, pp.4~6.

집약적, 자원집약적인 전통서비스항목에 크게 편중되어 있으며, 기술집약적, 자본집약적인 신흥 서비스항목의 수출 비중이 매우 낮을 뿐만 아니라 성장세도 매우 미미한 편이다. 이러한 수출구조는 결국 중국 서비스산업의 낙후한 일면을 그대로 보여주는 것이라고 할 수 있다[9].

▮표 13-2▮ 중국 서비스무역 분야별 수출현황

(단위: 억 달러, %)

구분	2000년	2002년	2004년	2006년	2008년	2009년	2010년	2011년	2012년	연평균 증가율
전체 서비스	301.5	393.8	602.6	914.2	1,464	1,286	1,703	1,802	1,914	18.3
	100%	100%	100%	100%	100%	100%	100%	100%	100%	
운송	36.2	57.2	120.7	210.2	384.2	235.7	342.1	355.7	389.1	28.2
	12.2%	14.5%	19.4%	23.0%	26.2%	18.3%	20.1%	19.5%	20.3%	
여행	162.3	203.9	257.4	339.5	408.4	396.8	458.1	484.6	499.6	11.7%
	53.8%	51.8%	41.5%	37.1%	27.9%	30.9%	26.9%	26.6%	26.1%	
통신	13.5	5.5	4.4	7.4	15.7	12.0	12.2	17.3	18.2	25.9%
	4.5%	1.4%	0.7%	0.8%	1.1%	0.9%	0.7%	0.9%	1.0%	
건설	6.0	12.5	14.7	27.5	103.3	94.6	144.9	147.2	122.2	31.9%
	2.0%	3.2%	2.4%	3.0%	7.1%	7.4%	8.5%	8.1%	6.4%	
보험	1.1	2.1	3.8	5.5	13.8	16.0	17.3	30.2	33.1	32.3%
	0.4%	0.5%	0.6%	0.6%	0.9%	1.2%	1.0%	1.7%	1.7%	
금융	0.8	0.5	0.9	1.5	3.2	4.4	13.3	8.5	18.7	38.8%
	0.3%	0.1%	0.2%	0.2%	0.2%	0.3%	0.8%	0.5%	1.0%	
컴퓨터 및 정보	3.6	6.4	16.4	29.6	62.5	65.1	92.6	121.8	144.9	38.8%
	1.2%	1.6%	2.6%	3.2%	4.3%	4.2%	5.4%	6.7%	7.6%	
지적 재산권	0.8	1.3	2.4	2.1	5.7	4.3	8.3	7.4	10.0	29.6%
	0.3%	0.3%	0.4%	0.2%	0.4%	0.3%	0.5%	0.4%	0.5%	
컨설팅	3.6	12.8	31.5	78.3	181.4	186.2	227.7	283.9	334.2	50.5%
	1.2%	3.3%	5.1%	8.6%	12.4%	14.5%	13.4%	15.6%	17.5%	
광고 홍보	2.2	3.7	8.5	14.5	22.0	23.1	28.9	40.2	47.8	28.5%
	0.7%	0.9%	1.4%	1.6%	1.5%	1.8%	1.7%	2.2%	2.5%	
영화 음반	0.1	0.3	0.4	1.4	4.2	1.0	1.2	1.2	1.1	50.0%
	0.0%	0.1%	0.1%	0.1%	0.3%	0.1%	0.1%	0.1%	0.1%	
기타 산업	70.8	87.6	159.5	196.9	260.1	246.9	355.9	322.8	284.3	15.7%
	23.5%	22.2%	25.7%	21.5%	17.8%	19.2%	20.9%	17.7%	14.9%	

자료: 중국외환관리국(http://www.safe.gov.cn/)

9) 영일범, "중국 서비스무역의 활성화 방안에 관한 연구", 계명대학교 석사학위논문, 2014, p.34.

(2) 중국 서비스수입 현황

중국은 개혁개방이 가속화됨에 따라 서비스 부문에 대한 보호가 상당 부분 완화되면서 서비스수입 또한 빠르게 증가하고 있다. 위의 표에서 보듯이 2000년부터 2012년까지 서비스산업 수입총액을 살펴보면 2009년 세계금융위기에 영향을 받아 주춤한 것을 제외하고는 전반적으로 상승하는 추세를 나타내고 있다. 분야별 수입 비중을 살펴보면 운송서비스, 여행서비스 두 개 항목의 비중이 제일 크고 기타 상업서비스, 보험서비스와 지적재산권 사용료 서비스가 그 뒤를 차지하고 있다. 과거 보호를 통해 수입이 크게 억제되었던 부문은 개방과 함께 수입이 급증하면서 총 서비스수입에서 차지하는 비중이 확대되고, 반대로 과거에도 이미 개방되어 있었던 부문은 새로 개방되는 부문의 비중이 빠르게 증가함에 따라 상대적으로 비중이 감소하는 경향이 나타나는 것이다[10].

2012년의 경우 서비스수입에서 가장 큰 비중을 차지하고 있는 항목은 여행서비스이지만 2000년부터 2012년까지 평균적으로 서비스수입에서 가장 큰 비중을 차지하고 있는 항목은 운송서비스이다. 운송서비스 수입액은 2000년 104.0억 달러에서 2012년 858.6억 달러로 확대되었으며, 기간 내 연평균 성장률은 22.0%에 달한다. 이는 급속하게 확대되는 상품무역의 발전에 따라 급증하고 있는 운송서비스 수요를 중국이 자체적으로 해결하고 있지 못해 대량의 수입이 발생하는 것으로 해석할 수 있다[11].

여행서비스의 경우, 분석기간 사이 수입교역액은 131.1억 달러에서 1,020억 달러로 꾸준히 상승하였으나 총 서비스수입에서 차지하는 비중은 2000년 36.6%에서 2008년 22.9%까지 하락한 후 다시 상승하여 2012년에는 총 서비스수입의 36.3%를 차지하고 있다. 그러나 여행서비스의 연평균 증가율이 17.5%이고 중국 전체 서비스의 연평균 증가율 18.8%인 것을 보았을 때 여행서비스의 증가추세가 다른 항목에 비해 약한 것을 알 수 있다.

중국은 아직도 많은 서비스항목의 보호가 풀리지 않아 수입이 제한되고 있기 때문에, 앞으로 시장이 개방될 경우 수입이 빠르게 확대될 것으로 예상된다.

---

10) 이은경, "중국 서비스산업의 무역구조 분석", 「비교경제연구」, 제15권 제1호, 한국비교경제학회, 2008년, p.60.
11) 영일범, "중국 서비스무역의 활성화 방안에 관한 연구", 계명대학교 석사학위논문, 2014 p.35.

▮표 13-3▮ 중국 서비스무역 분야별 수입 현황

(단위: 억 달러, %)

구분	2000년	2002년	2004년	2006년	2008년	2009년	2010년	2011년	2012년	연평균 증가율
전체 서비스	358.6	460.8	716.0	1,003	1,580	1,580	1,912	2,370	2,812	18.8%
	100%	100%	100%	100%	100%	100%	100%	100%	100%	
운송	104.0	136.1	245.4	343.7	503.3	465.7	632.6	804.4	858.6	22.0%
	29.0%	27.5%	34.3%	34.3%	31.9%	29.5%	32.9%	33.9%	30.5%	
여행	131.1	154.0	191.5	243.2	361.6	437.0	548.8	725.9	1,020	17.5%
	36.6%	33.4%	26.7%	24.2%	22.9%	27.6%	28.6%	30.6%	36.3%	
통신	2.4	4.7	4.7	7.6	15.1	12.1	11.4	11.9	15.9	18.3%
	0.7%	1.0%	0.7%	0.8%	1.0%	0.8%	0.6%	0.5%	0.6%	
건설	9.9	9.6	13.4	20.5	43.6	58.7	50.7	37.3	36.2	11.1%
	2.8%	2.1%	1.9%	2.0%	2.8%	3.7%	2.6%	1.6%	1.3%	
보험	24.5	32.5	61.2	88.3	127.4	113.1	157.5	197.4	206.3	22.2%
	6.9%	7.0%	8.6%	8.8%	8.1%	7.2%	8.2%	8.3%	7.3%	
금융	1.0	0.9	1.4	8.9	5.7	7.3	13.9	7.5	19.0	48.5%
	0.3%	0.2%	0.2%	0.9%	0.4%	0.5%	0.7%	0.3%	0.7%	
컴퓨터 및 정보	2.7	11.3	12.5	17.4	31.7	32.3	29.7	38.4	38.5	35.0%
	0.7%	2.5%	1.7%	1.7%	2.0%	2.0%	1.5%	1.6%	1.4%	
지적 재산권	12.8	31.1	45.0	66.3	103.2	110.7	130.4	147.1	176.7	28.7%
	3.6%	6.8%	6.3%	6.6%	6.5%	7.0%	6.8%	6.2%	6.3%	
컨설팅	6.4	26.3	47.3	83.9	135.4	134.2	150.9	185.8	200.4	37.9%
	1.8%	5.7%	6.6%	8.4%	8.6%	8.5%	7.9%	7.8%	7.1%	
광고 홍보	2.0	3.9	7.0	9.6	19.4	19.5	20.4	27.7	28.1	25.3%
	0.6%	0.9%	1.0%	1.0%	1.2%	1.2%	1.1%	1.2%	1.0%	
영화 음반	0.4	1.0	1.8	1.2	2.6	2.8	3.7	4.0	5.8	30.8%
	0.1%	0.2%	0.2%	0.1%	0.2%	0.2%	0.2%	0.2%	0.2%	
기타 상업	61.2	49.3	84.8	112.6	231.2	187.7	171.8	182.6	196.3	11.1%
	17.1%	10.7%	11.8%	11.2%	14.6%	11.9%	8.9%	7.7%	7.0%	

자료: 중국외환관리국(http://www.safe.gov.cn/)

제14장 지적재산권

1. 중국 지적재산권 개요

중국의 지적재산권 법률제도는 상표권, 특허권, 저작권 및 기타 과학기술성과 권리의 관계를 조정하는 법률과 규범을 총칭하는 것으로 주로 상표권법, 특허권법, 저작권법이 중국 지식재산권법의 핵심을 이룬다. 중국에서는 "지적재산권"을 "지식산권"이라고 하며 그 안에는 산업재산권, 저작권과 그 외 기타권리로 분류되고 있다. 산업재산권은 특허법과 상표법으로 나눌 수 있으며, 그 중에서 특허법은 특허, 실용신안, 의장으로 분류된다.

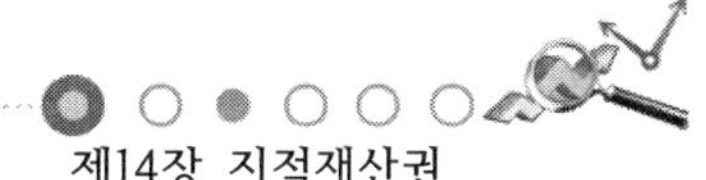

2. 중국 지적재산권 법률제도

1) 상표권

(1) 상표법 제도

중국의 상표법은 1982년 제5회 전국인민대표대회 상무위원회에 채택되어 1983년부터 시행되었으며 중국의 개혁개방과 경제발전 추세에 따른 수요에 부응하기 위해 1993년 전국인민대표대회 회의에서 상표법을 개정했다. 개정안에는 위조상표 단속, 상표침해 행위방지, 상표등록전용권 보호, 상품상표 외에 서비스 상표의 등록과 관리에 관한 규정이 포함되어 상표권 보호의 범위를 확대하였다. 이후 2001년 전국인민대표대회에서는 중국의 WTO 가입을 위해 상표법 2차 개정안을 가결하였고 2001년부터 시행해 오고 있다.

(2) 상표권법의 특징

첫째, 선 등록주의이다. 이는 상표등록출원에 있어 상표국은 상표우선권 결정에 있어 2명 이상의 출원인이 동일 또는 유사상품에 대해 동일 또는 유사한 상표를 출원시 선 등록주의를 채택한다. 상표권등록이란 상표권취득의 필수적인 절차인바 만약 상표의 우선 사용인이 아직 등록수속을 마치지 않아 타인이 그 상표를 도용, 먼저 등록하였을 경우 우선 사용인은 해당상표에 대한 소유권을 취득하지 못할 뿐만 아니라 상표사용에 관한 어떠한 권리도 주장하지 못하게 된다.

둘째, 선 사용주의이다. 이는 만약 동일 일자에 2명 이상의 출원인이 출원 신청시 상표국은 당사자에게 해당 상표의 최초 사용 일자에 대한 내용증명을 30일 내에 제출하도록 요구한다. 사용일자가 동일하거나 아직 사용하고 있지 않을 경우 양 당사자는 협의하게 된다. 협의를 통해 합의를 하면 30일 이내에 이 사항을 상표국에 제출하여야 하며 합의점에 도달하지 못한 경우, 상표국 주관으로 추첨을 통하거나 상표국 독자적인 심사를 거쳐 결정하게 된다.

(3) 문제점과 침해 사례

중국에서 한국식 빙수를 파는 가게는 30여개 이상이지만 한국본사와 정식계약을 맺은 곳은 단 2곳뿐이다. 하지만 자세히 살펴보면 차이가 조금씩 발견된다.

소비자가 미묘한 차이를 알아보지 못하도록 상호명에서 글자를 약간 달리하는 방법을 통해 버젓이 영업을 하고 있는 것이다. 그렇다면 짝퉁 중국빙수업체는 어떻게 정상적으로 영업활동을 할 수 있었던 것인가에 대한 의문이다.

중국업체는 설빙의 중국어 상표를 자신들이 갖고 있기 때문에 합법적이라고 말한다. 한국의 설빙이 중국으로 진출하기 전에 관련 상표를 먼저 등록했기 때문이다. 이러한 이유로 유사업체가 판을 치면서 정식으로 중국으로 진출한 한국기업들은 울상이다. 이러한 상황은 빙수업체 뿐만이 아니다. 치킨업종에서도 가짜업체가 넘쳐나고 있다. 중국의 상표법에 따라 중국 짝퉁업체가 유사한 상호명을 한꺼번에 등록하면서 한국의 정식업체는 중국으로 진출한 길이 막혀버린 것이다. 중국 업체들의 베끼기 수법은 시간이 지날수록 교묘해지고 대담해지고 있다. 중국업체들은 한국으로 와서 정식계약을 맺을 것처럼 행동한 후 영업비밀 등을 파악하고 곧장 중국으로 가서 짝퉁업체를 차린다.

이러한 상황에서도 중국 짝퉁업체를 제제할 방법이 없는 이유는 해외유명상표를 인정하지 않는 중국법의 특성 때문이다. 해외 유사상표가 등록되어서는 안된다는 법적인 근거가 중국 상표법상에는 존재하지 않는다. 따라서 중국내에서는 선 등록주의에 따라 상표를 먼저 출원한 사람만 인정되고 정식업체라도 뒤늦게 상표를 출원한 경우에는 이의제기를 해도 이길 수 없다. 이 때문에 외국상표만 전문적으로 출원하는 사람까지 나타난 상황이다.

2) 특허권

(1) 특허법 제도

중국의 특허법은 1984년 채택되어 1992년에 1차 개정, 2000년에 2차 개정을 거쳐 지금에 이르고 있으며 선 출원주의를 포함하는 특허 등록심사를 원칙으로 한다.

(2) 문제점과 침해사례

첫 번째 문제는 중국의 특허제도에서 찾을 수 있다. 특허출원은 등록을 받기 위해 하는 것이고 이러한 등록은 추후 모조품을 법적으로 제지할 수 있을 때 의미가 있는 것이다. 하지만 중국의 특허법을 보면 특허를 침해한 자에게 주로 민사소송만 제기할 수 있을 뿐 형사처벌은 특허를 도용한 행위에 국한해서만 적용된다. 이러한 제도적 특성을 보면 중국이 특허침해를 단속하고자 하는 의지가 있는 것이지 의문이며 오히려 국가차원에서 모방과 특허침해를 방조하고 있다고 볼 수 있다.

이러한 상황 속에서 이익을 얻은 대표적인 기업이 중국의 스마트폰 제조업체인 샤오미다. 샤오미의 스마트폰은 뛰어난 성능과 가격경쟁력을 가지고 중국시장에서 삼성전자를 제치고 시장점유율 1위를 달성하기도 했다. 하지만 샤오미의 스마트폰은 특허권을 무시하고 이것저것 베껴서 만든 것이기 때문에 특허가 샤오미의 발목을 잡을 것이라는 것이 업계의 정설이다. 특히 중국정부의 암묵적인 지원과 내수시장을 기반으로 성장한 샤오미가 글로벌 진출을 타진하고 있는 시점에서 특허는 샤오미의 아킬레스건으로 작용하고 있다. 때문에 샤오미가 스웨덴 통신업체인 에릭슨으로부터 특허권 침해소송을 받아 인도법원으로부터 판매금지 처분을 받은 것은 이제 시작일 뿐인 것이다. 심지어 중국 언론에 따르면 중국업체까지 샤오미에 특허를 침해하지 말라고 항의 서한을 보낸 것으로 알려졌다. 물론 샤오미가 특허권을 확보하기 위해 노력하지 않는 것은 아니다. 샤오미는 대략 600건 이상의 특허를 출원하는 등 뒤늦게 특허권 확보에 열을 올리고 있지만 아직 글로벌 기업에 비해 턱없이 부족한 특허를 보유하고 있다.

두 번째 문제는 중국의 사회 구조적인면에서 찾을 수 있다. 현재 중국은 지식재산권 사건을 해결하기 위해 지식재산권 심판정을 운영하고 있다. 하지만 중국의 사법기관은 헌법상 행정기관과 동등한 지위를 갖고 있음에도 불구하고 인사권, 재정권, 판결권이 인민정부에서 결정되고 있어 사법의 지방화 현상이 현저하다. 이러한 구조적 문제 때문에 중국 사법부는 특허권과 관련한 재판에서 자국기업에 유리한 판결을 내릴 수밖에 없고 독립성을 잃게 되는 문제점이 발생하게 되었다. 이러한 이유로 중국 사법부는 객관적인 판결보다 자국기업, 관할기업에게 유리한 판결을 내려 기업의 예측가능성을 침해하고 통일성을 저해하고 있어 기업경영에 많은 부담을 주고 있다.

3) 저작권

(1) 저작권법 제도

중국의 저작권법은 1991년에 시행된 이후 WTO 가입을 위해 2001년의 개정과 2002년의 저작권법 조례를 통해 지금에 이르고 있다.

(2) 문제점과 침해사례

최근 중국 예능프로그램들의 우리나라 유명 예능 베끼기가 끊이지 않고 발생하고 있다. 단순한 모방 수준을 넘어서 아예 똑같이 만드는 경우가 많아 제작자 입장에서는 심한 지적재산권 피해를 받고 있다. 중국은 현재 지방채널까지 합쳐서 수천 개의 채널이 존재한다고 한다. 수십 개, 많아봐야 수백 개의 채널인 우리나라와 그만큼 차이가 존재한다. 이런 이유로 인해 중국은 새로운 컨텐츠를 찾는 것이 매우 어렵고 경쟁이 치열하다. 그래서 한국 예능이라고 하면 방송 전부터 판권을 사오기도 하는 상황이 벌어지고 있을 정도다. 그래서 이미 판권, 방송할 수 있는 권리를 다른 채널에 뺏겨버린 다른 채널들은 합작을 많이 시도하지만 이마저도 중국의 수천 개 채널의 예능수요를 충족하기에는 부족한 상황이다.

MBC는 중국의 동방위성TV가 방송하기 시작한 극한도전이라는 프로그램이 무한도전을 표절했다고 밝혔다. 극한도전이라는 프로그램은 이제까지 무한도전에서 이슈가 되었던 내용을 짜깁기했을 뿐만 아니라 기획의도와 구성, 카메라 앵글과 자막까지 거의 복사 수준으로 베꼈다고 분석했다. 우리나라의 예능 프로그램이 중국에 많이 수출되면서 한류의 형성과 발전에 크게 기여했지만 한국예능을 무분별하게 카피하는 중국 방송으로 인해서 한류의 세계화와 한류 콘텐츠 수출에 큰 지장을 받게 되었다. 중국의 한국예능 표절은 어제 오늘 일이 아닌 만큼 표절프로그램에 대한 근본적인 대책마련이 시급하다.

제15장 중국의 해외직접투자(FDI)

1. 해외직접투자(Foreign Direct Investment)의 개념

논의를 시작하기에 앞서서 FDI의 정확한 개념을 정립해 볼 필요가 있다. 영문 약어로는 FDI라고 표기하며, 이는 Foreign Direct Investment의 줄임말이다. 외국인 직접투자란 외국인이 단순히 자산을 국내에서 운용하는 것이 아니라 경영 참가와 기술제휴 등 국내 기업과 지속적인 경제관계를 수립할 목적으로 투자를 하는 것을 말한다. 경영에 실질적인 영향력을 행사하기 위한 것이라는 점에서 일반적인 투자와는 다른 개념으로 외국인 직접투자는 지적재산권과 부동산 등 모든 형태의 유·무형 자산이 이전되어 부를 창조할 목적으로 이뤄지는 투자를 포함한다.

경제개발협력기구(OECD), 다자간투자협정(MAI)에서는 국내 기업의 사업부문과 영업권 등을 외국인에게 매각한 경우도 외국인 직접투자로 본다. 이 밖에도 기업경영에 실질적인 영향력을 행사하기 위해 외국인이 주식과 지분을 취득하는 투자도 외국인 직접투자로 볼 수 있다.

우리 정부가 마련한 "외국인투자촉진법"상에서는 외국인투자를 다음과 같이 정의하고 있다.

첫째, 외국인이 내국기업과 지속적인 경제관계를 수립할 목적으로 당해 기업의 주식 또는 지분을 소유하는 것으로서 ① 주식총수의 10% 이상을 소유하고 의결권을 행사하는 경우, ② 기업경영에 실질적인 영향력을 행사하는 것이 합작계약서 등에 의해 입증되는 경우 등을 포함한다.

둘째, 해외 모기업과 그 모기업과 대통령령이 정하는 자본출자관계가 있는 기업이 당해 외국인 투자기업(자회사)에 대부하는 5년 이상의 장기차관을 대부하는 경우로 정의하고 있다. 또한 외국인 투자의 절차에는 신주 등의 취득에 의한 투자, 기존 주식 등의 취득을 투자, M&A에 의한 주식 취득, 장기차관방식의 외국인 투자를 포함시키고 있다.

2. 중국의 개혁개방 정책에 있어 해외직접투자(FDI) 정책의 배경

1) 중국 경제체제개혁 3단계

중국의 경제체제 개혁은 현대화 추진에 걸림돌이 되는 각종 장애요인을 극복하여 사회주의를 완성하려는 필요에서 출발하였다. 즉, 생산력발전에 방해가 되는 각종 요인들을 제거하여 생산력을 높여 이를 통하여 사회주의의 완성, 공산주의를 실현하려는 배경에서 시작된 것이다. 크게 볼 때, 경제체제개혁은 내용별 혹은 시기별로 3단계로 나눌 수 있다. 제1단계(1978~1984)는 농촌 지역을 중심으로 이루어졌다. 제2단계(1984~1987)는 도시부문의 경제개혁을 중점으로 진행되었으며 이 단계에서는 기업의 자율성과 효율성을 높이기 위해 가격, 세제, 금융개혁 및 대외무역 활성화 등이 추진되었다. 제3단계(1987~)는 연안지역을 중심으로 대외개방정책이 적극적으로 실시되었다.

(1) 농촌 경제체제의 개혁

중국의 개혁은 먼저 농촌에서 시작되었으며 농촌개혁의 내용은 바로 종전의 인민공사와 같은 방법을 지양하고 책임제를 실시하여 농민의 적극성을 유도하는 것이다. 그러면 왜 농촌에서부터 개혁을 시작해야 했었는지를 살펴보면 그것은 중국인구의 80%는 농촌에 있으므로 만약 그들의 생활문제를 해결하지 못했다면 사회는 안정을 얻을 수 없기 때문이다. 또한 만약 농촌이 계속 빈곤한 상태로 남아 있게 되면 공업의 발전이라든지 상업 혹은 기타 경제활동들도 불가능하게 되기 때문이다. 이러한 농촌 개혁으로서 농촌개혁은 농민으로 하여금 자주권과 실질적인 혜택을 얻게 하였다. 개혁을 통한 생산력의 발전에 있어서 가장 중요한 것은 인민들의 창조적 활력을 해방시키는 것이었다. 둘째, 농촌개혁은 농촌의 산업구조를 다시 조정하여 이전의 식량위주의 단일구조에서 농업, 임업, 목축업, 어업 그리고 부업 등 다양한 경영구조로 발전시켰다. 셋째, 농촌개혁은 또 향진기업의 발전을 초래하였다.

(2) 도시경제체제 개혁

원래 개혁, 개방의 기본전략은 농촌에서 출발하여 도시로 이어지게 하는 것이었다. 그래서 중국정부는 농촌개혁의 중점을 도시에 두기로 결정하였다. 도시부문의 개혁의 핵심을 이루는 것은 생산의 기본 단위인 기업운영 메커니즘의 개혁, 즉 도시경제를 지배하고 있는 국가소유기업에 대한 개혁이라고 할 수 있다. 다시 말해서 도시개혁의 중심인 기업개혁의 목적은 기업의 활력과 생산성의 제고이다.

(3) 대외개방

모택동 집권하에 중국은 자급자족적 경제를 추구한 나머지 대외개방을 하지 않았다. 과거 중국은 바로 이러한 폐쇄 정책으로 인하여 낙후상태를 면할 수 없었다고 여기면서 등소평은 "중국이 오랫동안 정체와 낙후상태에 머물러 있었던 주요 원인은 폐쇄성에 있다. 문호를 닫은 상태로 건설을 추진한다는 것은 성공할 수 없는 동시에 중국의 발전이 국제 관계를 떠날 수 없다는 사실은 경험을 통해 입증되었다"고 지적하고 있다. 등소평의 이 말은 개혁이 바로 성공할 수 있느냐 없느냐의 관건임을 강조하고 있는 것이다. 대내적 경제개발을 촉진하기 위해서 서구 선진국의 자본과 기술을 도입해야 할 필요성을 느낀 중국은 개혁정책과 더불어 대외개방정책을 실시함으로써 더욱 더 경제발전에 박차를 가하게 되었다.

2) 중국경제에서 해외직접투자(FDI)의 전개

(1) 시장경제 이전의 FDI 상황

1978년 12월 덩샤오핑은 개혁과 개방의 기본적 발전전략을 수립하고 1979년 7월에는 "중외합자경영기업법"을 공포하는 등 외자유치를 위한 정책을 펼쳤다. 한때는 FDI 활성화가 일어나기도 했으나 1980년대 말 중국의 긴축정책과 천안문사태 등 정치적인 변화 등으로 인해 외국인 직접투자(FDI)의 규모는 연간 수십억 달러를 넘지 못했다.

(2) 시장경제 이후 FDI의 꾸준한 상승

1990년대 초, 중국은 최빈국 수준에서 금융의 역할을 무시한 오랜 계획경제 탓으로 국내 자본시장이 초기 발전 단계로 취약한 상태였다. 이에 덩샤오핑은 그의 동향인 리콴유 싱가포르 전 수상과 만나 1991년 "세계화상대회"를 조직, 화교자본 유치에 나섰다. 1992년 초 덩샤오핑이 직접 전국을 돌며 개혁·개방의 중요성을 역설한 남순강화에서 밝힌 "시장경제"는 화교자본 유치에 기폭제가 되어, 그 해 중국은 처음으로 100억 달러가 넘는 외국인직접투자를 유치하였다. 글로벌 기업의 대중국 투자의 확대와 더불어 1991년 44억 달러에 불과하던 FDI는 1993년 275억 달러로 전 세계 FDI실적 국가순위 1위를 차지했으며 2003년에는 535억 달러의 FDI가 중국으로 유입되었다.

이런 추세는 아직까지 중국의 외국인투자 관련법규 및 제도적 장치 미비 등 대중국 투자의 불리한 요소가 잠재되어 있지만 2001년부터 실시된 중국의 제10차 5개년 개발계획 및 WTO 가입에 따른 투자환경 개선조치로 세계 각국의 대 중국 투자진출은 계속 이어질 것으로 보인다.

(3) WTO 가입 이후 개방 확대

2001년 12월, WTO에 가입한 이후부터 중국은 시장 질서를 강화하는 한편, WTO이행 계획에 따라 관세율 인하, 외국인투자 허용, 금융, 보험, 유통 등 서비스 부문의 개방 등 시장개방을 더욱 확대하였다. 또한 첨단기술산업의 육성, 중·서부지역의 사회간접자본 확충, 기업의 구조조정 등을 추진하고 있으며 무역정책의 투명성 및 일관성 유지, 내·외국인 동등 대우, 관세인하, 비관세장벽 철폐,

지적재산권 보호, 서비스 시장 개방 확대, 가격 자율화 등을 추진하고 있다.

WTO 가입을 전후해서 나타난 중국 내의 환경변화에 대응하여 다국적기업들은 투자 전력을 새롭게 모색하고 있다. 특히 베이징시가 2008년 올림픽 개최지로 선정되어 올림픽 관련시설 건설 등 올림픽 개최 준비 작업으로 매년 중국의 경제성장률이 0.3% 포인트씩 증가할 것으로 기대되었다.

3. 중국경제에서 해외직접투자(FDI)의 변화

1) 중국경제에서 해외직접투자(FDI)의 현황

2001년 WTO 가입 이후 중국 자본의 해외투자가 본격화 되었으며, 직접투자와 지분증권투자가 급증하였다. 2007년 중국의 연간 해외직접투자 규모는 190억 달러에 달해 2000년에 비해 19배가 증가했다. 2000~2007년 동안 중국의 해외직접투자는 52.3%의 연평균 증가율은 보였으며 2003~2006년 기간 동안은 연평균 95.1%씩 증가했다(〈그림 15-1〉 참조).

한편 중국의 해외증권투자에서 지분증권투자는 급속한 증가세를 보인 반면, 채무증권투자는 연도별로 변동성이 크게 나타났다. 2006년 국내투자적격기관(QDII)제도가 도입된 이후, 중국의 해외지분증권투자가 본격적으로 시작되었으며, 2007년 169억 달러로 2006년 대비 10배 급증했다. 국내 은행의 여유자금 주운용 수단인 해외채무증권투자는 2006년 1,100억 달러였으나, 2007년에는 긴축 영향으로 280억 달러 수준으로 감소하였다[1].

2006년 중국의 해외직접투자는 211.6억 달러로 이중 90% 이상이 중남미와 아시아의 "조세회피 지역"에 집중되었다. 업종별로는 광업, 상업서비스업, 금융업이 큰 비중을 차지하였다. 2006년 광업에 대한 해외직접투자 규모는 85억 달러로 전체의 40.4%를 차지하였으며, 주로 석유, 천연가스와 금속광물 등 자원개발에 집중되었다[2].

---

1) 중국 상무부, 국가외환관리국 자료.
2) 중국 상무부, 국가외환관리국 자료.

▮그림 15-1▮ 중국의 해외투자 추이

(단위: 억 달러)

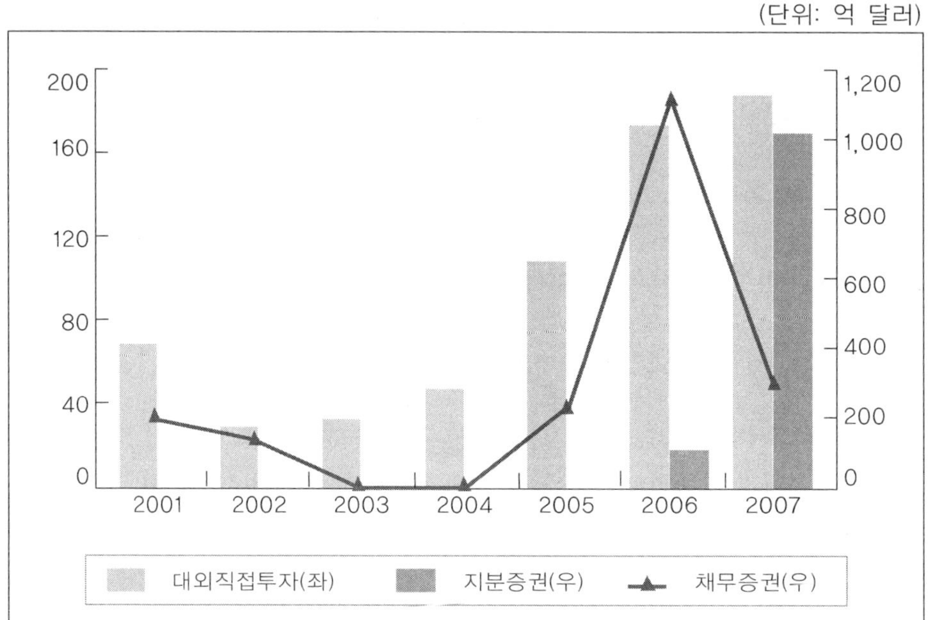

자료: 중국 상무부, 국가외환관리국.

(1) 급증하고 있는 중국의 해외직접투자(FDI)

중국정부는 시장 개척과 자원 확보를 위해 2000년부터 본격적으로 대외진출 행보를 넓혀가면서 해외직접투자가 2005년 이후 급속으로 증가하기 시작하였다. 즉, 중국의 해외직접투자(ODI ; Oversea Direct Investment 혹은 Outward FDI)는 WTO에 가입한 2001년부터 본격화되기 시작되었다고 볼 수 있다. 이에 대한 근거로 중국은 1992년 국유기업의 해외투자 규정을 반포하면서 해외직접투자(FDI)를 진행하기 시작하였고 특히, 2001년 전국인민대표대회에서 대외진출 전략을 국가의 공식시책으로 채택하여 10차 5개년(2001~2005년) 계획에 공식적으로 편입시킴에 따라 본격화되었다.

2009년에는 "해외투자관리규정"을 제정하여 세금, 외환 등으로 해외투자기업 지원하기 시작, 2011년부터는 "국유기업 해외투자 관리감독 규정"을 마련하여 에너지 확보를 본격화하였다. 중국 해외직접투자의 대체적인 규모(ODI Flow)는 1990년에 8억 달러에 불과하였으나 2005년에는 123억 달러 기록, 그 뒤로 연평균 30%의 빠른 속도로 증가하여 2013년에는 1,010억 달러 달성하였다. 투자 잔액(ODI Stock)도 1990년 45억, 2005년 572억 달러를 기록, 2007년에는 1,179억 달러로 처음으로 1,000억 달러 이상을 돌파한 이후 급속으로 증가하여 2013년에는 6,136억 달러를 달성하였다[3].

(2) 중국의 해외투자정책 추진 현황[4]

중국은 "10차 외국인투자활용 5개년 계획(2001~2005년)"에서 "해외투자" 전략을 발표하였다. 중국의 해외투자는 해외 프로젝트 하청과 대외노동력 제공이 중심이었으나 최근에는 중국 기업의 해외투자가 주목을 끌고 있다[5]. 2004년 11월에는 국가발전개혁위원회와 중국 인민은행의 주도로 대외투자 지원제도가 제정되어 정부가 장려하는 업종에 대해서는 우대금리를 적용한 융자제도가 실시되는 한편 대외투자를 위한 외화 사용한도는 2006년 6월에 폐지되었다.

2006년에 대외증권투자 유출액이 확대된 원인은 대외 중장기 채권투자가 증가했기 때문이다. 2006년부터 국내투자적격기관(QDII) 제도가 시작되어 주식투자로 인한 자본유출도 시작되었다. 2007년 5월 10일에는 국내투자적격기관(QDII)가 투자 제한의 50%를 상한선으로 외국 주식에 투자하는 것이 인정되었다.

2007년 8월 20일 톈진시에서는 홍콩시장에 한정된 형태이기는 하지만 개인에 의한 대외주식투자가 시험적으로 허용되었다. 나아가 보유 외환을 적극적으로 운용하기 위한 중국투자유한책임공사(CIC)가 2007년 9월 29일자로 설립되었다. CIC는 해외주식 등을 통해 보유외환을 적극적으로 운용하여 특별국채의 금리와 위안화 절상으로 인한 외환 자산의 가치 하락을 보완하는 것이 목적이다.

(3) 해외투자정책의 변화

중국 자본의 해외투자 주체가 다원화되고 투자대상이 다양해지며, 투자지역이 광범위해지고 M&A 방식이 보편화되며 금융기관의 해외금융기관에 대한 전략적 지분투자가 활성화되는 추세를 보이고 있다.

초창기 중국 자본의 해외투자는 주로 홍콩, 동남아 등지에 집중되었으나 에너

---

3) 현대경제연구원, "중국의 해외직접투자 특징과 시사점", 14-36호(통권 587호) 2014.10.13, pp.1~2.
4) 야마구치 마사아키 외, 『차이나머니 시대』 (서울: 전략과 문화, 2008) 참조.
5) 중국 상무부(2005년 말 기준).

지·자원 확보를 위해 중동, 아프리카, 호주, 남미 등지로 점차 투자범위를 확장하고 있다. 2003~2006년 동안 중국 기업의 해외직접투자 국가 수는 139개국에서 172개국으로 증가하였다.

중국 기업들은 해외직접투자 방식을 신설투자(Greenfield Investment) 위주에서 M&A 위주로 전환하고 있다. 2000년 M&A 방식을 통한 중국 기업의 해외진출 비중은 10%에 불과하였으나 2005년에는 50%에 근접하였다. 중국 기업의 해외 M&A는 주로 IT, 전자 등 첨단제조업 분야와 에너지·자원 분야에 집중되고 있으며, 특히 에너지·자원 분야에 대한 직접투자는 90% 이상이 M&A 방식을 취하고 있다. 중국 기업들의 해외 M&A 규모는 대형화되어 가는 추세이며 국내외 금융기관과의 컨소시엄의 구성을 통한 자금 조달방식이 일반화되고 있다.[6)]

2) 중국경제에서 해외직접투자(FDI)의 주요 사례

(1) 하이얼(海尔)

중국의 대표적 가전업체인 하이얼(海尔)은 적극적인 해외직접투자를 통해 중국에서 제일 가치 있는 브랜드로 성장하였으며 1984년 이후 연평균 70% 성장하는 가전시장의 대표적 글로벌 기업이다. 디자인, 제조, 마케팅, 서비스 분야에서 글로벌 네트워크를 구축하고 끊임없이 신제품을 개발하는 국제화 전략의 성공으로 세계에서 발전 속도가 가장 빠른 기업으로 주목 받고 있다. 1990년대 중후반 중국의 가전업체는 내수시장 위축과 공급과잉 문제에 직면하는 동시에 글로벌 시장에서도 수출쿼터를 비롯한 각종 보호조치 등 무역장벽의 제약을 받았다. 이로 인해 1990년 인도네시아, 필리핀, 말레이시아 등 현지 기업과 합작하는 방식으로 공장을 설립하여 기술과 설비 위주로 작은 규모의 투자를 통한 단일제품 조립, 생산을 해오는 과정을 거치게 되었다. 결과적으로 하이얼(海尔)은 투자대상국의 관세장벽과 비관세장벽을 극복하는 데 성공했지만 수출을 포함한 경영성과는 크게 달성하지 못한 것으로 파악된다.

이런 하이얼(海尔)의 해외직접투자 전략은 삼위일체현지화(三位一体本土化)로 설계 생산 판매를 모두 현지에서 시행하면서 합작투자 및 파키스탄 미국 중동 태국 등에 공업단지를 설립하면서 시장점유율을 확대해오고 있다. 하이얼(海尔)은

6) 중국 상무부(2008).

2013년까지 160개 국가에 5만 8,800개의 판매 네트워크를 구축해 제품을 수출하고 있으며 61개 국가에 해외무역회사 8개의 R&D연구개발센터 29개의 제조시설, 16개의 공업단지를 운영하고 있는 명실상부한 글로벌 기업으로 성장하였다.

(2) 레노버(联想)

2010년 블룸버그 비즈니스 위크(Bloomberg Business Week)에 세계 50대 혁신기업 중 30위를 기록한 레노버(联想)는 세계 66개 국가에 해외지사와 중국 베이징(北京), 일본 도쿄(东京), 미국 롤리(Raleigh)에 R&D센터를 설립하여 운영하고 있다.

2004년 기준, 매출액 140억 달러, 판매량 1,400만 대를 달성해 세계에서도 지명도가 높은 컴퓨터 메이커로 부상하였고 중국 내에서 합작 및 협력 프로젝트를 통하여 여러 방면에서 국제 업무를 수행할 수 있는 인재들을 양성하는데 주력하였다.

2004년 12월 IBM PC사업부문 및 R&D센터와 세계 판매망 서비스센터 등을 인수하면서 강력한 국제 브랜드 인수와 자체 브랜드 육성 및 유통망을 구축하게 되었고 이로 인해 레노버(联想)는 선진국과의 기술격차를 축소시키는 계기를 만들게 되었다. 또한 국제 브랜드로서의 이미지를 얻음과 동시에 다양한 고객층과 판매망, 인력 및 최신기술과 효율성 높은 운영능력 등의 핵심 역량을 구축하였다.

레노버(联想)는 기술력 확보 차원을 넘어 글로벌 시장에서 활약하기 위해 브랜드 가치의 중요성을 인식하고 중국 산업의 글로벌 인지도를 확보한 점에서 긍정적으로 평가되면서 중국 경제발전에 큰 도움을 준 점, 최근 첨단 제조업 및 첨단과학 산업이 발달한 점을 고려할 때 그동안의 경험을 통한 위험성이 낮을 것으로 예상되어, 성공 가능성이 클 것으로 전망된다. 이처럼 레노버(联想)는 2013년에 미국 IT분야 리서치 전문기관인 가트너(Gartner)가 발표한 전 세계 PC시장 위 기업으로 선정되었고 포춘지 선정 500대 기업 중 329위를 기록하였다.

(3) 중국해양석유총공사(中国海洋石油总公司 : CNOOC)

중국의 중앙 국유기업인 중국해양석유총공사(中国海洋石油总公司 : CNOOC)는 정부의 적극적인 지원 하에 해외 자원개발에 적극 나서고 있다.

중국이 급속한 경제발전을 거듭하면서 중국 내에서 석유 천연가스 유색금속 등의 지하자원의 수요가 갈수록 증가하고 있는데 현재 자원의 매장량은 수요에 부족하고 이에 대한 안정적 공급이 이루어지지 못하면 전체 경제성장에도 영향을 미치는 상황에 처해 있다.

1982년 베이징(北京)에서 설립한 CNOOC는 대외협력과 자체경영을 병행하는 원칙으로 발전, 2001년 2월에 뉴욕(纽约)과 홍콩(香港)에 상장을 동시에 진행하면서 해외 M&A를 시작하였다. 이어 2002년에는 인도네시아에 보유하고 있던 5개 유전을 스페인 Repsol-YPE사에 인수받았고, 이후 CNOOC는 인도네시아에서 최대의 해상석유 생산업체로 부상하였다. 2010년 10월 21억 6,000만 달러를 투입해 미국 제2대 천연가스 생산기업인 체사피크 에너지사(Chesapeake Energy Corp.)의 혈암층 프로젝트 지분을 매입하였으며, 2012년에는 151억 달러를 투자해 캐나다의 넥슨을 인수하여 중국기업의 해외직접투자 M&A 중 가장 큰 규모를 기록하는 등 활발한 활동을 하고 있다[7].

4. 중국의 투자 환경

우선 정치체제 이념적으로 중국은 사회주의 시장경제를 표방하고 있는데, 이것은 경제는 시장기능에 맡기되, 사회주의 이념, 정치 사회의 통제에 관한한 공산당의 강력한 리더십을 인정하겠다는 뜻으로 해석된다. 따라서 국가의 특성이 "당 자본주의" 국가에 가까워 "법의 지배"보다는 "당치", "인치" 주의적 특성이 강하게 나타나고 있으며 계약과 사유재산의 보호가 서방국가만큼 완전하지 못하고 개방차원에서는 기업경영에 대한 당과 정부의 간섭 개입이 심한 편이다.

미흡한 "법의 지배"로 인한 부작용은 개혁 개방 이후 세속화된 "꽌시" 문화적 특성에 의해 증폭되고 있다. 많은 경우 인허가 입찰 대출 등에 관한 결정이 법규 시장원리나 경제질서에 의해 이루어지기보다는 유관부서담당자와의 "꽌시" 유무와 강도에 의해 영향을 받음으로써 공정경쟁이 이루어지지 않고 있다. 이러한 문화적 장벽 외에 원가상승 잦은 외자관련 정책 변화 등 경제·제도적 환경의 악화도 외자기업의 진입이나 기업경영을 어렵게 하고 있다.

개혁 개방의 가속화 이후 연해지역의 투자환경은 임금 상승, 지가 상승, 생활

7) KIEP 북경사무소 브리핑, "중국의 해외직접투자 현황과 전망", Vol.18, No.3, 대외경제정책연구원, 2015.02.11., pp.5~7.

비 상승 등의 면에서 빠른 속도로 악화되고 있다. 외환, 무역, 관세 등 대외 경제 관련 제도는 중국이 WTO 가입에 대비하는 과정에서 단계적으로 시장화 개방에 적극적인 움직임을 보이고 있으나 여전히 행정적 규제가 심한 편이다. 다만 상해, 심천의 주식시장은 더욱 현대화될 것이므로 금융이나 외환 등 자본 거래적 측면의 투자환경은 개선될 것으로 보인다.

1) 정치적 환경

정치적 측면에서 중국은 결코 전면적 자본주의화를 추구하는 것이 아니며 단지 변화된 국내외 환경에 맞추어 시장경제체제와 사회주의를 결합하여 조화적으로 운용하고자 하는데 그 근본 목적이 있음을 알 수 있다.

2) 사회, 문화적 환경

중국에 있어 아직도 법은 당으로부터 자유롭지 않으며 투명 공평하지도 않고 합리적이거나 예측가능성이 높지도 않다. 특히 조세 등 경제관련 법규는 충분한 예고기간을 두지 않고 불시에 바뀌는 경우가 많고 법 집행기관의 전문성과 능력이 부족하고 기관 지방마다 법규의 해석과 적용이 다르다. 미흡한 지적재산권 보호도 대중 비즈니스의 확대를 가로막는 걸림돌이 되고 있다.

중국 특유의 꽌시문화[8)]

중국에는 拉關係占便宜(관계를 통해 많은 혜택을 본다)는 말이 있을 정도로 법보다 인간관계가 우선시되는 것으로 알려져 있다. 多一個朋友, 多一條路(친구를 하나 더 알면 길이 하나 더 생긴다)라는 말도 꽌시의 위력을 잘 나타내주고 있다. 실제로 여러 기업들이 중국 유력자 또는 기관과의 꽌시를 활용해 큰 도움을 받았다는 사례가 얼마든지 있다. 그러나 우선 법과 제도를 준수한 다음에 꽌시를 활용해야지 무작정 꽌시에 의존하다가는 소기의 성과는커녕 자칫 낭패를 당할 수도 있다. 특히, 최근들어 중국시장 경제의 법제화, 제도화가 강화되면서 꽌시와 같은 이전의 불문율(不文律)에도 큰 변화의 조짐이 보이고 있음에 유의해야겠다. 중국은 WTO 가입 준비 과정에서 총 2,700여 건의 경제관계 법률과 규정을 손질했다. 법제화, 제도화 작업은 앞으로 보다 가속화될 전망이고 그만큼 꽌시의 비중은 줄어들 수밖에 없을 것이다. 무작정 꽌시에 의존하기보다는 중국의 법규정을 준수하는 정상적인 경영 기반 위에서 꽌시는 어디까지나 부수적인 전략의 하나로 활용해야 하겠다.

중국 내의 지적재산권 침해는 하이테크 산업에 대한 투자유치가 중요해지고 있는 상황에서 발생하고 있어 더욱 문제가 되고 있다. 결국 중국의 미흡한 지적재산권 보호 관행은 21세기 첨단산업에 대한 외국인 직접투자의 유치증대를 어렵게 하고, 미국, 유럽연합 등의 중국에 대한 불공정 행위 금지 지재권 보호 압력을 강화시켜 주는 계기가 될 뿐만 아니라 내부적으로도 신기술의 개발과 혁신에 대한 인센티브를 약화시키는 요인으로 작용할 가능성이 높다고 본다.

3) 제도적 환경

제반 경제제도 중에서도 외자기업의 경영활동 상품 생산요소의 배분 등과 관련하여 가장 중요한 것이 가격제도이다. 문제는 중국경제가 아직도 시장경제화되는 과정에 있어 가격체계 가격구조 등이 매우 다양하고 중층적이며 재화의 성격 업종 등에 따라 가격결정 메커니즘이 다르다는 점이다.

중국의 조세제도는 여러 번에 걸쳐 변해왔다. 현재 중국내의 국내외 기업에 적용되고 있는 조세제도와 세율은 1994년 1월의 조세개혁에 의해 개정된 것이다. 1993년 당시만 해도 전체 세수액의 78%를 점하는 공상세는 세종이 많아 중복되는 세금이 많았으며 변화된 경제사정에 맞지도 않았다. 따라서 1994년 조세개혁 조치는 공상 세제를 개혁 개방 이후의 변화된 경제사정에 맞게 합리화하고 지방분권화 추이 속에서 중앙의 세수를 증대시키는 데 주로 목적을 두고 있다.

5. 대중국 무역 및 투자 전략

▮표 15-1▮ 세계 주요 기업별 대중국 FDI 전략 및 현황

대상 기업	내용
모토롤라	외자계 기업 중 전기전자 부문 납세액 1위 중국에서 win-win 기업의 전형으로 평가 (2001년 1월, 상해 국제 경영 혁신 포럼)
폭스바겐	중국내 소형차 점유율 54% (GM, 포드보다 인지도 높음) 산타나 등 최고의 히트상품 출시

8) www.seri.org(삼성경제연구소)

P&G	중국여성들이 가장 선호하는 생활용품 브랜드 (P&G를 사용하는 여성을 신세대로 인식할 정도)
GE	중국의 부상을 예견하고 70년대부터 시장을 파악하기 시작 중국 시장 공략을 최우선 과제로 선정
맥도날드	KFC와 함께 중국시장에서 급속히 성정한 외식체인 저가 패스트푸드의 이미지를 탈피, 양질의 외식으로 자리매김.
SK	제 2의 본사를 지향하는 등 본격적인 중국시장 공략 국내기업 최초로 중국법인 대표로 현지인을 임명
애니콜	디자인력 및 품질력을 기반으로 최고급 브랜드로 정착 고가품 시장에서 품귀 현상을 일으킬 정도로 인기 (신분의 상징)

1) 철저한 현지화 전략

C사는 중국 현지법인의 직원들에게 분기별 실적을 보고하도록 하는 등 한국기업문화를 강요해 반발을 사고 있다. 또 본사에서 파견 나온 직원들이 현지 직원들에게 무시하는 듯한 언행을 자주해 직원들간 마찰이 발생하고 있다. 중국투자컨설팅전문 코차이나텍의 현병훈 대표는 "중국인들은 서구물질 문명에 동경심을 갖고 있는 한편으로 중화민족의 자부심과 서두르지 않는 만만디 기질을 갖고 있다"면서 "중국에 진출하면 철저한 현지화 전략을 펴나가야 한다"고 언급하였다.

2) 철저한 시장동향 조사

인터넷솔루션업체 D사는 기술의 우수성만을 믿고 자사 제품의 최신 버전은 영문으로, 구 버전만 중문으로 번역해 내놓는 등 안이하게 대처했다.

사전준비도 미비했고 경영진의 중국에 대한 이해도 부족했다. D사는 현재 중국시장에서 철수한 상태이다. 현병훈 대표는 "국내 업체들 중에는 13억 명에게 1개씩만 팔아도 13억 개라는 환상에 사로잡혀 기본적인 점검 사항도 소홀히 하는 경우가 많다"면서 "최소한 1년 전부터 중국 정부의 IT정책, 시장동향 등을 꼼꼼히 조사해 진출해야 성공할 수 있다"고 조언했다.

3) 중국의 WTO 가입과 산업발전 속도를 고려한 투자

중국은 WTO 가입으로 더욱 외국인 투자의 주요 관심국으로 부상하게 될 전망이다. 향후 서비스산업이 제조업을 대신하여 대중국 외국인 직접투자 증가의 주된 업종으로 등장하고, WTO 가입은 중국 시장에 대한 신뢰 제고로 장기적인 투자가 증가하게 될 것이다. 또한 자유화된 산업 및 무역정책은 중국 시장 내의 경쟁을 심화시킬 것으로 예상된다.

중국은 현재 전 세계에서 가장 고도의 성장을 지속하고 있는 국가일 뿐 아니라 실질 구매력 기준 GDP가 일본을 능가하는 것으로 평가되고 있는 만큼 시장 규모 측면에서나 시장의 역동성 측면에서 독자적인 시장개척 능력을 갖춘 대중국 투자의 증대가 필요하다.

저임금을 이용한 소규모 노동집약적 대중국 투자는 중국의 외국인 투자유치정책의 변화와 중국내 산업발전 및 이에 따른 임금상승 등으로 장기적인 안목에서 더 이상 경쟁력을 갖기 어려운 만큼 중국 산업구조의 특성을 감안한 첨단 제조업과 부동산서비스업에 대한 대중국 투자진출 방안이 마련되어야 한다.

투자지역 측면에서는 급속한 산업발전으로 실질구매력이 빠르게 상승하고 있는 상해 및 광동지역을 대상으로 내수를 겨냥한 투자진출 방안을 모색하여야 하며 이와 아울러 서부대개발 정책의 성과를 공유할 수 있는 서부지역에 대한 선점적 진출 방안도 함께 모색할 필요성이 있다.

4) 기술, 입지, 마케팅 전략

중국에 진출하려는 기업들은 시장이 폐쇄되어 있고, 주요한 경쟁 상대는 국유기업이라는 선입관을 버리고 치열한 경쟁 속으로 뛰어드는 것이라는 인식을 바탕으로 경쟁력 강화에 진력해야 한다.

(1) 기술 투자 전략

서구 선진 기업들과의 경쟁과 지역 기업의 캐치 업(catch up)에 대응하기 위해 본사가 보유한 최신의 기술을 투입하고, 기술 및 제품의 순환적 재투입이 필요하다.

(2) 입지 전략

향후 입지 선택은 첫 번째로 산업 집적 정도, 두 번째로 시장 규모(인구×소득)와 소비자에 대한 접근 용이성, 세 번째로 정보 수집의 용이성 등의 요인을 고려할 필요가 있다. 부품·원재료 및 인재의 현지화를 위해서는 비용 절감과 경영의 효율화 및 원활화를 통해 부품 및 인재의 현지화가 반드시 필요하다.

(3) 마케팅 전략

지역 판매망의 활용을 통해 효율적인 마케팅 전략이 필요하다. 영업을 중심으로의 경영 자원을 배분하고 판매 촉진을 위한 시스템 정비 등이 필요하다. 아울러 중국 특유의 문화에 대한 이해를 바탕으로 중국 시장에 적극적인 진입을 모색해야 한다.

5) 후발 진출업체에 대한 권고사항

첫째, 스스로 신뢰할 수 있는(도덕적인) 인물이 되어야 한다. 즉, 이 사실은 중국인이 신뢰하는 인물이 되도록 자기관리에 철저하라는 의미이다.

둘째, 장기적인 투자를 해야 한다.

셋째, 현금투자를 최소화하고 현물투자를 통한 영업력을 강화해야 한다.

넷째, 중국시장을 개척하기 위해서라면 중국인과 활발히 접촉해야 한다. 즉, 이 사실은 문화의 이해, 언어의 습득, 친분 관계 유지, 시장의 조사를 철저히 하라는 의미이다.

다섯째, 절대 욕심을 부리지 말아야 한다. 이것은 향후 기업 경영방식을 조금씩, 천천히 하라는 의미이다.

중국 통상 환경 변화와 한·중 FTA

제16장 중국의 통상환경 변화와 대응

제17장 한·중 FTA와 향후 전망

1. 중국의 대외 통상 환경

1) 무역구조 불균형의 확산

1980년부터 2010년까지 중국의 수출입 총액은 1조 1,577억 달러로 연 평균 23.1% 증가했다[1]. 이와 같은 수출입의 증가에 기반한 중국의 경제 구조 안정은 노동력을 바탕으로 한 제조기업들의 단순한 조립이나 임가공에 의한 것이다[2]. 1996년부터 2011년까지 무역 총액 수지의 흑자 보다 단순 조립이나 임가공에 의한 무역 수지 흑자가 더욱 많다[3]. 중국의 무역수지 흑자폭은 날로 증대되었다.

---

1) 户文雯, "我国加工贸易发展的特征, 问题及对策", 『福建商业高等专科学校学报』, 第2期, 2012, p.61.
2) 関辰一, "成長モデルの転換を求められる中国経済－壁に直面する加工貿易－", 『国際金融』, 1235号, 2012, pp.19~20.
3) 中华人民共和国国家統計局, 『中国统计年鉴2009』, 中国统计出版社, 2009, p.725; 中华人民共和国国家統計局, 『中国统计年鉴2012』, p.234; 中华人民共和国海关总署, 『中国海关统计年鉴2009』, 中国海关出版社, 2010, p.12; 中华人民共和国海关总署, 『中国海关统计年鉴2010』, 中国海关出版社, 2011, p.12; 『中华人民共和国海关总署』, 前揭書, 2012,

또한 흑자를 내고 있는 국가들이 몇 개의 국가들에 편향되었고 그러한 편향성은 국가간의 통상 마찰을 초래시켰다.

2002년 중국의 지역별 무역구조는 〈그림 16-1〉과 같다. 중국이 가장 많이 무역을 하고 있는 상대지역은 아시아이다. 수출에서는 전체의 52%를 차지하고 있으며, 수입에서는 전체의 64%를 차지하고 있다. 아시아 다음은 유럽과 북미 순이다. 그리고 상대적으로 아프리카, 남미, 오세아니아와의 무역액은 많지 않은 수준이다. 수입초과 현상은 아시아와 오세아니아의 지역에서 나타났다. 특히 아시아는 수입이 초과되는 액수가 무려 200억 달러에 달했다. 다른 지역은 수출초과 현상이 나타났다. 그 중 수출의 초과액이 큰 지역은 북미가 가장 컸다. 434억 달러에 달했다. 다음으로 수출초과 현상이 나타나는 지역은 유럽으로 58억 달러에 달했다. 반면 아프리카와 남미 수출의 초과액은 액수가 많지 않았다.

상기와 같은 수출입 액수를 통해 다음과 같이 분석할 수 있다. 중국의 지역별 무역구조는 무역액이 많지만 수입초과 현상이 나타나는 아시아와 그에 비해 무역액은 조금 적지만 수출초과 현상이 나타나는 유럽과 북미로 양분되는 특징을 가지고 있다.

▌그림 16-1▐ 2002년 중국의 지역별 무역구조

단위: 억달러

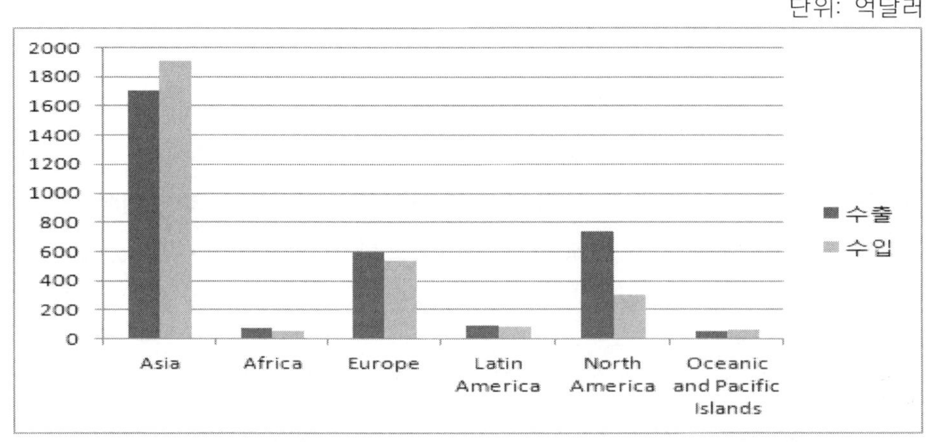

자료: 中國對外經濟貿易年鉴编辑部, 『中國對外經濟貿易年鉴2003』, 中國對外經濟貿易出版社, 2003, pp.666~672.

---

p.12.

〈그림 16-2〉는 2011년의 중국 지역별 무역 구조로 〈그림 16-1〉의 2002년 중국 지역별 무역구조와 비교했을 때 무역구조에 대한 변화는 없었지만 전체적인 무역량은 매우 많이 상승하였다는 것을 알 수 있다. 유럽과 미국에는 지속적으로 수출초과 현상이 나타나고 있다. 특히 유럽으로의 수출은 더욱 증가하였다. 그러나 한국, 일본, 필리핀, 태국, 말레이시아, 인도네시아 등의 아시아 국가에는 수입초과 현상이 지속되고 있다는 것을 알 수 있다[4]. 10년간 중국의 지역별 무역구조가 이렇게 변화된 배경은 2000년 이후 중국에 진출한 기업은 그 이전에 투자한 기업보다 두 배 이상의 수치를 나타내고 있기 때문이다. 또한 투자업종의 50% 이상이 제조업에 집중된 구조이기 때문이다[5].

▮그림 16-2▮ 중국의 지역별 무역구조(2011)

단위: 억달러

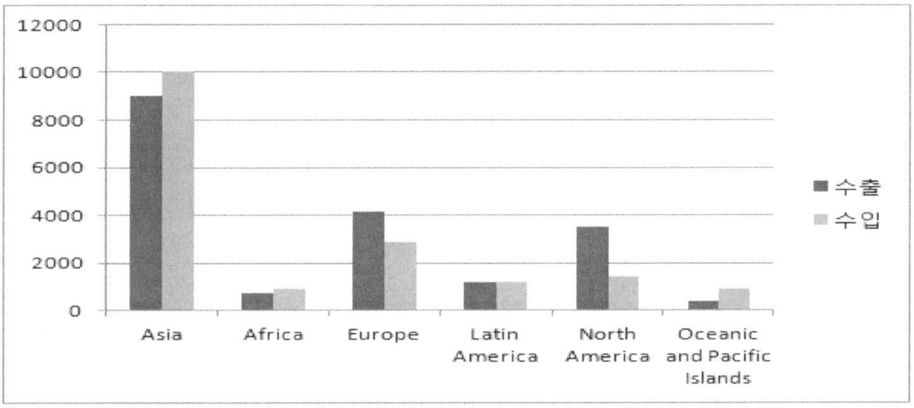

자료: 中华人民共和国国家統計局, 前揭書, 2012, pp.242~245.

중국의 지역별 무역구조의 특징은 다음과 같다. 먼저 기본적으로 한국, 일본, 미국, 유럽을 중심으로 하는 각국의 다국적기업이 태국, 필리핀, 말레이시아, 인도네시아 등의 공장에서 생산한 반제품이나 부품 등을 중국에 반입한다. 다음은 중국 국내의 노동력을 이용해 단순임가공이나 단순 조립을 통해 제품을 생산하는 형태이다. 물론 중국의 노동에 대한 임금은 차츰 증가하고 있지만 초기 진출할 경우만 하더라도 저가이며 양질의 풍부한 노동력이었다. 따라서 이렇게 생산

4) 中华人民共和国国家統計局, 前揭書, 2012, pp.242~245.
5) KOTRA, 『2011/2012 해외진출 한국기업 디렉토리 (하)』, 2011, pp.13~15.

한 제품 대부분은 거대한 소비시장을 가지고 있는 미국으로 수출되었다. 이와 같이 중국의 경제 성장은 제조업체의 단순임가공이나 단순 조립 생산에 의한 것이라 할 수 있다. 이러한 형태는 중국 정부가 자국의 경제를 성장시키기 위해 전략적으로 사용했고 고용의 확대, 기술이전, 외화의 확보 등을 가져온 것이 사실이다[6].

초기 중국의 경제발전은 자국에서 단순 조립이나 임가공을 통해 제3국으로의 수출하는 형태였다. 이러한 형태의 무역이 과도하게 팽창되어 결국 무역수지 불균형이 초래되었고, 대외적으로는 통상의 마찰을 초래했다고 해도 과언이 아니다. 〈그림 16-2〉에서와 같이 중국의 미국과 유럽에 대한 무역수지 불균형은 통상의 마찰 원인이 되어 상대국의 통상 압력으로 다가왔고[7] 결과적으로 중국은 자국의 통화인 위엔화 평가절상까지 할 수 밖에 없었다[8]. 이와 같은 중국 경제의 구조는 중국 현지에서 단순 제조나 임가공을 주로 하는 기업들의 경영환경을 더욱 악화시키는 계기가 되었다.

2) 환경규제에 대한 강화[9]

선진국들은 제조 산업에서 경쟁력을 잃어버리자 다른 대안을 모색하기에 이른다. 그 대안의 일환으로 환경에 대한 규제 조치를 강화하였다. 개발도상국이나 후진국의 발전 모델은 일반적으로 저부가가치를 창출하는 산업에 치우쳐 있다. 선진국들의 환경규제 강화는 개발도상국이나 후진국들에게 무역장벽으로 다가올 수밖에 없다. 선진국은 자국들이 먼저 환경규제에 대한 엄격성을 강조하며 개발도상국이나 후진국에 규정의 준수를 강요해 왔다. 그러나 아직까지 중국은 선진국들에 비해 그 규제 정도가 약하기 때문에 중국으로 기업의 이전을 통해 저부가가치 상품을 제조해 왔다.

그러나 이러한 환경에 대한 규제는 점차 강화되고 있는 추세이다. 중국은 경제성장 초기 모델이 양적인 수출 주도형의 성장이었다. 그러한 모델을 기반으로 현

---

6) 河原昌一郎＆明石光一郎, "中国の加工貿易とFTA戦略", 『農林水産政策研究』, 第17号, 2010, pp.46~47.
7) KOTRA 동북아팀, 『中 가공무역 금지품목 확대 조치의 의미와 영향』, 2006, pp.9~10.
8) 井上和子, 『拡大する中国の貿易黒字と貿易構造転換―進められる加工貿易の抑制』, 経済センサー, 2007, p.8.; 水野亮, 『中国の輸出制限的な動きの問題』, JETRO, 2007, p.2.
9) 김성옥외 5인, 『중국통상론』, 도서출판 두남, 2014, pp.274~278.

재의 경제성장 결과를 이루었다고 해도 과언이 아니다. 그러나 각 국가들이 설정한 환경규제의 기준에 부합하지 못하면 수출입 통관상의 문제가 발생하고 그러한 문제는 원가 상승을 초래할 수 있어서 기업들에게 부담이 아닐 수 없다. 즉, 더 이상 기존에 가져왔던 경제성장을 지속하기 힘들 것이라는 판단 하에 중국은 환경규제에 대해 간과할 수 없게 되었다.

선진국들은 자국의 환경을 보고하고 산업구조를 조정하기 위해 건축자재, 제약, 제지, 방직, 화학공업 등과 같이 환경 부담이 높은 산업과 전통적인 산업을 중국을 포함한 개발도상국에 이전하였다. 중국은 자국의 경제 발전을 위해 이와 같이 환경 부담이 높은 산업을 초기에는 적극적으로 유치하였다. 그러나 이와 같은 산업은 결과적으로 중국의 환경을 오염시켰으며 자원의 고갈을 초래시켰다.

초기 중국은 국가를 먼저 성장시키기 위한 전략으로 단순 제조나 단순 임가공을 위해 투자하는 외자기업에 다양한 혜택을 부여하여 유치하였다. 그리하여 세계의 공장이 되었지만 생산되는 대부분의 제품은 노동이 많이 투입되는 저부가가치 형태로 환경파괴를 불러일으켰으며 산업구조를 첨단화시키고 중국 인민의 복지 향상에 지장을 주고 있는 요인이 되었다. 결국 초창기 중국의 무역정책 슬로건이었던 대량 수출 대량 수입은 중국 경제발전에 지대한 역할을 하였지만 자국의 환경을 무분별하게 파괴시켰고 자원 또한 무분별하게 고갈되는 결과를 초래시켰다[10].

중국도 국제적인 환경규제의 강화에 부합하여 외상투자 기업은 물론 자국의 기업들에게도 환경에 대한 규제를 강화하는 정책을 적극적으로 시행하고 있다.

2. 중국의 대내 통상 환경 변화

1) 산업구조의 문제

중국의 경제성장을 이끌었던 산업은 노동력이 주가 되어 단순한 조립을 하거나 임가공에 의한 제조업이었다. 이러한 저부가가치형의 제조 산업은 에너지에 대한 소모가 많고 환경도 오염시킬 수 있는 여지가 많다. 그렇다고 부가가치가

10) 韓堅放, "中国における加工貿易の産業構造高度化と課題", 『関西外国語大学研究論集』, 第90号, 2009, p.90.

높게 창출되는 것도 아니어서 효율성 측면도 부정적이다. 따라서 다음과 문제가 대두되었다[11].

첫째, 산업구조가 제조업에 집중되었다. 중국의 경제발전 모델은 앞에서 언급한 바와 같이 외국의 제조 및 무역 기업들이 투자를 하여 단순한 임가공을 통해 무역을 하는 형태로 발전된 것이다. 초기 설비 및 자본 투자 금액과 건수는 다른 고부가가치를 창출하는 업종에 비해 확연히 높다. 이렇게 외자 기업의 대규모 진출은 저부가가치를 창출해 내는 제품 산업을 위주로 이루어졌고, 중국의 초기 경제 발전에 막대한 영향을 주었다. 또한 외국의 투자기업에 의한 생산은 섬유, 피혁, 가구, 신발 등과 같은 노동집약형 산업에 비교적 많이 분포되어 있다. 물론 노동집약형 산업에만 국한된 것이 아니다. 전기, 전자, 플라스틱 그리고 금속제품 등과 같은 기술 집약도가 높은 산업에도 외국의 기업들이 투자를 많이 했지만 중국의 저렴한 노동을 필요로 하여 진출하였다는 것에는 이견의 여지가 없을 것이다.

둘째, 부가가치가 낮고 다른 산업과의 연계 효과가 낮다. 중국의 초기 성장을 주도했던 것은 가공무역이었다. 가공무역은 일반적으로 개발도상국이 자국의 성장 및 공업화를 추진할 때 사용하는 전략 가운데 하나였다. 특히 외자기업의 유치를 통해 가공무역을 시행한 개발도상국은 공업화 과정을 단축시켰다. 그러한 가공무역의 과정에서 중간 투입재 생산과 보조를 담당하고 있는 자국의 국내 기업들을 육성 및 발전시키는 기대 효과도 있었다. 그러나 중국의 가공무역이 경쟁력을 가진 분야는 부품의 단순한 가공과 조립만을 하는 저부가가치의 노동집약형 공정에 국한되어 있었다. 즉, 가공공정이 단순해 부가가치가 낮고 국내의 중간 투입재 생산 및 보조 산업과의 연계 효과도 낮은 것이 특징이라고 할 수 있다[12].

셋째, 중국의 자국 기업은 산업 경쟁력이 약하며 핵심적인 기술을 가지고 있지 않다. 산업경쟁력은 생산능력, 기술수준, 기술인원의 자질, 관리수준 등을 포함하는 것으로 중국의 공업부문은 계획경제하에서 만들어져 경쟁력이 약해 기업의 수익성이 약하다. 또한 기술혁신에 관한 인센티브 시스템이 제대로 정착되어 있

11) 韓堅放, "中国における加工貿易の産業構造高度化と課題", 『関西外国語大学研究論集』, 第90号, 2009, pp.87~91.

12) 杨玉华, 『国际贸易对就业的影响』, 经济管理出版社, 2007, p.267.

지 않아 그와 관련된 투자가 많지 않다. 영업이익에서 기술개발을 위한 지출액의 비율은 중국 상위 500대 기업조차 3.8%를 넘지 않는다. 이렇게 중국기업의 기술에 대한 혁신은 매우 제한적이며 핵심기술 또한 거의 가지고 있지 않다. 결국 이와 같은 것들은 중국 자체의 제품 고도화와 부가가치의 증가를 방해하고 있는 것이라고 할 수 있다[13].

2) 무역 환경 변화

중국의 시장 개혁 개방 이후 초기에 진출한 한국 및 기타 다른 나라의 기업 형태는 무역 및 제조기업으로서 중국의 값싼 노동력을 통해 이익을 취하려고 한 것이다. 이와 같은 많은 제조기업들이 중국의 위엔화 평가 절상과 인건비 상승의 문제를 극복하지 못하고 중국시장에서 도산하거나 다른 국가 또는 자국으로 이전하는 사례가 많았다. 그러나 아직도 많은 제조 기업들은 중국 내수시장의 공략 목적과 상대적으로 저렴한 인건비 등의 요인에 이끌려 중국시장에서 제조활동을 지속하고 있다.

최근 중국 정부는 초기 성장 모델인 양적 성장의 기조에서 질적 성장의 기조로 정부 정책을 변화시켜 자국의 산업을 고도화하기 위한 노력을 하고 있다. 이와 같은 산업 구조의 고도화 전략에 따라 무역 관련 정책들이 변화하였다. 그 가운데 무역 품목에 대한 제한과 금지의 확대는 해당 품목을 수출입하거나 제조하는 기업들에게 상당한 영향을 미칠 수밖에 없다. 이로 인해 관련 기업들은 중국의 정부에 품목 제한을 최소화하거나 못하도록 하기 위해 로비활동까지 하게 된다[14]. 또한, 무역수지 불균형에 의한 미국, EU 등과의 통상 및 무역 마찰은 중국 정부가 대외적으로 부담하고 있는 문제이다[15]. 대외적으로 무역마찰을 해소하고 대내적으로 산업구조의 고도화를 이끌기 위해 중국 정부는 수출하는 물품에 대해 증치세[16] 환급에 대한 비율을 인하하거나 폐지하는 방안을 제시하였다.

이러한 중국 정부의 무역 관련 정책은 외자 기업들이나 중국 자국의 기업들에

13) 関志雄, "トップ500社から見た中国企業の実力", 『中国经济新论』, 2002, p.1.
14) 郭永興, "中国委託加工貿易の制度変革", 『アジア経済』, 第52巻 第8号, 2011, p.48.
15) 다른 나라 및 지역에 비해 미국과 EU와의 무역수지 격차는 현저하였다.(経済産業省, 『通商白書』, 時事画報社, 2007, pp.39~40.)
16) 한국의 부가가치세와 같은 개념임.

게 자금의 부담을 발생시켰다. 특히 무역 품목에 대한 제한 또는 금지가 확대되고 수출할 경우 증치세에 대한 환급의 비율이 인하되거나 폐지된다면 중국에서 무역 및 제조 활동을 하고 있는 기업들에게 대단히 큰 위험의 요인이 아닐 수 없을 것이다.

(1) 무역 제한 또는 금지의 확대

2000년대 초기까지만 해도 중국에서 활동하고 있는 상당수 기업들의 무역 패턴은 중국에서 단순하게 가공 처리하여 자국이나 제3국으로 완제품을 수출하였다. 이와 같은 현황에서 중국 정부가 수출입에 대한 품목을 제한하거나 금지하는 것을 확대한다면 기업들은 영향을 받을 수밖에 없을 것이다. 만약 자사가 수출입하는 품목이 제한 품목에 해당되거나 금지되는 품목에 해당된다면 기업들에게는 대단히 큰 위험 요소가 아닐 수 없을 것이다.

중국 정부는 기업들이 취급하는 상품을 "금지류", "제한류", "허가류"로 분류하여 관리한다.

▮표 16-1▮ 가공무역 상품분류

분 류	내 용
금지품목	• "대외무역법" 이 규정하는 수입금지상품 및 세관이 보세관리할 수 없는 상품 ① 국가로서 수입을 금지하고 있는 상품(중고의류, 포르노 내용을 포함한 중고서적, 중고잡지, 유해물질이나 방사성물질을 포함한 공업 폐기물 등) ② 분해, 조립에 사용하는 중고자동차, 중고오토바이 및 그 주요 부품 ③ 수출상품의 재배, 양식 등을 위해 수입한 종자, 종묘, 화학비료, 사료, 첨가제, 항생물질 등
제한품목	• 내외가격차가 크거나 세관이 감독관리하기 어려운 수입원재료 상품
허가품목	• 상기 금지류와 제한류 이외의 상품

자료: KOTRA, 『중국 가공무역 매뉴얼』, 2005, p.39.

금지류의 상품은 "대외무역법"에서 수입이 금지된 품목이거나 가공무역 관련 기관이 보세수출입을 허가하지 않은 품목을 가리킨다. 기업이 수출입하는 물품이 금지류에 해당되면 가공무역허가는 취득할 수 없다[17]. 제한류의 상품은 내외

가격차가 너무 커 세관이 관리하기 어려운 품목을 가리키며 금지류와 제한류의 상품이 아닌 것은 허가류에 속한다[18].

중국 정부는 무역을 하는 기업들이 취급하는 품목에 대해 금지류, 제한류, 허가류로 분류하여 정책의 필요에 따라 그 품목의 확대와 축소를 조절해 왔다. 중국 정부는 무역수지 불균형에 의한 통상 및 무역 마찰과 자국의 환경오염과 산업구조 고도화 추진의 배경으로 2007년 "가공무역 제한분류의 규제강화에 관한 공고(상무부, 세관총서 공고, 2007, 44호)"[19]를 공포하였다. 본 공고로 인해 노동집약산업 관련 1,539개 품목의 섬유제품, 150개 품목의 플라스틱의 원료 등 전체 세관 취급 품목의 약 15%(1,853개 품목)가 제한류에 추가되었다. 이에 따라 제한류 상품은 기존의 394개 품목에서 2,247개 품목으로 확대되어 여태껏 보증금[20]의 납부와 관련이 없었던 다수의 기업들도 제한류 상품을 취급하게 됨으로 인해 보증금을 준비해야 하는 상황에 놓이게 되었었다. 또한 추가된 품목의 제한방식은 기존의 제한류 상품에 관한 제한방식과 상이했다. 제한류 상품이 처음으로 지정되었던 1999년 그 선택의 원칙은 내외가격차가 크고 세관이 관리하기 어려운 원재료를 대상으로 하였다[21]. 그리고 이러한 원재료가 국내시장에 전매되지 않도록 수입제한이 행해졌다. 이렇게 본 공고가 공포되던 때 기존의 394개 제한류 상품 전부는 수입제한 방식이었다. 그러나 추가된 1,853개 품목의 전부는 수출제한 방식이었다[22]. 수출제한을 하는 목적은 수입원재료의 관리가 아닌 최종제품의 수출관리로 기존의 밀수방지를 위해 수입을 제한하던 방식에서 수출을 제지하기 위한 수출제한 방식으로 변화되었다는 것을 알 수 있다.

---

17) 韓堅放, 前揭論文, 2009, p.93.
18) KOTRA, 전게서, 2005, p.39.
19) 商務部, "加工贸易限制类商品目录", 『稅關總署』, 2007年, 44号.
20) 제한류 상품으로 분류되면 보증금을 납부해야 함.
21) KOTRA, 전게서, 2005, p.39.
22) 三井住友銀行中国業務推進部, 『加工貿易制限類商品目録公布について』, SMBC中国ビジネス情報, 2007, p.1.

▌표 16-2▌ 가공무역 기업 및 상품별 보증금 적립 여부

상품 \ 기업	A류 기업	B류 기업	C류 기업	D류 기업
허가류	"공전" 보증금대장제도 미적용	"공전"	"실전" 관세·증치세의 100% 상당 보증금 (또는 보증장)	가공무역계약 불허. 수출입 1년 정지
제한류		"실전" 관세·증치세의 50% 상당 보증금 (또는 보증장)		

자료: KOTRA, 전게서, 2005, p.42.

2007년의 44호 공고에 의해 〈표 16-2〉의 기존 보증금제도보다 강화된 보증금제도가 실시되었다. 강화된 보증금제도는 제한류 상품을 취급하는 A류 기업의 보증금 납부가 "공전(空转)"에서 B류 기업과 같이 50%의 "실전(实转)"이 되었다는 점이다. 즉, 기업은 실질적으로 관세 및 증치세의 50%에 상당하는 보증금을 납부해야 하는 것으로 기업의 비용 부담이 증대되게 되었다. 가공의 공정을 하고 있는 대부분의 제조기업은 B류 기업에 속하기 때문에 본 공고의 시행과 더불어 변경된 규칙은 B류 기업에 적지 않은 영향을 주었다[23].

사실 외자기업에 대한 본 공고의 영향은 보증금 납부가 "공전"에서 "실전"화 되었다는 점도 있지만 제한류 상품의 대폭적인 증가가 기업에 미치는 영향 측면을 보면 더욱 큰 타격을 주었다. 왜냐하면 가공대상이 되는 원재료나 부품 등은 금지류, 제한류, 허가류로 분류되어 관리되고 있으며 이러한 상품분류는 기업분류(AA, A, B, C, D)와 함께 보증금 대장제도 적용시 각 기업에 어느 정도의 보증금을 적립하도록 할 것인가에 대한 판단 근거가 되기 때문이었다[24].

(2) 수출 증치세 환급 비율 인하 또는 폐지

1990년대 시행된 무역 및 제조 기업들에 대한 중국정부의 각종 규제 조치는 가공용 원재료의 탈세 문제를 해결하기 위한 것이었으나 2000년대 이후에 시행된 규제 조치는 중국의 만성적이고 지속적인 대미국 및 유럽에 대한 무역흑자를 해소시키기 위한 목적이었다고 볼 수 있다.

23) KOTRA, 전게서, 2005, p.40.
24) KOTRA, 전게서, 2005, p.38.

이와 같은 배경에는 중국의 막대한 외환보유고와 무역흑자의 문제를 들 수 있다[25]. 무역흑자는 1994년 이후 2004년까지 300억 달러를 전후하였지만 2005년에는 전년에 비해 3배 이상이 증가해 1,000억 달러를 돌파했다. 2006년에도 74%라고 하는 높은 성장률을 지속하여 과거와 비교할 수 없을 만큼 증가했다[26]. 이러한 무역흑자 현상은 통상 및 무역 마찰의 원인이 되었고 중국정부는 무역흑자를 해소하기 위해 수출 물품에 대한 증치세 환급의 비율을 인하하는 정책을 실시하였다.

원래 중국정부는 수출을 장려하기 위하여 증치세를 환급해 주는 제도를 정비하였다. 즉, 수출품에 사용된 원재료를 구입할 때 부담한 증치세를 기업에 환급해 주는 것이었다. 1994년 중국정부가 대폭적인 세제개혁을 시행할 때 기업에 대한 증치세의 환급률은 100%였다. 일반적으로 증치세의 세율은 17%로 환급률이 100%였다는 것은 상품에 대한 환급률이 17%였다는 것으로 수출기업의 증치세에 대한 실질적인 부담은 없었던 것이다. 이러한 증치세에 대한 전액 환급 제도는 기업들에게 엄청난 유혹이 될 수밖에 없다. 기업들은 이와 같은 환급에 대한 제도를 이용해 부정하게 환급 청구를 하였고 이러한 것이 문제가 되어 정부의 재정부담은 가중되었다. 중국 정부는 이러한 문제 해결을 위해 환급률을 단계적으로 인하하기에 이른다. 그로 인해 1996년에는 증치세의 환급률이 1994년 보다 거의 절반 정도의 수준까지 낮아지게 된다. 이렇게 환급률이 낮아짐으로 인해 기업은 낮아지는 비율만큼 수출시 세금을 부담하는 것과 다름이 없으므로 기업의 비용부담 악화뿐만 아니라 가격 경쟁력도 약화되었다. 그러나 1997년 아시아의 유동성 위기 이후 중국의 경제 성장률은 둔화되었고 중국정부는 둔화된 성장률을 촉진시키기 위해 수출에 대한 증치세의 환급률을 수회에 걸쳐 인상했다. 그 결과 의류, 기계, 전자기기와 같은 수출 주력 상품의 환급률은 17%로 실질적인 부담이 거의 없는 상태로 돌아가게 되었다[27].

그러나 중국정부는 2003년 10월에 "수출화물 환급세율 조정에 관한 통지(재세, 2003년, 222호)"를 공포했다[28]. 그로 인해 수출품에 적용되었던 환급률은

---

25) 한국수출입은행, 『중국의 투자환경 변화와 우리 기업의 대응방안』, 2007, pp.3~4.
26) 経済産業省, 前揭書, 2007, p.44.
27) 杜莹芬, "中国出口退税制度改革及其影响", 『上海行政学院学报』, 第5卷 第2号, 2004, p.45.
28) "关于调整出口货物退税率的通知", 财税(2003), 222号.

2004년 1월 1일부로 평균 3% 인하되었다. 본 통지의 환급률 조정 대상은 중국국내에서 공급이 부족한 제품, 수출제한을 하고 있는 제품, 국제시장에서 경쟁력이 있는 제품이었다. 이러한 제품에 대해 환급률을 인하시키는 것은 기업의 원가경쟁력을 약화시켰다. 즉, 중국의 증치세 징세율은 일반적으로 17%이므로 환급률이 13%인 품목의 경우 4%의 수출세를 부담하는 것과 동일한 의미가 되는 것이다[29]. 이와 같이 수출 증치세의 환급률이 인하되면서 수출제한이 가해지고 있는 저부가가치 품목의 제품을 생산하는 기업들은 막대한 영향을 받았다[30]. 그리고 수출 증치세 환급률 인하는 수출제품의 생산비용을 증가시켜 위엔화의 평가절상 압력을 경감시키기 위한 의도도 있었지만 증치세 환급률 인상으로 인한 재정상의 곤란을 해소하기 위한 목적도 있었다[31]. 당초 수출 증치세의 환급이 실시되던 때에 정부가 전망했던 것보다 수출은 급속도로 확대되어 기업에 환급되어지는 재원은 정부측면에 매우 커다란 문제를 불러일으켰다[32].

중국 정부는 "제11차 5개년 계획(2006~2010)"에서 기존의 경제발전모델에 대한 혁신을 도모하여 경제발전의 질을 향상시킴과 동시에 지속 가능한 경제발전으로 가기 위한 모델을 선택했다[33]. 이와 같은 계획하에서 중국정부는 2006년 9월 14일 "일부 수출품목에 관한 증치세 환급률 조정에 관한 통지(재세 2006, 139호)"를 공포하여[34] 9월 15일[35]부터 에너지를 대량으로 소비하는 형태의 제품, 오염을 많이 발생시키는 형태의 제품 그리고 자원 관련 제품에 더해 일부의 노동집약형 제품에 대해 수출 증치세의 환급 비율을 인하하거나 폐지하였다[36]. 본 통지로 인해 255개 상품의 환급률이 폐지되었고 1,130개 상품에 대해서는 환

29) KOTRA, 전게서, 2005, p.63.
30) 하현수, 전게논문, 2011, pp.347~348.
31) 중국은 수출 호조기에는 수출에 대한 증치세 환급률을 인하하고 수출 침체기에는 인상함으로써 수출을 조절해 왔다.(정환곤, "중국의 가공무역 정책변화에 따른 우리 수출기업의 대응전략에 관한 연구", 건국대학교 대학원 석사학위논문, 2008, p.39.)
32) 杜莹芬, 前揭論文, 2004, p.46.
33) 経済産業省,『通商白書』, ぎょうせい, 2006, p.141.
34) "关于调整部分商品出口退税率和增补加工贸易禁止类商品目录的通知", 财税(2006), 139号.
35) 중국정부는 일부의 국가 및 지역에 편중되어 대량수출이 또 다시 발생되는 문제를 제지하기 위해 9월 14일에 통지를 발표하고 서둘러 다음날인 9월 15일에 시행해 정부의 강력한 의지를 보여주는 강경책을 취했다.
(福井県香港事務所, "相次ぐ政策調整—対応に追われる香港企業", 2006年 11月 13日)
(http://www.fukui-kaigai.jp/hk/report/honyaku/senni/2006/textile061113-3.htm)
36) 水野亮, 前揭書, 2007, p.3.

급률이 인하되었다. 또한 중국정부는 9월 28일 추가로 "일부 상품의 수출증치세 환급에 관한 보충 통지(재세 2006, 145호)"를 공포하여[37] 9월 15일 이전에 수출증치세 환급을 폐지한 138개 상품과 9월 15일 이후에 폐지를 결정한 255개 상품 가운데 225개의 상품을 "가공무역 금지류 상품 목록"에 기재함을 밝혔다. 외자기업이 취급하는 중간재가 가공무역 금지류 상품 리스트에 추가 기재된다는 의미는 통지 이후에 그 중간재를 일반무역의 형태로 밖에 수입할 수 없다는 것을 의미한다. 따라서 수입을 할 때 관세 및 증치세를 납부하여 비용의 증가가 생기게 되어 기업들은 자금상의 압박을 견디지 못하고 도산이 되는 경우가 적지 않았다.

3) 노동 환경 변화

중국정부의 노동에 대한 정책은 고용, 실업, 임금소득, 노동운동, 노동문제 등에 대한 제정책이 모두 포함되는 개념이다. 노동 정책의 출발점은 노동기본법으로 1995년에 시행되었다. 노동법은 국가성장전략의 수출주도형 모델을 반영해 노동자의 권익보다는 경제성장과 기업의 발전에 초점을 맞추어 제정되었다. 그러나 2001년 노동조합법의 개정과 2002년 "중화인민공화국안전생산법"이 제정되는 등 후진타오와 원자바오 정권은 친민정책을 내세워 자본가로부터 노동자를 보호하기 위한 입법 활동을 적극적으로 추진했다[38].

2008년 1월 1일부로 시행된 노동계약법은 노동법의 노동계약 부분을 분리하여 만든 특별법으로 노동법에서의 노동계약 체계를 강화하였다. 이것은 2000년 이후 후진타오와 원자바오 정권의 친민정책의 결과물로 경제성장의 그늘에서 소외된 노동자의 권익보호를 강화하는데 입법초점을 맞춤으로써 기존의 노동법과는 본질적인 차이를 보이고 있다. 〈표 16-3〉과 같이 기존의 경제 성장 전략 시대에서 노동자를 착취하던 환경은 그 결과물을 공동으로 향유하자는 환경으로 변화되었으며 고용의 안정성을 유지시키기 위해 장기고용을 촉진시키는 형태로 또한 변화되었다. 그리고 노동자의 권익 침해에 대한 구체적이고 명확한 벌칙 규정을 입법화함으로써 기업의 사회적 책임을 강조하고 있다는 것을 알 수 있다.

---

37) "调整部分商品出口退税率有关问题的补充规定", 财税(2006), 145号.
38) 이원경, "중국 노동관리체계의 변화에 따른 외자기업의 유형별 전략 연구", 중앙대학교 대학원 박사학위논문, 2012, pp.72~73.

▌표 16-3▌ 노동법과 노동계약법의 차이

구 분	노동법	노동계약법
제정 시기	1994년(1995년 시행)	2007년(2008년 시행)
법의 특성	종합적 법률	특별법(노동법에 우선)
시대적 환경	고용의 탄력성	경제발전의 성과 공동 향유
입법 초점	기업의 경영효율	기업의 사회적 책임 강조
고용 형태	단기계약 중심	장기고용 촉진
노동자의 권익침해	원칙론적인 규정	구체적이고 명확한 벌칙 규정

자료: KOTRA, 『신노동계약법과 우리기업의 대응방안』, 다롄무역관, 2007, p.2.

또한 연이어 시행된 사회보장법, 노사분쟁조정법, 고용촉진법 등은 노동자의 권익보호 강화를 뒷받침하는 규칙들로써 이러한 노동환경 변화는 자국의 노동관리를 통해 산업구조의 고도화와 노동시장의 질적 향상을 도모하고 있다는 것을 시사한다[39].

2010년 10월 중국 정부가 발표한 "제12차 경제개발 5개년 계획"에서는 경제정책과 노동정책의 변화가 노동시장의 문제인 인건비 수준과 노사의 관계를 개선할 수 있다는 것을 시사하였다. 그러나 양이용(楊宜勇)은 유럽 재정위기 지속, 미국의 국가 신용등급 하락에 의한 외환시장의 불안정, 세계적인 물가상승으로 인한 세계경제의 불안정성이 유지되면서 소비심리가 위축되고 결과적으로 수출의 성장은 둔화될 것으로 예상하였으며 이러한 변수들은 중국의 노동시장에 부담을 주고 위엔화의 평가절상, 인건비 상승, 인플레이션 압박과 국내 경제 성장의 둔화 등의 국내적 요인들과 맞물려 구조적 실업이 초래될 것이라고 분석했다[40].

이러한 중국의 노동정책 변화는 원가절감형 진출 기업들에게 비용 상승이라는 자금의 부담, 경영권 제약과 고용 유연성 약화 등을 발생시킬 수밖에 없다. 노동계약법, 사회보장제도, 최저임금제 등의 강화 규정이 실시되면서 비용지출이 지속적으로 확대될 것이고 대부분의 중국 진출 기업들은 원가절감형 기업들로 제

39) 노동계약법 제1조: 노동계약제도를 완전화하고 노동계약 쌍방당사자의 권리와 의무를 명확히 하며 노동자의 권익을 보호하고 조화롭고 안정적인 노동관계를 구축 발전시키기 위해 본 법을 제정한다.
40) 杨宜勇·杨亚哲, 『2011~2012年中国就业形势分析与展望』, 社会科学文献出版社, 2012, p.219.

도 변화에 따른 각종 비용이 기본급을 넘어서는 경우가 발생하여 기업들의 인건비 부담은 크게 상승할 수밖에 없다[41].

또한 중국의 저출산 및 인구의 고령화와 핵가족화 등의 인구구조 변화는 생산가능인구의 감소를 불러오고 있으며 그에 따른 인건비 상승은 중국의 국내 기업은 물론 외자 기업들에게 부담을 가세하고 있다[42].

노동력 수급의 부족과 노동자들의 권리의식 강화 등의 구조적 문제로 인해 기업들은 기존의 노사관계를 탈피해야 하는 상황이며 노동자들은 노동정책 요인에 따라 임금인상과 근로조건의 변경을 적극적으로 요구하고 있다. 결국 노동정책 요인에 따른 일련의 노사관계 변화는 노동력이 많이 투입되는 산업의 기업체들에게는 더욱 부담이 될 수밖에 없는 것이다.

4) 환율 환경 변화

중국 정부는 고정환율 제도를 오랫동안 시행함으로써 위엔화의 안정을 유지하였다. 이러한 위엔화의 안정은 중국경제의 고속 성장을 뒷받침하는 역할을 하였다.

평가 절하된 위엔화를 통해 중국의 물품은 수출경쟁력이 높아졌고 이는 결과적으로 수출의 증가와 맞물려 지속적인 흑자를 유지하였다. 이러한 무역수지의 흑자와 외국의 투자 자본의 유입으로 인해 중국은 10%대의 성장률을 유지해 왔다. 그러나 중국과의 무역에서 적자 폭이 큰 국가들의 불만은 날이 갈수록 커져만 갔다. 그러한 불만은 결국 압력으로 다가왔고 중국의 저평가된 위엔화의 평가절상을 요구하는 단초가 되었다.

무역수지 적자폭이 큰 국가들은 중국 정부에 위엔화의 평가절상을 강력히 요구하였고 중국 정부는 기존의 고정환율제를 개혁할 수밖에 없었다. 이러한 중국 정부의 환율정책에 이은 위엔화의 평가절상과 변동폭의 확대 등은 기업들에게 자금의 부담을 발생시켰다. 특히 중국에서 무역 및 제조 활동을 하고 있는 외국의 기업들은 환율에 직접적인 영향을 받으므로 매우 커다란 위험요인으로 다가올 수밖에 없다.

---

41) 함정오, "재중 한국계 외자기업의 경영성과 결정요인에 관한 연구", 숭실대학교 대학원 박사학위논문, 2011, p.68.

42) LGERI, 『중국 인구구조 변화의 경제적 시사점』, LG Business Insight, 2011, pp.20~28.

(1) 환율정책 운용

1980년 초 중국은 자국의 환율에 대한 개혁 작업에 착수한다. 1981년 외환조절센터를 설립하고 조절환율[43]제도를 도입하여 공정환율과 조절환율이 동시에 운영되는 이중환율제도를 운영하였다. 그러나 1994년 중국 위엔화의 가치가 과대평가 되었음에도 불구하고 공정환율이 시장의 상황을 제대로 반영하지 못했던 것을 개혁하기 위해 기존의 이중환율제도를 외환조절센터의 수급상황에 따라 결정되는 조절환율 중심으로 일원화하였다[44].

중국은 경제성장과 더불어 시장경제체제가 자리 잡게 되었다. 대외적인 경제활동의 원활화로 인해 위엔화의 가치는 점차 높아져 1995년 5월 10일에는 달러당 8.3위엔에 달했다[45]. 1997년 아시아 유동성 위기 이후 중국 정부는 위엔화 평가절상 압력을 회피하기 위해 외환시장에 강력히 개입하였다. 그로 인해 관리변동 환율제도가 사실상 고정 환율 제도로 변질되었다. 실제로 1997년 이후 위엔화의 환율은 변동 폭이 극히 미미하다. 중심환율 8.27에서 플러스마이너스 1%의 좁은 범위 내에서 움직이므로 사실상 미 달러에 페그되어 있는 고정환율제도를 유지했다. 2001년 중국은 WTO가입 이후 외환거래의 편의를 제공할 목적으로 외환시장 거래시간 연장 등과 같은 일부 외환제도를 개선했지만 금융개방과 같은 별도의 합의 사항이 존재하지 않아 큰 틀은 변경되지 않았다[46].

중국 인민은행[47]은 2005년 7월 21일 16호 공고[48]를 통해 "인민폐의 대달러 환율을 2.1% 절상하면서 복수의 통화바스켓상 가치를 참작하여 위엔화의 환율을 1일 상하 0.3%의 범위 내에서 변동하는 것을 허용한다"고 발표하여 위엔화의 환율 조절 방식과 환율 조절 수준에 대해 구체적으로 규정하였다. 이로써 중국은 2005년 7월 21일부터 고정환율제도를 포기하고 복수통화 바스켓제도를 이용한 관리변동 환율 제도를 실시하였다. 또한 외환관리에 있어서 부분적인 자유화, 위엔화의 변동성 확대, 점진적인 절상 등 외환관리제도의 개혁을 추진하였다[49].

---

43) 외환조절센터를 통한 기업간 외환거래로 형성된 시장 환율.
44) 王偉旭, 『人民币汇率挑战与变革选择』, 光明日报出版社, 2004, pp.1~16.
45) 왕효뢰, "변동환율제도하의 위안화 환율변동과 기업의 재무성과 간 상관관계 연구", 목포대학교 대학원 석사학위논문, 2009, p.23.
46) 박애란, "체제전환기 중국 통화 및 환율정책의 운용과 개편방향에 관한 연구", 연세대학교 대학원 박사학위논문, 2005, p.44.
47) 중국은 인민은행이 환율정책과 금융정책 모두를 책임지고 있다.
48) "中国人民银行关于完善人民币汇率形成机制改革的公告", 中国人民银行公告 〔2005〕 第16号.

표 16-4 개혁개방 이후 중국의 환율제도

제 도	시 기	주요 특징 및 내용
이중 환율제도	1979~1993년	- 1980년부터 환율제도 개혁 착수하여 1981년 공정환율과 조절환율이 동시에 운영되는 이중환율제도 채택됨
관리변동 환율제도	1994~2004년	- 1994년부터 환율이 조절환율을 기준으로 일원화됨 - 1997년 유동성위기 이후 중국정부의 강력한 시장개입으로 위엔화 환율은 1달러=8.27위엔에서 고정되었다. 따라서 사실상 관리변동환율제에서 고정환율제로 변경됨
변동 환율제도	2005~현재	- 복수의 통화바스켓상의 가치를 참작하여 위엔화의 환율을 1일 상하 0.3%의 범위 내에서 변동하는 허용하여 변동환율제도를 채택함

주: 관련 자료에 근거하여 저자 작성.

(2) 환율정책 변화

중국의 위엔화에 대한 평가 절상의 필요성은 대내적인 문제와 대외적인 문제로 볼 수 있다. 먼저 대내적인 문제는 경기과열과 같은 국내경제상황이다. 중국은 외국인 직접투자 확대, 환차익을 노린 국제투기 자본의 유입 등에 따른 외환보유액 급증이 물가상승과 과도한 은행대출로 이어져 경기과열을 불러일으켰고 결국 국내 경제상황이 악화되었다. 이에 중국정부는 통화량과 대출규모를 억제하고 지급준비율을 인상하는 등의 정책을 시행하였지만 추가적인 금리인상이 불가피하다는 주장이 지배적이었다[50]. 대외적으로 위엔화 정책 변경의 가장 중요한 요인은 미국 및 EU의 중국에 대한 무역수지 불균형 문제이다. 중국의 경제성장 모델은 저렴한 노동력과 세제혜택을 바탕으로 외자기업을 유치하여 노동집약적인 제품을 중국에서 가공 및 조립하여 외자기업의 자국이나 제3국으로 수출하는 형태로 발전하였다. 이러한 중국의 수출 주도형 성장모델은 중국이 경제성장을 하기 위해 채택한 것으로 개혁개방 이후 매년 10%대의 경제성장을 지속하는데 견인차 역할을 해 왔다. 그러나 저렴한 노동력을 바탕으로 한 노동집약적인

49) 박영철, "위안화 절상이 중국경제에 미치는 영향에 관한 연구", 경희대학교 대학원 석사학위논문, 2010, p.27.

50) 최영리, "중국 환율 제도에 관한 연구", 성균관대학교 대학원 석사학위논문, 2007, pp.44~45.

제조업은 대외적으로 무역수지 불균형을 초래시켰다. 이러한 무역수지 불균형은 무역수지 만성 적자를 기록하는 국가들에 의해 통상압력으로 다가왔고 중국정부는 환율 정책을 조정하여 이러한 통상압력의 불만을 잠재우고 위엔화의 이미지 개선을 위해 노력하고 있다[51].

5) 세무 환경 변화

개발도상국들이나 후진국들은 외국 자본의 투자를 통해 발전하는 형태가 많다. 그러한 외국 자본의 투자 유치를 위해 각종 혜택을 부여해 왔다. 그러나 외자유치나 자국의 성장이 만족할 만큼 이루어진 경우 기존의 혜택을 축소하거나 폐지하는 수순을 밟고 있다[52]. 중국 또한 개방 초기 각종 세제 혜택을 주었지만 기존의 이와 같은 각종 조세 제도를 변경하여 이러한 혜택을 축소시키거나 폐지하였다. 중국은 WTO 가입 이후 외자기업에게만 부여하던 세제혜택에 대해 내국기업의 불만을 해소시킴과 동시에 외자기업들의 탈세 행위 근절과 사회안전망 확충에 필요한 재원을 조달하기 위해 기업소득세 징수 강화와 세무조사 강화 등을 적극 추진하였다.

그동안 중국 정부는 자국의 기업에 대하여 "기업소득세 잠정조례(企业所得税暂行条例)"를 적용하고 외자기업에 대해서는 "외국인투자기업 및 외국기업소득세법(外商投资企业和外商企业所得税法)", "외국인 투자기업 및 외국기업소득세법 실시조례(外商投资企业和外商企业所得税法实施条例)"에 의거하여 기업소득세율을 차등하여 부과해 왔었다. 그러나 2008년 1월 1일부터 외자기업과 중국기업의 세율을 25%로 통일시켜 외자기업에 대한 기업소득세 징수를 강화하였다. 물론 2008년부터 바로 25%의 세율이 적용되는 것이 아니라 기업의 조세 충격을 완화시켜 주기 위해 유예조치 내용을 명시하고 있는데 15%의 우대세율을 적용받던 기업은 2008년에는 18%, 2009년에는 20%, 2010년에는 22%, 2011년에는 24%, 2012년에는 25%로 단계적 상향 조정토록 하였다[53].

---

51) 박영철, 전게논문, 2010, p.35.

52) 강승구, "중국의 조세환경 변화가 국내기업에 미치는 영향 연구", 부경대학교 대학원 석사학위논문, 2008, p.41.

53) 이추균, "중국의 투자환경변화와 한국기업의 대응전략에 관한 연구", 한남대학교 대학원 석사학위논문, 2011, pp.36~37.

중국은 기업소득세법의 변화에 따른 외자기업의 탈세 방지를 위해 세무조사를 강화하였다. 그 중 가공무역을 많이 하고 있는 심천 등에서는 전문 세무조사관들이 이전가격조사를 철저히 하고 있다. 이전가격세제는 국가세무총국이 2009년 1월 8일 중국 내 이전가격 규제를 위해 새롭게 발표한 것으로 특수관계자간 거래는 시장에서 형성되는 가격과 비교해 보았을 때 거래조건이 충분히 반영되지 않을 가능성이 존재한다는 것이다. 따라서 이러한 문제를 시정하기 위하여 다국적 기업내의 특수관계자간 거래로 인해서 거래당사자가 획득하는 소득은 각자가 경쟁시장 내에서 독립적으로 활동하였을 때 형성되었을 조건의 가격에 입각해서 결정되어야 한다는 것이 기본 원리이다[54]. 모기업과의 거래가 주로 이루어지는 기업에서는 이러한 중국 정부의 이전가격세제에 대한 강화 정책에 대비를 해야 한다[55]. 이렇게 외자기업에 대한 우대세율 인하 또는 폐지와 세무조사의 강화와 같은 중국 정부의 세무정책은 중국 현지에서 경영활동을 하고 있는 외자기업 측면에서 조세부담이 증가하고 수익성이 악화되는 요인이 될 수밖에 없다[56].

3. 중국 통상 변화에 따른 기업의 대응

중국 정부의 대내외적인 통상 환경의 변화로 인해 기업들은 혼란을 겪고 있다. 중국 정부는 이미 경제성장을 어느 정도 이루었고 지금은 양적 성장의 패러다임에서 질적 성장의 패러다임으로 돌아선 전략을 구사하고 있다. 결국 산업구조를 고도화시켜 향후의 시장을 공략하려는 것이다. 이와 같은 상황하에서 무역과 관련된 정책들에 대해 변화를 주고 있으며 그러한 변화는 우리나라 기업을 포함한 세계 모든 나라들에게 부담을 가중시키고 있다.

그러나 적절한 대응방안을 모색해 기업에 영향이 없도록 하기 위한 방안이 모색되어야 함에는 이견이 없다.

먼저, 중국 정부가 수출입 제한품목 또는 금지품목을 지속적으로 확대시키고 있지만 아직까지 한국의 기업들은 그에 대한 피해를 많이 언급하지 않는다. 그러

54) 박설원, "중국의 이전가격 과세제도에 관한 연구", 숭실대학교 대학원 석사학위논문, 2009, p.7.
55) 이추균, 전게논문, 2011, p.38.
56) 강승구, 전게논문, 2008, pp.61~62.

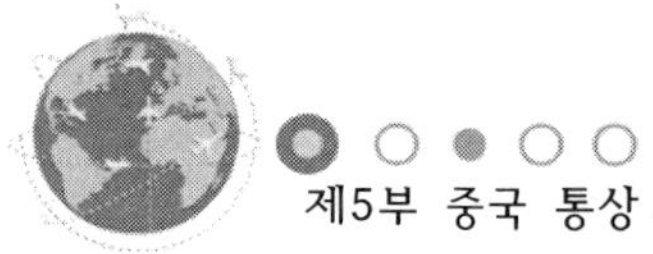

나 더욱 더 이와 같은 품목들이 확대되었을 경우를 대비하여 정부와 기업측면에서의 대응방안이 요구된다. 둘째, 환율 변동성의 확대와 예측 불능은 기업들에게 직접적인 타격을 줄 것이다. 대기업은 그에 상응하는 조치가 가능하겠으나 중소 및 영세한 기업들은 위험의 감지가 다소 늦을 수 있다. 결국 위험에 노출될 여지가 많다. 따라서 중소기업이나 영세한 기업들을 상대로 정부는 환위험 관련 보험에서 혜택을 볼 수 있도록 조치를 취하거나 중국 정부의 환율 변동에 대한 예측 정보를 파악해 위험을 알리는 노력이 필요할 것이다. 셋째, 초창기 중국시장에 진출한 다수의 기업들은 중국의 값싼 노동력에 이끌렸다고 해도 과언이 아니다. 그러나 중국 정부의 통상 정책을 살펴보면 이제는 더 이상 저부가가치를 창출하는 산업은 살아갈 수 없다. 따라서 기업 자체적으로 기술 개발을 통해 고부가가치를 창출하는 사업으로의 전환을 모색해야 할 것이며 정부는 그러한 기업들의 노력에 재정적인 지원을 아끼지 말아야 할 것이다. 넷째, 세제 혜택 폐지로 인한 조세부담의 증가와 세무조사의 강화는 기업들에게 막대한 영향을 줄 것이다. 노동정책과 환율정책의 변화에 따른 영향보다 적지만 그래도 기업들에게 영향을 주는 요인으로 작용할 것이다. 따라서 기업들은 자사가 속해있는 지방 정부와 중앙정부의 세제 정책에 대한 정보를 수집하여 자사가 불리한 입장에 놓이지 않도록 전략을 세워야 할 것이다.

1. 한·중 FTA 개요

1) 의의

2014년 11월 10일 한·중 정상회담에서 양국 정상은 한·중 FTA 협상이 실질적으로 타결되었다고 공식 선언했으며, 2015년 2월 양국 정부가 한·중 FTA 협정문에 가서명 함으로써, 한·중 양국은 상품 및 서비스 시장 개방과 품목별 원산지 기준(PSR) 등 모든 핵심 쟁점에 대해 최종 합의를 도출했다. 이로써 2005년 민간 공동연구를 기점으로 본격적인 논의가 시작된 한·중 FTA는 2012년 5월 첫 번째 협상을 개시한 이후 30개월 만에 협상 실질 타결이라는 결실에 도달하게 되었다. 한국은 이번 중국과의 FTA 협상 타결로 미국·유럽연합(EU)에 이어 3대 경제권과 FTA를 맺은 나라가 됐다. 세계 GDP의 12.3%를 차지하는 중국을 우리 경제영토에 포함시킴으로써 전자·자동차·철강·석유화학 등 주력 제조업의 지속 가능한 성장을 유지시킬 수 있게 됐다. 또한 중국은 미국 주도의 배타적 경제블록 TPP(환태평양 경제동반자협정)에 대응하기 위해, 한국으로서는 최대 무역상대국인 중국에게서 상품무역은 물론, 폐쇄적인 중국 서비스시장의 지배력 강화를 위해 통 큰 합의를 보게 된 것으로 해석할 수 있다.

1992년 한·중 수교 당시 양국의 교역규모는 63억 달러에 불과했다. 그러나 수교 20년이 지난 2012년 약 2,206억 달러, 2015년 3,000억 달러를 넘었으며 수교 이래 양국 교역규모는 약 40배 가까이 증가했다. 이 수치는 세계적으로 유례가 없는 비약적인 교역량의 증가이며 한·중 FTA는 GDP 경제규모로 본다면 글로벌 2위와 15위 국가 간에 체결된 신흥국 최대 규모의 FTA 시대의 개막을 의미한다.

한·중 FTA는 양국 간 교역관계의 양적 성장을 더욱 촉진하는 촉매제로서 작용할 수 있을 것이다. 한편 FTA는 긍정적인 측면과 부정적인 측면이 공존하게 되어 있다. FTA가 협정국간 차별적 특혜무역협정이라는 점에서 국가 산업의 경쟁우위에 따라서 급격한 지배력 확대 내지 지배력 상실을 초래할 수 있다. 이번 한·중 FTA의 경과를 보면 가장 첨예했던 협상분야가 한국과 중국의 산업경쟁력을 대변해주고 있다. 한국은 중국에 대해 1차 산업의 열세, 2차 산업 경합, 3차 산업의 우위를 점하고 있다.

2) 협상의 주요 과정

한·중 FTA 체결 경과 과정을 살펴보면 다음과 같다.

표 17-1 한·중 FTA 협상 일지

년도	내 용
2004년	• 2004.09. : ASEAN+3 경제장관회의 계기 한·중국 통상장관회담시 민간공동연구 개시 추진 합의
2005년	• 2005년부터 중국의 국무원발전연구중심(DRC)과 대외경제정책연구원(KIEP)간 공동연구 개시
2006년	• 2006.11.17. : APEC 각료회의 계기 한·중 통상장관회담에서 한·중국 FTA산·관·학 공동연구를 2007년부터 개시키로 합의 • 2006 민간공동연구 2년차 연구수행 후 11월 연구종료
2007년	• 2007.10.23~25. 한·중국 FTA 산관학 공동연구 제3차 회의 개최(위해) • 2007.07.03~04. 한·중국 FTA 산관학 공동연구 제2차 회의 개최(서울) • 2007.03.22~23. 한·중국 FTA 산관학 공동연구 제1차 회의 개최(북경)

2008년	• 2008.06.11~13. 한·중국 FTA 산관학 공동연구 제5차 회의 개최(북경) • 2008.02.18~20. 한·중국 FTA 산관학 공동연구 제4차 회의 개최(제주)
2010년	• 2010.09.28~29. 한·중 FTA 정부간 사전협의 제1차 회의 개최(북경) • 2010.05.28. 양국 정상 임석하에 양국 통상장관, 산·관·학 공동연구 종료(양해각서 서명, 서울) • 2010.05.23. 한－중 통상장관 회담시 산·관·학 공동연구 종료 방안 논의(서울) • 2010.02 한－중국 FTA 산·관·학 공동연구 수석대표간 협의(북경)
2011년	• 2011.04.11 한－중 통상장관회담(북경)
2012년	• 2012.10.30~11.01. 제4차 협상 개최(경주) • 2012.08.22~24. 제3차 협상 개최(웨이하이) • 2012.07.03~05. 제2차 협상 개최(제주) • 2012.05.14. 제1차 협상(Kick－off meeting) 개최(베이징) • 2012.05.02. 한·중 FTA 협상개시 선언(북경) • 03.22~23, 04.05. 한·중 FTA 추진 관련 사전 실무협의 개최(북경) • 2012.03.01~02. 한·중 FTA 추진 관련 사전 실무협의 개최(서울) • 2012.02.24. 한·중 FTA 공청회
2013년	• 2013.11.18~22. 제8차 협상 개최(인천) • 2013.09.03~05. 제7차 협상 개최(웨이팡) • 2013.07.02~04. 제6차 협상 개최(부산) • 2013.04.26~28. 제5차 협상 개최(하얼빈)
2014년	• 2014.11.10. 협상 타결 선언(베이징) 2014.11.06. 제14차 협상 개최(베이징) • 2014.9.22~26. 제13차 협상 개최(베이징) • 2014.7.14~18. 제12차 협상 개최(대구) • 2014.5.26~30. 제11차 협상 개최(쓰촨성 메이샨) • 2014.4.15~16. 회기간 회의 개최(북경) • 2014.3.17~21. 제10차 협상 개최(일산) • 2014.1.6~10. 제9차 협상 개최(서안)

자료: 산업통상자원부 홈페이지를 참고함.

2. 한·중 FTA 주요 내용

한·중 FTA는 서문과 본문 22개 장 및 5개 부속서로 이루어져 있다. 서문에서는 통상 협정문의 개별 조문을 해석할 때 고려되는 원칙과 전체적인 기조를 규정하는데, 한·중 FTA 서문은 추상적이고 일반적인 표현을 사용하여 양국 간의 협력, 상호이익, 고용, 복지, 생활수준 향상, 지속가능발전 등 경제, 사회, 환경 등의 조화로운 발전의 추구 등을 규정하고 있다. 이것은 무역과 투자 자유화를 분명하게 강조하고 있는 한·미 FTA 서문과 대비되는 것으로 한·중 FTA의 목적이 높은 수준의 무역 자유화 실현과는 거리가 있음을 간접적으로 알 수 있다.

1) 제1장 최초규정 및 정의

제1장(최초규정 및 정의)의 의무의 범위(제1.4조)에서 타 FTA와 동일하게 중국 지방정부도 한·중 FTA의 의무당사자로 명시하였고, 영역적 적용범위(제1.5조)에서는 중국 본토와 별도의 관세영역인 홍콩, 마카오 등에는 한·중 FTA가 적용되지 않음을 명시하였다.

2) 제2장 상품에 대한 내국민 대우 및 시장접근 : 상품양허

상품의 시상접근에 관한 각종 의무사항을 규정한 본문인 6개절 16개 조문과 양국의 품목별 관세철폐 기간 및 양허유형을 규정한 「부속서 2-가 관세 인하 또는 철폐」로 구성되어 있다. 주요 내용을 보면, 한·중 양국은 FTA 협정 발효 이후 최장 20년 이내에 전체 품목의 90% 이상의 관세를 철폐하기로 합의하였다. 즉, 품목 수 기준으로 중국은 전체 품목의 91%, 우리나라는 92%를 최장 20년 이내 철폐하기로 하였다. 이에 대한 주요 내용으로 즉시 철폐의 경우 중국은 품목 수 기준 20%(수입액 기준 44%), 우리나라는 품목 수 기준 50%(수입액 기준 52%)를 차지한다. 10년 철폐의 경우 중국은 품목 수 기준 71%(수입액 기준 66%), 우리나라는 품목 수 기준 79%(수입액 기준 77%)를 차지하는 것으로 파악된다.

수입액 기준으로 중국은 대한국 수입액 85%, 우리나라는 대중국 수입액의 91%에 부과되던 관세를 최장 20년 이내 철폐하기로 합의하였다. 또한 농수축산물, 영세 중소제조업 등 국내 민감 분야를 보호하면서 미래 유망 수출품목의 중국 내수시장 진출기회를 확보하려고 노력하고자 하였다.

▮표 17-2▮ 한·중 FTA 상품 양허 결과

양허 유형	우리나라의 대중 양허			중국의 대한국 양허		
	품목 수	품목 수 비중	수입액 비중	품목 수	품목 수 비중	수입액 비중
1. 즉시 철폐	6,108	49.9	51.8	1,649	20.1	44.0
2. 5년 철폐	1,433	11.7	3.8	1,679	20.5	3.5
3. 10년 철폐	2,149	17.6	21.5	2,518	30.7	18.7
4. 15년 철폐	1,106	9.0	9.8	1,108	13.5	13.1
5. 20년 철폐	476	3.9	4.2	474	5.8	5.6
소계	11,272	92.2	77.1	7,428	90.7	85.0
6. 부분 감축	87	0.7	2.8	129	1.6	6.0
7. 현행 유지+TRQ	21	0.2	0.7	-	-	-
8. 양허 제외	836	6.8	5.2	637	7.8	9.0
9. 협정 배제	16	0.1	0.1	-	-	-
총계	12,232	100.0	100.0	8,194	100.0	100.0

자료: 한·중 FTA 상세 설명자료(http://www.fta.go.kr/cn/explan/1/)
주: 특히 농수산분야 자유화율, 품목수 기준 70%, 수입액 기준 40%는 기체결 FTA 역대 최저 수준

한편, 국내 생산 주요 농수산물(대중 수입액 기준 60%) 및 섬유, 베어링, 판유리, 합판 등 영세중소제조업체 생산품목에 대해 양허제외 및 관세 부분감축 등의 보호 장치를 활용하여 시장 개방 충격 최소화하고자 하였다.

한·중 FTA 상품 분야에서 가장 뜨거운 협상 이슈였던 농수산품의 자유화율(즉시 철폐~20년 내 철폐)은 품목 수 기준 70%, 수입액 기준 40%로서 우리나라 기체결 FTA중 가장 낮은 수준으로 합의되었다(10개국 평균 품목 수 78.1%, 수입액 89%). 즉, 농수산물의 경우, 총 614개 품목(수입액 30%)을 양허제외하고, 저율관세할당(TRQ), 관세 부분감축 등 예외적 수단을 확보하여 총 670개(수입액 60%) 품목을 관세철폐 대상에서 제외하였다. 다시 말해, 쌀, 양념 채소류(고추, 마늘, 양파 등), 배추, 오이, 우유, 계란, 인삼, 육고기(쇠고기, 돼지고기 등), 과실류(사과, 감귤, 배 등), 주요 어류 (조기, 갈치, 오징어, 넙치 등) 등 양허 제외되었다. 또한, 민감성이 큰 목재류 및 섬유, 수공구 등 영세 중소 제조업 품목 일부에 대해서도 양허제외, 관세 부분감축 등의 보호 장치를 활용하여 시장

개방 충격 최소화하고자 하였다. 하지만 이미 2013년 대중국 농업분야 무역적자가 37억6,700만 달러에 달하고 있는 만큼 실질적으로 긍정적 효과를 기대하기는 힘들 것으로 파악된다. 또한 수산물과 관련하여서 한·중 FTA 협정문에 IUU조항(불법어업방지조항)을 명시하지 못하였는데, 한·중 FTA 발효 시 수산분야에서의 수산물 생산 감소 등 직접 피해보다 중국의 불법조업으로 인한 피해가 크고 향후에도 월등히 클 것으로 전망되는 점을 감안하면 이익불균형 효과가 상당할 것으로 판단된다.

또한 비관세장벽과 관련해서는 중국의 중앙정부와 지방정부 등 각급 행정기관에 의해 취해지는 각종 무역 관련 비관세조치에 적절히 대응하기 위하여 담당공무원으로 구성되는 협의메커니즘으로서 비관세조치작업반을 상품무역위원회 산하에 설치할 것을 합의하였다. 그리고 식품 및 화장품 분야 시험검사기관 상호인정에 관한 협의 조항을 포함한 것은 한·중 FTA 성과로 볼 수 있다.

▮그림 17-1▮ 한·중 FTA 상품 양허 결과

한·중 FTA 양허안 포함 품목의 TRQ 조건부 현행관세율 현황

2012년 기준

품명	양허관세 1) (in-quot)	WTO TRQ 양허물량	WTO TRQ 증량	할당관세 물량	대중국 수입량 총 수입량(A)	대중국 수입량 WTO TRQ 수입량	한·중 FTA TRQ 물량3) (B)	한·중 FTA B/A (%)
대두(기타, 콩나물용)	487(5)	185,787	136,018	–	118,018	116,131	10,000	8.5
참깨	630(40)	6,731	74,969	–	29,685	27,987	24,000	80.8
고구마전분	241.2(11)	4,376	15,800	–	27,794	27,794	5,000	18.0
팥 (건조/기타)	420.8(30)	14,694 (녹두 포함)	14,806 (녹두 포함)	–	24,984	24,654	3,000	12.0
기타사료 2) (식물성 부산물)	46.4(5)	32,133	–	860,000	91,926	91,750	38,000	41.3
맥아	269(30)	40,000	–	274,000	13,481	13,481	5,000	37.1

※1) 괄호안은 쿼터내 관세를 의미
2) 사료용 근채류, 버섯재배용 포함
3) 한중 FTA 쿼터내 관세 0%
자료:농식품부 보도자료 14.11.10

MT 머니투데이

▮표 17-3▮ 한·중 FTA 상품 양허 결과

양허유형		세 번 수	비중(%)	주요 품목
즉시 철폐		216	13.4	소(육우/젖소/기타), 오리(기타/번식용), 돼지(번식용), 대두(종자/분/조분), 사탕수수당밀(주정제조용), 돈지(기타), 가금지(기타), 팜유와 그 분획물 기타, 토마토 종자, 양모(기타/탈지), 박류(밀), 양배추 종자, 겨자씨, 생모피(기타), 야자유 기타, 당밀(기타/주정제조용), 라드유, 무 종자, 야자유(조유), 채소종자(기타), 호밀(기타) 등
5년 철폐		209	13.0	해바라기씨유(조유/기타), 조제식료품(오트밀/유아용), 우황, 파스타(기타), 옥수수박, 식혜, 사향, 사탕무, 건빵, 밀(기타), 면실유(조유/정제유/기타), 대두유(정제유/조유), 사탕수수, 스파게티, 양조식초, 라면 등
10년 철폐		164	10.2	꼬냑, 흰포도주(기타), 코코넛(기타/말린 것/미탈각-내과피), 베이커리제품(기타), 샤프란, 스위트비스킷, 쿠키 및 크래커, 소나무(분재용), 붉은포도주(기타), 보드카, 마요네즈, 아몬드(탈각) 등
소계		589	36.6	
15년 철폐		202	12.5	해바라기씨유(정제유), 팜핵유(정제유), 카레, 올리브(설탕저장처리/조제저장처리/일시저장처리), 아이스크림(기타), 쇼트닝, 사과주, 바나나(기타/플랜틴), 망고스틴(신선/건조), 마가린(액상제외), 두리언(신선), 구아버(신선/건조), 파인애플(조제저장처리/설탕저장처리), 망고(신선/건조), 팝콘(조제저장처리), 커피 크리머, 겨자(겨자의분/조분), 소시지(기타), 배합사료(축우/양돈/양계/어류/기타), 토마토페이스트, 스위트콘(조제저장처리/설탕저장처리/냉동) 등
20년 철폐	11년차 부터 감축	2	0.1	과실견과기타(조제저장처리), 기타과실(잼, 젤리, 마말레이드 기타)
	13년차 부터 감축	1	0.1	기타한약재(기타식물 - 향료, 의료용 등)
	20년 선형 철폐	236	14.6	도라지(신선/냉장), 매니옥(냉동), 데어리 스프레드, 소주, 맥주, 낙화생유(조유/정제유/기타/

				그 분획물), 인삼음료, 기타채소(설탕저장처리), 채소류의 혼합물, 춘장, 콩(기타/설탕저장처리), 유장(기타/사료용) 등
소계		441	27.4	
TRQ		7	0.4	참깨, 팥(건조/기타), 대두(기타/콩나물용), 사료용 식물성 부산물 기타, 맥아(볶지 않은 것), 전분(고구마의 것), 대두(기타/기타)
부분 감축	20% 부분감축 (평균)	11	0.7	김치(조제저장처리), 혼합조미료, 기타소스, 팥(탈각/조제저장처리), 당면, 고사리(건조), 들깨, 당류(기타), 낙화생 기타(조제저장처리), 송이버섯(냉동), 기타 채소(조제저장처리)
	130%로 감축	15	0.9	매니옥(신선/냉장/기타/건조), 매니옥칩(건조), 매니옥펠리트(건조), 밀(펠리트/분쇄물/조분), 스위트콘(기타/건조), 옥수수(종자용), 귀리(압착플레이크/분쇄물/조분/가공곡물), 얌-디오스코레아종(기타), 토란-콜로카시아종(기타), 아메리카토란-크산토소마종(기타)
양허 제외		548	34.0	쌀, 보리(겉보리/쌀보리), 팝콘용 옥수수, 감자(식용/냉동·건조/칩용/감자분), 쇠고기(신선/냉장/냉동/식용설육), 돼지고기(냉동삼겹살/냉장삼겹살/냉장기타/돼지족/밀폐가공품), 닭고기(냉동가슴/냉동날개/냉장육/닭고기가공품), 분유(탈전지분유·연유/조제분유/혼합분유), 치즈(신선/가공/기타/체다), 버터, 꿀(천연/인조), 감귤류·오렌지(온주감귤/맨더린/탠저린/오렌지), 사과·배·포도, 키위, 호박, 고추(신선/냉장/건조/냉동), 마늘(신선/냉장/일시저장/건조/냉동), 양파(신선/냉장/건조/냉동), 인삼류(뿌리삼류, 기타 가공품) 등
소계		581	36.1	
총 합계		1,611	100.0	

▌그림 17-2▐ 중국에 대한 한국의 관세인하 내용

중국에 대한 한국의 관세인하 내용 (단위:달러)

품목명	현행 관세율	對中 수입액	양허내용
기타플라스틱제품	6.50%	0.4억	일반품목(5년내 철폐)
금속절삭기계	8%	0.2억	
의료기기	8%	20만	
제트유	5%	-	
냉장고	8%	0.2억	일반품목(10년내 철폐)
세탁기	8%	0.2억	
화장품	6.50%	200만	
LCD패널	0%, 8%	20.1억	
타이어	5%	0.7억	민감품목(15년내 철폐)
휘발유	3%	-	
배합사료	4.2%, 5%	0.3억	
편직제의류(스웨터)	13%	0.8억	민감품목(20년내 철폐)
축전지	8%	0.3억	
자동차부품(로드휠)	8%	0.7억	
면직물	10%	100만	초민감품목(10%감축)
신발부분품	8%	1억	초민감품목(30%감축)
안전유리	8%	6.2억	
알루미늄박	8%	0.2억	초민감품목(10%감축)
면사	8%	0.2억	초민감품목(양허제외)
모사	8%	60만	
편직제의류	13%	1.2억	
초산에틸	5.50%	0.7억	
판유리	8%	600만	
베어링	8%	0.6억	
승용차	8%	400만(양허제외 한정)	
원유	3%	-	일반품목(즉시철폐)
음향기기	8%	0.8억	
반도체제조장비	8%	100만	
의약품	8%	300만	

한국에 대한 중국의 관세인하 내용 (단위:달러)

품목명	현행 관세율	對韓 수입액	양허내용
제트유	9%	42억	일반품목(즉시 철폐)
L형강	3%	0.4억	
스테인리스열연강판(3mm 미만)	4%	-	
항공기부품	10%	2억	일반품목(5년내 철폐)
유선통신기기부품	2%	1.8억	
반도체 제조장비	10%	0.2억	
냉장고	10%, 15%	0.1억	일반품목(10년내 철폐)
에어컨	15%	200만	
에틸렌	2%	11억	
냉연강판(0.5~1mm)	3%	4.9억	
나프타	6%	12억	민감품목(15년내 철폐)
아스팔트	8%	10.5억	
윤활기유	6%	5.4억	
TV카메라 부품	12%	2.5억	
프레스금형	8%	2억	
안경렌즈	20%	30만	
ABS수지	6.50%	2.3억	
도료	10%	0.7억	민감품목(20년내 철폐)
차량용 축전지	10%	0.2억	
콘택트 렌즈	10%	0.2억	
가정용 정수기	25%	200만	

*수입액은 2012년 기준. 자료:산업통상자원부

3) 제3장 원산지 규정 및 원산지 이행 절차

제3장에서는 원산지 규정과 원산지 이행절차를 부속서 또는 장에서 별도의 절

로 구분하여 규정하고 있다. 한·중 FTA 원산지 규정은 우리가 현재까지 체결한 FTA 원산지 규정과 유사하고 중립적인 원산지 규정을 사용하고 있다. 개성공단 생산물품에 대한 원산지 기준은 제3.3조에서 규정하고 있다.

최근에 보도된 언론에 따르면[1], 한국의 기업이 중국과의 교역에 있어서 한·중 FTA체결 이후에 중소기업의 원산지증명서 발급 요청이 급증한 것으로 알려졌다. 대한상의 관계자는 "1억 원 미만 원산지증명서 발급요청이 전체 건수의 75%를 차지했다"고 말했다. 이것은 한·중 FTA 관세혜택을 통해 중소기업들이 가격 경쟁력을 갖추면서 중국시장 진출이 원활해졌음을 나타내는 것을 의미하며 향후에는 한·중 FTA 활용을 늘리기 위해 관세사 상담, 컨설팅 서비스, 사후검증 교육 등의 지원이 필요할 것으로 판단된다.

원산지규정 제3.1조에서는 재료(material), 상품(good), 원산지 상품 또는 원산지재료(originating good or originating material) 등 원산지 챕터에서 사용되는 주요 개념에 대해 규정하고 있다.

원산지 결정에 대한 세 가지 원칙을 규정하고 있는데 당사국에서 완전 생산된 경우, 원산지 재료를 가지고 당사국에서 생산된 경우, 비원산지 재료를 사용하여 당사국에서 생산되었으나 PSR을 충족한 경우이다.

(1) 완전생산 상품 (제3.4조)

아래 10 가지 경우, 제3.2조상 완전생산 상품으로 인정한다.

(가) 당사국에서 출생하고 사육된 살아있는 동물

(나) (가)호에 규정된 살아있는 동물로부터 획득한 상품

(다) 당사국에서 재배하고 수확, 채집 또는 수집된 식물 또는 식물 상품

(라) 당사국 영토, 내수 또는 영해에서 수행된 수렵, 덫사냥, 어로, 양식, 수집 또는 포획으로부터 획득된 상품

(마) 당사국의 토양, 수역, 해저 또는 해저 하부에서 추출되거나 취득된 상품으로서 (가)호 내지 (라)호에 포함되지 아니하는 광물 및 다른 자연 발생 물질

(바) 당사국 영해 밖의 수역, 해저 또는 해저 하부에서 취득한 상품(다만, 그

---

1) 윤희훈, "한·중 FTA 원산지증명서 발급 요청 급증…사후 검증 대비해야", 조선일보, 2017.01.24.

당사국은 그 수역, 해저 또는 해저 하부에 대하여 자연 자원을 개발할 권리를 가져야 한다.)

(사) 당사국에 등록되고 그 당사국의 국기를 게양한 선박에 의해서 당사국 영해 밖의 수역, 해저 또는 해저 하부에서 획득한 어로 상품 및 광물 상품

(아) 당사국에 등록되고 그 국기를 게양한 선박의 선상공장에서 (마)항에 규정된 상품만을 사용하여 생산되고 또는 가공된 상품

(자) (1) 당사국에서 이루어진 제조 또는 공정으로부터 발생한 폐기물 및 부스러기로서, 원재료 회수용으로만 적합하거나 다른 상품의 생산에 원료로서 활용되어야 한다. 또는 (2) 당사국 영역에서 소비되고 수집된 중고품으로 그러한 상품은 원재료의 회수용으로만 적합하여야 한다.

(차) (가)호 내지 (자)호에 규정된 상품으로만 당사국에서 생산 또는 획득된 상품

(2) 역내가치비율 (제3.5조)

부가가치기준 판단을 위한 역내가치비율은 비원산지재료의 가치를 기초로 하는 공제법(Build-down Method)으로 계산

RVC(%)=**상품가격**(FOB) - **비원산지재료가치**(VNM)/**상품가격**(FOB)×100

※ FOB(Free on Board) 가격: 수출품을 수출자가 선적항에서 본선까지 인도하기 전까지의 가격으로 수입국의 내국 소비세가 포함되지 않은 가격

당사국에서 원산지 지위를 획득한 상품(A)이 그 당사국에서 다른 상품(B)의 제조에 재료로 사용될 경우, 상품 B의 원산지 판정시 상품 A의 생산에 사용된 비원산지 재료의 가치를 고려하지 않은 Roll-up 원칙을 규정하고 있다.

(3) 누적 (제3.6조)

FTA로 인한 시장통합 효과를 제고하기 위하여, 상대국 물품 및 재료를 사용하여 제품을 생산하는 경우 그 물품 및 재료를 역내산(originating)으로 인정한다.

(4) 불인정공정 (제3.7조)

상품의 성질에 미미한 영향을 미치기 때문에 단순히 그러한 공정을 거쳤다는

이유로 원산지지위가 인정되지 않는 불인정공정을 규정하고 있다.

또한 포장의 변경 또는 포장물의 해체 또는 조립, 세탁, 세척, 방직용섬유의 다림질 또는 압착 등 총 16개호의 불인정공정을 나열하고 있다.

(5) 미소기준 (제3.8조)

비원산지 재료가 해당 품목의 세번변경기준을 충족하지 못하더라도 모든 비원산지 재료의 가치가 상품 가치의 10% 이하로 사용된 경우에는 원산지 상품으로 인정하며, 제15류~24류(가공농산물)에 대해서는 비원산지재료가 상품과 다른 소호(HS 6단위)로 분류되는 것을 전제로 미소기준을 적용한다.

또한 제50류~제63류(섬유 및 의류) 대해서는 모든 비원산지 재료의 가치가 상품가치의 10% 이하 또는 모든 비원산지 재료 중량이 상품중량의 10% 이하로 사용되는 경우에 원산지 상품으로 인정되도록 하여 가격기준과 중량기준을 선택적으로 사용할 수 있도록 규정하고 있다.

(6) 대체가능 재료 (제3.9조)

대체 가능 재료를 사용하여 생산한 물품에 대해서는 원산지 판정의 간소화 및 무역편의 증진을 위해 선입선출법 및 후입선출법 등과 같은 재고관리법에 따라 원산지를 판정하도록 규정하고 있다.

여기서 대체 가능한(fungible) 재료란 “성질이 본질적으로 동일하여 상업목적상 서로 대체하여 사용 가능한 재료(석유, 고철 등)”을 말한다.

(7) 중립재 (제3.10조)

제품 생산시 사용되었으나, 최종 제품에 물리적으로 포함되지 않았거나 그 일부를 구성하지 않은 연료, 도구, 예비부품, 윤활제, 안전장비 등의 간접재료는 원산지 판정 시 고려하지 않는다.

(8) 직접운송 (제3.14조)

수출국에서 수입국으로 직접 운송되는 물품에 대해서만 원산지로 인정한다.

다만, 제3국을 경유하는 경우 ① 지리적 이유 또는 운송상의 이유로 그러한 경유가 정당화되고 ② 그 3국에서 교역 또는 소비되지 않으며, ③ 운송상의 이유로 하역 분할, 재선적 또는 물품상태 보존을 위해 필요한 작업이상의 추가공정이 이루어지지 않은 것을 조건으로 직접운송을 인정한다.

또한 제3국에서 임시적재 되는 경우, 상품은 관세 당국의 통제하에 있어야 하고 임시적재 기간은 3개월을 초과할 수 없음. 다만, 불가항력의 경우 3개월을 초과할 수 있으나 6개월을 초과할 수 없다.

그리고 제3국을 경유하거나 제3국에서 임시적재 하는 경우 다음과 같은 서류를 수입국 세관당국에 수입신고 시 제출해야 한다.

① 제3국을 경유하는 경우, 수입국에서 수출국으로의 전체 운송경로가 나타난 운송서류 또는 복합 운송서류

② 제3국에서 임시적재되거나 컨테이너가 개봉된 경우, 수입국에서 수출국으로의 전체 운송경로가 나타난 운송서류 또는 복합 운송

③ 서류와 제3국 세관이 제공한 증명자료. 수입국 세관은 그러한 증명자료를 발급할 수 있는 제3국의 다른 유관기관을 지정할 수 있고 지정할 경우 수출국 세관에 이를 알려줄 수 있다.

(9) 기타 주요 내용

① 세트물품 (제3.11조)

세트를 구성하는 비원산지 물품의 가격이 전체 세트 가격의 15% 이하인 경우에는 세트 전체를 원산지 상품으로 인정한다.

② 포장재 및 용기 (제3.12조)

운송 목적으로 사용된 포장재 및 용기는 원산지 결정시 고려하지 않고, 소매판매를 위해 사용된 포장재 및 용기는 세번변경기준 적용시에는 고려되지 않으나, 부가가치기준 적용시에는 고려한다.

③ 부속품, 예비부품 및 공구 (제3.13조)

원칙적으로 수입시 상품과 함께 인도되고 제공된 부속품, 예비부품 및 공구는 상품에 분류되고 별도로 송장이 발부되지 않으며 수량과 가치가 통상적인 경우 고려되지 않고, 다만, 부가가치기준 적용시에는 고려된다.

(10) 원산지 증명서 (제3.15조)

원산지 증명서는 수출자, 생산자 또는 그 대리인의 신청에 의해, 수출당사국의 권한 있는 기관이 자국법령에 따라 발급한다. 원산지 증명서는 ① 고유 증명번호, 발급기관의 인장 및 담당자 서명이 포함되어야 하며, ② 물품이 원산지 요건을 충족한다는 점을 서술하고, ③ 영어로 작성되어야 하며, ④ 인쇄된 형태로서 원본만이 인쇄되어야 함을 명시해야 한다. 또한 원산지 증명서는 선적전, 선적시 또는 선적일로부터 7근무일 이내에 발급되어야 하며, 발급일로부터 1년간 유효하다. 다만, 천재지변 등으로 인해 선적일로부터 7근무일 이내에 발급받지 못한 경우 선적일로부터 1년 이내에 소급발급 가능하며, 분실, 훼손, 절도 발생시에는 재발급이 가능하다.

(11) 원산지 증명서 발급기관 (제3.16조)

양국은 자국의 원산지 증명서 발급기관에 관한 세부사항을 교환하고 발급기관 정보에 관한 변동이 있는 경우 상대국에 즉시 통지해야 하며, 통지일로부터 7근무일 이후 또는 별도로 지정한 날부터 변동의 효력이 발생한다.

(12) 특혜관세 신청 (제3.17조)

수입자는 수입신고시 서면으로 특혜관세를 신청 하며, 수입신고시 원산지 증명서를 보유, 자국법령에 따라 제출해야 한다. 다만 향후 자료교환 시스템이 구축되어 원산지 증명서 정보가 양국간에 교환될 경우, 양국 세관당국은 이러한 제출 의무를 면제 가능(이 경우에도 양국 세관 당국은 여전히 수입자에게 필요시에 원산지 증명서를 제출하도록 요구 가능)하다.

만약 그러한 신고의 근거가 된 원산지 증명서가 부정확한 정보를 포함하고 있는 경우, 수입자는 즉시 정정신고를 하고 관세를 납부할 의무를 갖는다.

(13) 특혜관세 사후신청 (제3.18조)

수입자는 수입시 특혜관세를 적용받지 못한 물품에 대해 수입일로부터 1년 이내에 원산지 증명서 및 기타 증빙서류 제출을 통해 관세 또는 보증금의 환급 신청이(사후신청) 가능하다. 다만, 수입자는 수입시에 자국법령에 따라 세관당국에 미리 신고를 할 경우에만 사후신청이 가능하다.

(14) 원산지 증명서 제출의무 면제 (제3.19조)

과세가격 기준 미화 700불 이하 물품 수입에 대해서는 원산지 증명서 제출의무를 면제한다. 다만, 해당 수입이 원산지 증명서 제출을 회피하기 위한 목적으로서 전체 수입의 일부를 이루는 것으로 간주되는 경우에는 면제 규정 적용을 하지 않는다.

(15) 기록보관 의무 (제3.20조)

생산자 및 수출자 수출 물품 관련 자료(상품 및 재료의 구매가격, 비용, 가치, 지불가격 등)를 원산지 증명서 발급일로부터 3년간 보관할 의무를 갖는다. 또한 원산지 증명서 발급기관은 원산지 증명서와 기타 증빙서류를 원산지 증명서 발급일로부터 3년간 보관할 의무를 지며, 수입자의 경우 수입에 관한 서류를 자국 법령에 따라 보관할 의무를 동시에 지닌다.

(16) 원산지 검증 (제3.23조)

수입 물품의 원산지 여부를 결정하기 위한 검증방식으로서 간접검증 및 직접검증(방문검증)을 도입하고 수입국 세관당국은 ① 수입자에 대한 원산지 정보 요청, ② 수출국세관당국에 대한 원산지 검증 요청, ③ 수출자, 생산자에 대한 방문 검증 실시를 위해 수출국 세관당국에 대한 요청, ④ 기타 양국이 정하는 방식을 통해 순차적으로 검증 실시가 가능하다.

간접검증 관련, 수입국 세관당국은 수출국 세관당국에 간접검증 요청과 함께 검증 요청 이유, 원산지 증명서 및 기타 관련 정보를 제공하고 수출국 세관당국은 검증을 요청받은 날로부터 6개월 이내에 검증결과를 수입국 세관당국에 제공하며, 수입국 세관당국은 그로부터 3개월 이내에 원산지 여부에 대한 결정을 수출국 세관당국에 통보해야 한다.

한편 방문검증 관련, 수입국 세관당국은 수출국 세관당국이 동의할 경우 수출국 세관당국의 안내 하에 수출자, 생산자에 대한 방문검증을 할 수 있다. 수입국 세관당국은 검증 실시 예정일 30일 이전에 수출국 세관당국에 대해 서면 요청을 해야 하며, 수출국 세관당국은 그러한 요청을 받은 날로부터 30일 이내에 동의 여부를 결정하여 수입국 세관당국에 통보해야 한다. 수출국 세관당국이 방문검증에 대해 동의하나 검증일을 연기[2]할 필요가 있을 경우, 이러한 의사를 방문검증에 대한 동의와 함께 수입국 세관당국에 통보해 주어야 한다. 이때 수출국 세관당국의 동의가 있을 경우 수입국 세관당국은 수출국 세관 공무원의 동행 하에 방문검증을 실시한다.

그리고 수입국 세관당국은 방문검증 결과를 수출국 세관당국에 통보해야 하며, 수출자, 생산자는 수출국 세관당국에 대해 이러한 검증결과에 대한 추가의견 및 자료를 제출하는 것이 가능하다. 수입국 세관당국은 수출국 세관당국으로부터 추기 의견 및 자료를 제출받은 날로부터 30일 이내에 최종 결과를 수출국 세관당국에 통보하고 방문검증은 실제 방문일부터 최종 결정일까지 6개월 이내에 종료되어야 하며, 세부 절차에 관해서는 양국 세관당국이 공동으로 결정하는 것이 가능하다.

수입국 세관당국은 검증 중인 물품에 대해서 특혜관세 적용 여부를 유보하나, 이 경우에도 특별히 금지되거나 제한되는 물품이 아닌 경우 반출을 허용할 수 있다.

수입국 세관당국은 ① 수입자가 30일 내에 자료 제출 요청에 답변하지 않는 경우, ② 수출국 세관당국이 6개월 이내에 간접검증 결과를 제공하지 않는 경우, ③ 간접검증 또는 방문검증 결과가 원산지 결정에 충분한 정보를 제공하지 않는 경우, ④ 수출국 세관당국이 방문검증을 거부하거나 방문검증 요청을 받은 날로부터 30일 내에 요청에 응답하지 않는 경우에는 특혜관세를 배제한다.

4) 제4장 통관 절차 및 무역원활화

제4장(통관 절차 및 무역원활화)은 전체 19개 조문으로 구성되어 있고 국제표준, 통관원활화, 납세자의 권리, 행정절차의 4가지 내용으로 대별할 수 있다. 전반적으로 볼 때 한·중 FTA 통관 절차 및 무역원활화 챕터는 국내 통관 제도와 이미 상당히 일치되어 있다고 평가된다.

주요한 내용으로 절차 개선 측면에서 우리 기업의 대중(對中) 수출 및 중국 진출시 예측가능성을 높이기 위해 ① 신규·수정 수입허가조치 적용시 사전공표의

2) 검증 예정일로부터 60일 이후까지만 연기 가능

무, ② 비관세조치 공표와 발효 전 유예기간 보장 의무 등 규정을 포함하고 있다. 또한 통관 측면에서 ① 700달러 이하 물품 원산지증명 제출면제, ② 48시간 이내 통관원칙, ③ 지역세관간 일관적인 법령 집행 등의 규정 포함하고 있다.

(1) 원활화 (제4.3조)

양국은 무역원활화를 위해 세관절차의 예측가능성, 일관성, 투명성을 보장하고 양국 세관절차는 국내법령에서 허용하는 범위 내에서 '개정 교토 협약(Revised Kyoto Convention)' 등 세계관세기구(World Customs Organization; WCO)의 무역 관련 협약과 조화를 이루어야 함을 명시한다. 또한 양국 세관당국은 물품의 반출을 원활화해야 하며, 무역업자들이 물품의 반출을 위해 필요한 정보를 제출할 수 있도록 창구를 마련하도록 노력할 의무를 갖는다.

(2) 일관성 (제4.4조) 및 투명성 (제4.5조)

양국은 자국 내에서 관세법령이 일관적으로 이행되도록 보장해야 하며, 지역세관의 관세법령 이행시 발생하는 상호 비일관성 문제를 방지하기 위해 적절한 조치를 마련할 의무를 가는다. 또한 양국은 관세법령 및 통관 관련 법령을 공식 웹사이트에 게시하고, 가능한 범위 내에서 해당 법령의 제·개정시 공표 및 이해관계자에게 의견제출 기회를 부여할 의무를 지니고, 또한 동 협정의 이행에 관한 의문 해소를 위해 질의응답 창구를 마련한다.

(3) 관세평가 (제4.6조)

과세가격의 결정에 대해서는 '관세 및 무역에 관한 일반협정 제7조(Article VII of GATT 1994)' 및 '관세평가 협정(the Customs Valuation Agreement)'에 따르도록 규정하고 있다.

(4) 품목분류 (제4.7조)

품목분류에 대해서는 '통일상품명 및 부호체계에 관한 국제협약(International Convention on the Harmonized Commodity Description and Coding System)'을 적용하도록 규정하고 있다.

(5) 세관 협력 (제4.8조)

양국은 무역원활화를 위해 헌신하고, 세관절차 및 관련 기술의 발전을 위해 전문가 교류를 실시하고 또한 양국은 동 챕터의 이행 및 양국이 결정하는 사안에 대해 상호지원할 의무를 진다.

(6) 재심 및 불복청구 (제4.9조)

수입자, 수출자 및 세관 결정에 영향을 받는 자는 상급 행정기관에 의한 행정적 재심 및 자국법령에 따른 사법적 재심 청구가 가능하나. 또한 생산자, 수출자는 재심기관의 요청에 따라 정보를 직접 제공할 수 있으며 이를 비밀로 유지하도록 요청할 수 있다.

(7) 사전심사 (제4.10조)

수입자, 수출자 등은 수입 이전에 자국 세관에 대해 원산지, 품목분류 및 양국이 별도로 정하는 사항에 대해 서면으로 사전심사 신청이 가능하고, 신청자의 신청으로부터 90일 이내에 사전심사 발급하며, 상황 변경, 세관 착오, 신청자 과실 등의 사유가 있는 경우 변경, 철회가 가능하다. 또한 양국은 비밀요소를 제외한 사전심사 결과를 공표한다.

(8) 벌칙 (제4.11조)

양국은 관세법령 및 품목분류, 관세평가, 원산지 결정, 특혜관세 신청 등 협정사항의 위반에 대해 행정상, 형사상 처벌 부과를 위한 수단을 마련한다.

(9) 자동화 시스템의 사용 (제4.12조)

양국 세관당국은 WCO의 관련 분야 발전 수준을 감안하여, 효율적인 정보통신기술을 통관 절차에 적용한다.

(10) 위험 관리 (제4.13조)

양국 세관당국은 고위험 품목에 세관 통제의 초점을 맞추고, 저위험 품목은 통관을 원활화할 의무를 가지며, 양국은 국제 무역 질서를 해치지 않는 범위 내에서 위험 관리 시스템을 구축하여 적용한다.

(11) 상품의 반출 (제4.14조)

양국은 효율적인 물품 반출을 통한 양국 간 무역원활화를 위하여 간소화된 세관절차를 적용하고 도착 즉시 반출을 위해, 물품 도착 전에 전자적 방식으로 서류를 제출할 수 있도록 허용한다. 또한 통관 요건을 충족시키기 이전이라도 담보, 보증금을 지불할 경우 반출 가능하며, 도착 시로부터 48시간 이내 통관을 원칙으로 하며, 금지·제한 물품이 아닌 한 보세창고 반입 없이 즉시 반출할 수 있다.

(12) 특송화물 (제4.15조)

특송화물[3)]에 대해서는 중량, 가격과 상관없이 별도의 신속한 통관 절차를 적용하며, 단일 적하목록 제출 및 서류 최소화를 허용한다.

(13) 사후심사 (제4.16조)

양국은 무역업자들이 효율적인 사후심사의 혜택을 향유하도록 보장해야 하며, 그러한 사후심사가 무역업자들에게 부당한 요구나 부담을 부과해서는 안된다고 명시하고 있다.

(14) 관세위원회 (제4.19조)

원산지 챕터, 통관 및 무역원활화 챕터의 효율적인 이행을 위해 원산지소위원회 및 통관소위원회로 구성되는 관세위원회를 설치하며, 통관소위원회는 통관 및 무역원활화 챕터 관련 문제 해결, 이행 점검, 무역원활화 증진 등의 기능을 수행하고 통관소위원회는 세관당국 대표로 구성되며 양국이 합의한 방식에 따라 회합한다.

5) 제5장 위생 및 식물위생조치

제5장(위생 및 식물위생조치)은 WTO SPS협정의 적용을 재확인하고, 위생검역 역량 강화를 위해 기술협력을 추구하며, 이행을 위한 위원회 설립 등에 관한

3) 특송화물이란 관세법상 등록된 특급탁송업체가 운송하는 물품을 말한다.

총 6개의 조문으로 구성되어 있다. 특이점은 WTO SPS협정에 규정되어 있지 않은 기술협력을 규정하고 있는 점인데, 양국이 평등한 입장에서 서로 다양한 방법으로 위생검역조치의 경험과 정보를 교환하도록 규정하고 있다. 한편 중국산 불법식품유입에 대응하기 위해 현지검역권 부여 필요성이 있다.

(1) WTO SPS 협정 재확인 (제5.3조)

'WTO 위생 및 식물위생 조치(SPS 조치[4])의 적용에 관한 협정'을 적용하기로 하는 등 WTO SPS 협정을 재확인 할 수 있다.

(2) 기술협력 (제5.4조)

양 당사국의 규제시스템에 대한 상호 이해 증진과 양자간 무역에 미치는 부정적 영향 최소화를 위해 SPS 분야 기술협력 기회 모색한다.

(3) 기술협력 활동

국제 기준과 국내 SPS 조치의 개발 적용에 대한 협력 및 경험을 교환하고 위험분석, 동·식물 질병 병해충 관리, 실험실 시험방법 등 협력을 강화하며, 양 당사국의 WTO SPS 문의처간 경험 교환 및 협력을 강화한다. 또한 동물 질병 및 식물 병해충 관리 관련 양 당사국의 역량 및 신뢰구축을 위하여, 권한 당국의 관계공무원 교환 프로그램을 개발하고, 동 식물 질병 병해충 관리 예방 및 식품안전 등에서의 공동연구 활동을 한다.

(4) SPS 위원회 설립 (제5.5조)

구성, 설치 및 회합을 위해 SPS 사안을 담당하는 각 당사국 권한 당국의 대표들로 구성한다. 또한 협정 발효 후 90일 이내에 위원회의 위임사항을 규정하는 서한 교환을 통해 위원회를 설치하며, 달리 합의하지 않는 한 최소 매년 1회 회합한다.

---

4) 사람과 동 식물의 생명과 건강을 보호하기 위한 위생 및 검역조치(질병, 오염물질 관련 규제 등)

(5) 목적

WTO SPS 협정의 이행을 증진하고, 인간 동물 또는 식물의 생명과 건강을 보호한다. 또한 SPS 사안 관련 협력 협의를 증진하며, 양 당사국간 무역에 미치는 부정적 영향을 최소화한다.

(6) 임무

과학적 위험분석이 각 당사국의 관련 규제기관에 의하여 수행되고 평가됨을 인정하고, SPS 조치 및 그와 관련된 규제절차에 대한 상호 이해를 증진하며, 중대하거나 지속 또는 재발하는 SPS 요건 불합치에 대해서 적시에 소통한다. 무역에 영향을 미치거나 미칠 수 있는 SPS 조치의 개발 및 적용 관련 사안 협의를 할 수 있으며, 상호 관심 있는 SPS 사안을 다루기 위한 기술협의 개최 고려할 수 있다. 또한 WTO SPS 위원회 등 SPS 관련 국제 및 지역 포럼에서의 입장 및 의제 관련 협의를 하며, SPS 관련 기술협력 활동을 조정 증진하고, WTO SPS 협정에 대한 특정 이행 문제 관련 양자적 이해를 증진한다.

(7) 분쟁해결 (제5.6조)

양측간 SPS 조치 관련 어떠한 사안에 대해서도 한·중 FTA상의 분쟁해결절차의 적용대상에서 배제한다.

6) 제6장 무역에 대한 기술장벽(Trade Barriers to Trade)

제6장(무역에 대한 기술 장벽)은 기술규정, 표준 및 적합성평가절차가 국제무역에 불필요한 장애가 되지 않도록 하기 위한 규범으로서, 총 15개의 조문으로 구성되어 있다. 전반적으로 한·중 FTA 무역에 대한 기술 장벽(Technical Barriers to Trade) 챕터는 WTO TBT협정 플러스 조항을 다수 포함하고 있어 중국에서의 기술무역장벽 완화를 기대할 수도 있겠지만 “사실상”(de facto) 강제성을 띠는 표준을 기술규정 범위에 포함시키지 못한 점이나 WTO TBT협정 플러스 조항이 강행법규가 아니라 연성법적 성격이어서 강제력이 약하다는 점은 문제이다. 그러나 한·중 FTA에서는 ① 식품, 화장품 분야에 있어서 시험검사기관 상호 인정 관련 협력 강화, 국제 공인 시험성적서 상호 수용, 시험·인증기관 설

립 지원, 시험 샘플 통관 원활화 등 기술 장벽 및 시험·인증과 관련된 중국의 비관세장벽을 해소할 수 있는 방안들도 포함한다. 또한 ② 수입허가 관련 신규·수정 조치 공표 의무(미공표시 적용 제한), 비관세조치 시행 전 충분한 유예기간 확보를 통해 관련 규정 제·개정시 우리 기업의 법규 대응 어려움을 완화할 수 있는 법적 근거를 마련하였으며, ③ 양국 정부가 비관세조치 해결 방안을 모색하기 위한 작업반을 설치하고, 각종 비관세조치 관련 분쟁을 보다 신속하고 효율적으로 해결하는 중개(mediation)[5] 절차를 도입하는 등 비관세장벽 문제 해소를 위한 제도적인 기반 마련에도 노력하였다. 이와 같이 한·중 FTA에서는 시험·인증 관련 애로사항 협력 등 무역에 대한 기술 장벽(Trade Barriers to Trade) 포괄 규정을 담고 있어 무역에 대한 기술 장벽을 극복하려는 의지를 담고 있다. 마지막으로 기술규정 제·개정안에 대한 의견 제시 기간(60일)을 명확히 하고, 소비자 제품안전 보호강화와 국내 시험인증기관의 중국진출을 촉진할 수 있는 근거를 마련하였다.

(1) 지방정부 기술규정을 적용범위에 포함 (제6.2조)

기술규정의 준비, 채택, 적용에 책임이 있는 지방정부의 TBT협정 준수를 보장하기 위해 양 당사자가 합리적인 모든 조치를 적용 하도록 규정하여 중국 지방정부 기술규정에 대한 투명성을 확보할 수 있다.

(2) 국제표준을 기술규정의 기반으로 사용 (제6.4조)

국제표준을 자국 기술규정과 적합성평가절차의 기반으로 활용할 것을 의무화함으로써 양국 기술규정에 대한 국제표준과의 조화를 가속화할 수 있다.

(3) 적합성평가절차 원활화 (제6.6조, 제6.8조, 6.10조, 6.12조)

(적합성평가절차 내국민대우) 적합성평가절차에 대한 내국민대우(6.6.3항)를 규정함으로써 화장품, 의료기기 등에 대한 적합성평가절차 개선이 가능하고, (비용과 시간) 적합성평가 비용과 시간을 필수적인 범위 이내로 제한하는데 협력(6.6.5항)하도록 규정함으로써 상대국의 적합성평가 비용과 시간 소요가 과도한

5) 양측은 중개인의 도움을 통하여 합리적 기간 내 신속한 방식으로 상호 동의할 만한 해결책을 모색해야 하며, 해결책 이행을 위한 조치 의무가 부여된다.

경우 이와 관련된 비합리적인 요소들에 대해 개선이 가능하다. 또한 (적합성평가기관 간 협력) 적합성평가결과 상호수용을 위해 양국 적합성평가 기관간 긴밀한 협력을 촉진(6.6.2항)하도록 규정함으로써 중복 시험 등 비효율적 요소 제거를 위한 양국 관련기관 간 협력을 기대할 수 있다. (성적서 상호인정) 전기전자제품이 시장에 출시되기 전에 충족시켜야 하는 적합성평가와 관련하여 양국은 국제공인 시험성적서(IECEE CB Scheme[6])상호수용을 촉진(6.8.5항)키로 합의하며, (적합성평가 협력) 적합성평가 협력(상호인정 등)에 대한 이행협약(6.10조) 조기체결 노력을 규정함으로써 전기용품, 자동차, 화장품 등 우리측 주요 관심품목에 대한 시험·인증 상호인정 논의를 촉진하고, (시험인증기관 중국 진출) 적합성평가기관 설립, 운영 시 상호 협력토록 규정함(6.8.3항)으로써 국내 시험인증기관의 중국 진출 시 인정, 지정 등에 대한 중국측의 협력이 용이해진다. (시험용 샘플 통관) 통관 과정 중 시험용 샘플 억류 시 수입자에게 즉시 통보(6.12조)토록 규정함으로써 시험용 샘플 억류 사례를 개선할 수 있다.

(4) 투명성 (제6.7조)

(의견제시 기간) 상대국에 통보된 기술규정 제 개정안 등에 대해 최소 60일의 의견 제시기간을 부여(6.7.1항)함으로써 중국의 기술규정 제·개정 시 국내 산업계의 의견 반영이 용이하고, (기술규정 공지) 채택된 기술규정에 대해서는 상대국의 이해당사자가 입수 가능하도록 즉시 공지(6.7.4항)할 것을 의무화함으로써 중국 기술규정에 대한 국내업체들의 접근성이 개선된다.

(5) 소비자제품 안전 (제6.9조)

리콜, 사후관리 등 소비자 제품안전 관련 정보를 교환하고, 제품안전 모니터링 등을 통한 한중 양국 간의 제품안전협력을 강화한다.

(6) 마킹과 라벨링 (제6.11조)

마킹 및 라벨링이 요구되는 경우 요구사항을 최소화 하도록 노력, 사전 등록·

6) IECEE CB Scheme(국제전기기기 인증제도)란 전기전자제품에 대한 국제공인 인증제도로서, 통일된 규정(IEC 국제표준)에 따라 발행된 시험성적서를 회원국간의 상호수용 말한다.

허가를 요구하지 않도록 규정, 비영구적 라벨 허용 등 마킹 및 라벨링 요구사항이 무역에 장애가 되지 않도록 보장한다.

(7) TBT위원회 (제6.13조)

TBT위원회의 주요 기능은 TBT챕터 이행 점검 및 촉진, TBT현안 처리, 표준·기술규정·적합성평가절차 개발에 대한 협력 촉진, TBT 관련 정보교환, 기술협의, MRA 논의 촉진 등이 있다.

7) 제7장 무역구제

제7장(무역구제)는 긴급수입제한조치, 반덤핑(anti-dumping duties) 및 상계관세, 무역구제위원회 등의 3개의 절에서 국가간에 무역거래에 있어 공정한 거래가 될 수 있도록 내용과 제도를 규정하고 있다. 양자 세이프가드(Safeguard) 제도를 마련하여 한·중 FTA 양허로 인한 국내기업 피해 구제가능성을 확보하고 상호 세이프가드 남용방지 조항을 통해 수출기업의 예기치 않는 피해를 방지하고자 하였다. 또한 반덤핑 조사개시 전 통지시점 (7일전)을 명확히 규정하여 상대국 반덤핑 조치에 대한 예측가능성을 확보하고, 가격 약속 고려 및 협의규정을 통해 최종 조치 판정에 이르지 않도록 상호 노력할 의무를 규정하여 무역보복 수단으로 악용되는 것을 사전에 방지하고자 하였다. 이처럼 한·중 FTA에서는 기본적으로 덤핑이라는 사실이 있을 경우 혹은 국가가 수출기업에게 보조금 지급 등의 행위가 있을 경우 덤핑방지관세나 상계관세를 부과할 수 있도록 하여 비교적 국제법의 규범에 순응한 구조로 한·중 FTA 내용이 명시적으로 규정하고 있다. 다만 한·중 FTA에서 주요 농산물이 양허품목에 포함되지 않음으로 인해 농산물에 대한 특별 세이프가드 조치가 도입되지 않은 것은 하나의 특징이다. 다음으로 반덤핑 및 상계관세의 경우 각 당사국은 한·중 FTA에 달리 규정된 경우를 제외하고는 WTO 협정상의 자국의 권리 및 의무를 유지함을 명시하고 있다. 한편 타 FTA에서 도입되고 있는 조항 중 최소부과의무(lesser duty rule) 원칙과 한·캐나다 FTA 등에서 규정되어 있는 공공이익조항은 한·중 FTA에서는 반영되어 있지 않다.

한·중 FTA에서는 무역구제위원회와 같은 별도의 논의 채널을 만들어 관련 분쟁 가능성을 미연에 방지하고 상호 협의를 통해 해결 기회를 제공하고자 하였다.

(1) 양자 세이프가드 조치 적용, 조건 및 제한 (제7.1조 및 제7.2조)

한·중 FTA에서는 양자 세이프가드 제도를 도입, 발동 요건, 조치내용 및 관세율 인상한도, 기타 조건 및 제한 등을 규정한다. 발동 요건은 ① 한·중 FTA로 인한 관세 인하 또는 철폐의 결과로서 ② 상대국으로부터의 원산지 상품 수입의 절대적 또는 상대적 급증이 ③ 동종 또는 직접 경쟁 상품을 생산하는 국내 산업에 대한 심각한 피해 또는 그러한 우려를 야기하는 원인일 경우이고, 조치 내용 및 관세율 인상한도 규정에는 ① 관세 감축의 정지 또는 ② 관세율 인상[7], 기타 조건 및 제한에는 ① 조사 개시 서면 통지 및 세이프가드 조치 전 가능한 조속히 협의, ② 필요한 정도 및 기간, 구조조정을 원활히 하기 위한 한도 내 발동 및 조사개시 후 1년 내에 종결, ③ 발동기간은 2년으로서 2년 연장이 가능하며, 별도의 합의가 없는 한 과도기간[8] 내 발동, ④ 기 조치 상품에 대해서는 이전 조치기간 동안 재발동 금지(최소 2년), ⑤ 예상 조치 기간이 1년을 넘는 경우 점진적 자유화 실시가 있다.

(2) 잠정조치 (제7.3조)

지연되면 회복하기 어려운 손상이 초래될 중대한 상황에서, 한·중 FTA로 인한 관세 인하 또는 철폐의 결과로 증가된 상대국으로부터의 원산지 상품 수입이, 국내 산업에 심각한 피해 또는 그 우려를 야기하는 원인이라는 명백한 증거가 있는 것으로 당국이 예비 판정시, 조치 발동이 가능하다. 또한 잠정조치 전 상대국 통지 및 조치 후 협의 의무를 부과하고 있으며, 잠정조치 존속기간은 최대 200일로서 전체 조치 기간에 포함한다.

(3) 보상 (제7.4조)

세이프가드 조치 적용 후 30일 이내에, 조치를 적용한 당사국은 상대국에게

---

7) 단, 조치 발동 시점의 MFN 실행관세율과 협정 양허표상 기준세율 중 낮은 것을 넘지 않는 수준까지 관세율을 인상한다.

8) 과도기간이란 협정 발효 후 10년으로서 관세철폐기간이 10년 이상인 품목은 관세철폐기간이라 한다.

보상 관련 협의 기회를 제공하고, 협의 후 30일 내 보상 미합의시, 조치 적용 당사국의 원산지 상품에 대해 실질적으로 동등한 무역효과를 가지는 양허적용 정지가 가능하며, 이 경우 양허적용 정지 30일 전 상대국에 통지한다. 단, 절대적 수입 증가로 인한 세이프가드 조치의 경우 조치 후 최초 2년간 양허적용 정지를 금지한다.

(4) 다자 세이프가드 조치 (제7.5조)

WTO상 다자 세이프가드 관련 권리 및 의무를 확인하고, 상대국 요청시 다자 세이프가드 조치 관련 정보를 제공할 수 있음을 규정한다. 또한 양·다자 세이프가드 동시 발동을 금지한다.

(5) 반덤핑/상계관세 일반규정 (제7.7조)

WTO상 권리 및 의무를 확인하고, 투명성 확보를 위해 최종 판정 전 관련 정보 공개를 규정하는 한편, 덤핑 마진 산정시 제3국 대리 가격 및 제로잉 방식 미사용 관행 및 추후 이러한 관행이 지속될 것을 확인하는 규정을 마련한다.

(6) 반덤핑/상계관세 통지 및 협의 (제7.8조)

반덤핑/상계관세 조사 신청을 접수한 경우, 조사개시 이전에 상대국에 서면통보를 제공하고 관련 협의 기회를 부여할 것[9]을 규정한다. 반덤핑의 경우 조사개시 7일 전, 상계관세의 경우 가능한 조속히 신청 접수 사실을 통지하고 협의 기회를 제공한다.

(7) 반덤핑/상계관세 가격 약속 (제7.9조)

반덤핑/상계관세 조사 과정에서 예비긍정 판결 후 가격 약속[10] 제안이 있을 경우 수입국의 조사 당국은 이를 적절히 고려하고, 충분한 협의 기회를 당사국 수출자에게 부여하도록 규정한다.

---

9) 상계관세의 경우 WTO 보조금 협정(13.1조)에 따라 조사개시 전 협의를 의무화한다.
10) 가격 약속이란 수출자의 가격 인상 약속 제의가 조사당국에 의해 수락될 경우, 조사를 중지 또는 종결할 수 있는 제도를 말한다.

(8) 현지조사 및 공청회 (제7.10조 및 제7.11조)

양국은 현지 조사 전 조사대상 정보를 통지하고, 조사 후 조사 결과를 공개하기로 한다. 또한 상대국 요청시 공청회 개최에 대해 적절히 고려한다.

(9) 재심 종료 후 조사 및 누적평가 (제7.12조 및 제7.13조)

양국은 ① 재심의 결과로 12개월 내 반덤핑 조치가 종료된 상품에 대한 반덤핑 조사개시 신청 ② 2개국 이상으로부터 수입이 동시에 조사 대상인 경우 상대국 수입 효과에 대한 누적 평가에 대해 주의를 갖고 검토한다.

(10) 재심시 적용 가능한 미소기준 (제7.14조)

양국은 반덤핑 협정 제9.5조에 따른 개별 마진 산정시 덤핑하고, 마진이 반덤핑 협정 제 5.8조에 규정된 미소기준치 미만일 경우 반덤핑 관세를 부과하지 않도록 규정한다.

(11) 무역구제위원회 (제7.15조)

양국은 무역구제위원회를 설치, 무역구제 협정문 이행을 감독하고, 양국이 합의하는 기타 사항에 대해서도 논의하기로 한다.

8) 제8장 서비스 무역

제8장(서비스 무역)은 본문 16개조와 3개의 부속서로 이루어져 있고 본문의 내용은 WTO 서비스 무역에 관한 일반협정(GATS)과 유사하다. WTO 서비스 무역협정에서 규정하고 있는 서비스 무역의 4가지 유형(국경간 공급, 해외소비, 상업적 주재, 자연인 이동) 구조를 따른다고 보면 된다. 부속서는, 양국의 서비스 분야별 시장개방에 관한 구체적인 약속을 WTO GATS와 같이 포지티브 리스트 방식으로 규정한 "부속서 8-가 구체적 약속"과 영화공동제작에 관한 협력을 규정한 "부속서 8-나 영화 공동제작", 방송드라마 등 영상물 공동제작 협력에 관한 "부속서 8-다 방송용 TV 드라마, 다큐멘터리와 애니메이션 공동제작" 등 3개로 구성되어 있다.

한·중 FTA의 서비스 영역에서는 ① 내국민 대우, ② 서비스 공급자의 수, 사

업의 범위 및 사업자의 법적 형태 등을 제한하는 규제 금지, ③ 국가 정책목표 달성을 위한 서비스 규제는 가능하나 불필요한 장벽이 되지 않도록 노력할 의무, ④ 서비스 관련 조치 공표 의무화 등을 규정하고 있다. 서비스 양허 측면에서, 중국측은 법률(상하이 자유무역지대 내 중국 로펌과 합작), 건축·엔지니어링(한국 실적 인정), 건설(한국 실적 인정), 유통(취급금지품목 완화), 환경(하수처리 서비스 개방), 엔터테인먼트(한국기업 49% 지분 참여 허용) 분야를 우리측에 개방하였다. 또한 영화 및 TV 드라마, 방송용 애니메이션, 공동제작은 부속서로 규정하였다.

한편, 현재 진행되고 있는 중·미간 양자투자협정이 타결되면 제시될 중국의 네거티브 리스트(negative list)가 중국측 협상기준이 될 가능성이 높아 전반적 개방수준이 제고될 가능성이 높다고 전망할 수 있다. 그러나 실제 협상안은 어떻게 조정될 것인가도 중요 변수이다. 또한 한류 확산으로 영화 및 TV 드라마(방송용 애니메이션 포함) 공동제작을 허용하고 있는데 부가가치가 높은 문화산업의 투자나 콘텐츠서비스에 대해서는 중국측에 일방적으로 유리하게 양허(개방)가 된 것으로 파악되고 있다.

(1) 협정문의 적용범위 (제8.2조)

원칙적으로 서비스 무역에 영향을 미치는 당사국의 모든 조치에 적용한다. 다만 금융서비스[11], 연안운송, 항공운송서비스, 정부보조금·정부제공 서비스 등에는 적용되지 않는다.

(2) 일반적 의무

시장접근(MA : Market Access) 제한 조치 도입 금지(제8.3조)한다. 즉 ① 서비스 공급자의 수 제한, ② 서비스 거래 또는 자산의 총액 제한, ③ 서비스 영업의 총 수 또는 서비스 총 산출량의 제한, ④ 고용인의 총 수 제한, ⑤ 서비스 공급의 구체적 형태(법인, 합작투자 등)에 대한 제한, ⑥ 외국인 지분 소유 최대 비율 한도 또는 외국인 투자 합계의 총액한도를 제한하는 규제 도입 금지를 말한다.

내국민대우(NT : National Treatment)(제8.4조)를 적용한다. 즉 자국의 동

11) 금융서비스 별도 chapter에서 규정한다.

종 서비스 및 서비스 공급자에게 부여하는 것보다 불리하지 않은 대우를 상대국 서비스 및 서비스 공급자에게 부여한다.

(3) 국내규제 (제8.7조)

개방한 분야에 있어 서비스 무역에 영향을 미치는 모든 조치가 합리적이고 객관적이며 공평한 방식으로 시행되도록 보장하고, 서비스 공급에 영향을 미치는 행정결정을 신속하게 검토하고 행정 결정에 대한 적절한 구제를 제공할 사법, 중재, 또는 행정재판소 등을 설치하거나 유지할 의무가 있으며, 서비스 공급을 위해 승인이 요구되는 경우 신청서의 제출이후 합리적 기간 내에 신청에 대한 결정을 통보하고 요청이 있는 경우 신청의 처리 현황에 대한 정보를 제공한다. 또한 개방 약속을 무효화 하거나 침해하는 면허, 자격 요건과 기술 표준을 적용하지 아니할 의무를 진다.

(4) 투명성 (제8.8조)

서비스 챕터에 영향을 미치는 일반적인 조치를 신속하게 사전 공표하고 구체적 약속과 관련이 있는 법률, 규정 또는 지침의 도입·수정을 신속히 서비스 위원회에 보고할 의무가 있고, 서비스 챕터에 영향을 미치는 일반적 조치 또는 국제적 협정 관련 구체적 정보에 관한 요청에 신속히 응답하고 요청이 있는 경우, 구체적 정보를 제공하기 위해 협정 발효 후 2년 내 문의처를 설립할 의무를 진다.

(5) 자격 등 인정 (제8.9조)

상대국 내에서 습득한 교육이나 경험, 충족된 요건 또는 부여받은 면허나 증명을 상대국과의 협정이나 약정을 통해 또는 자발적으로 인정이 가능하고, 비당사국에서 습득한 교육이나 경험, 자격·면허를 협정이나 약정을 통해 인정하는 경우 상대국 요청시 상대국에게 상호인정을 위한 협상 기회 등을 부여할 의무를 진다.

(6) 지불 및 송금의 자유 (제8.10조)

경상거래에 대한 송금과 지불이 국내외로 자유롭게 이루어지도록 허용한다. 다만 일정한 요건[12)]하에 ① 국제수지와 대외 금융상의 심각한 어려움이 있거나 그러한 우려가 있을 경우, ② 경제개발 과정이나 경제전환 과정에 있는 경우 경

제개발 또는 경제전환 계획의 이행을 위한 외환 보유고 수준을 유지하기 위한 경우 송금이나 지불을 제한할 수 있다.

(7) 혜택의 부인 (제8.11조)

① 제3국인이 소유하거나 통제하고 타당사국내에서 실질적으로 영업하지 않는 법인(이른바 paper company), ② 혜택을 부인하는 당사국의 인이 소유하거나 통제하고 타당사국내에서 실질적으로 영업하지 않는 법인 등에게는 협정상 혜택을 부인하는 것이 가능함을 규정할 수 있다.

(8) 독점 및 배타적 서비스 공급자 (제8.12조)

독점서비스 공급자가 당사국의 의무에 일치하는 방식으로 행동할 것과 지위를 남용하여 행동하지 않도록 보장할 의무를 진다.

(9) 서비스 무역 위원회 (제8.14조)

양국은 서비스 챕터의 이행 및 관련 이슈 검토, 서비스 무역을 증진하기 위해 권고되는 조치 등을 확인하기 위한 서비스 무역 위원회 설립에 합의할 수 있다.

(10) 영업관행 (제8.15조)

상대국의 요청시 경쟁을 제약할 수 있는 특정 영업관행을 폐지하기 위한 협의를 개시할 의무를 진다.

(11) 서비스 주요 양허 (부속서 8-가)

양측 모두 DDA 플러스 수준의 서비스 시장 개방에 합의할 수 있고, 우리측은 한-미, 한-EU FTA 서비스 분야 개방수준에 비해 낮은 수준으로 개방하며, 중국측은 법률·건축·엔지니어링·건설·유통·환경·엔터테인먼트 분야에서의 의미있는 시장 개방을 통해 기체결 FTA에 비해 높은 수준으로 개방할 수 있다. 또한 2단계 협상을 통해 서비스 분야 추가 자유화를 약속할 수 있고, 한·중 FTA 발효

12) ① 차별적이지 않으며, ② 국제통화기금협정과 일치하며, ③ 상대국의 상업적·경제적·금융상의 이익을 불필요하게 침해하지 않으며 ④ 필요한 제한을 초과하지 아니하며, ⑤ 일시적이어야 한다.

후 2년내 서비스·투자 분야 후속협상을 개시하여 negative 방식에 기초한 서비스·투자 단일 유보[13] 작성이 예정된다.

중국의 법률·건축 및 엔지니어링·건설·유통·환경·엔터테인먼트 분야 서비스 시장 개방 내용으로 ① (법률) 중국 FTA 최초로 상해 FTZ내에서 우리 로펌의 대표사무소와 중국 로펌의 중국 전역의 고객을 대상으로 한 공동 사업을 허용할 수 있고, ② (건축·엔지니어링) 중국은 외국 기업의 면허 등급 판정시 중국내 실적만을 인정하여 왔으나 한·중 FTA를 통해 한국 기업에게 중국 이외 모든 지역에서의 실적 인정을 약속하며, ③ (건설) 중국은 면허 등급 판정시 한국 건설기업의 중국 이외 모든 지역에서의 실적 인정도 약속한다. 또한 상하이 FTZ내에 설립된 한국건설 기업이 상하이 지역에서 외국자본비율 요건[14] 제한없이 중외합작 프로젝트를 수주 할 수 있도록 허용한다. ④ (유통) 중국은 중국내 30개 이상 점포를 가진 외국계 유통기업의 책 판매를 금지해 왔으나 한·중 FTA를 통해 한국 대형 유통기업의 책 판매를 허용하며, ⑤ (환경) 중국은 DDA 양허에서 폐수, 고형 폐기물 처리, 배기가스 정화, 소음저감, 위생 서비스 등 5개 분야에 있어 합작 기업 설립만을 허용해 왔으나 한·중 FTA를 통해 순 한국기업 설립을 허용할 수 있고, ⑥ (엔터테인먼트) 중국은 그간 엔터테인먼트 분야의 외국기업 진출을 엄격하게 통제하여 왔으나 한·중 FTA를 통해 공연 중개 및 공연장 사업을 희망하는 한국기업의 합작 진출을 허용할 수 있다.

참고: 한·중 FTA상 중국의 서비스 양허 주요 내용

분야	반영 내용
법률	▸중국내 대표사무소를 설립한 한국 로펌은 중국 로펌과 공동 사업 가능하다. (상하이 FTZ에 한정)
건축/	▸중국내 한국 기업 면허 등급 판정시 한국 등 여타 국가에서 달성된

13) 유보의 종류에는 ① 현재유보(Annex I) : 협정상 의무에 합치하지 않는 현존 조치를 나열한 목록으로, 자유화후퇴방지 메커니즘이 적용되는 것과 ② 미래유보(Annex II) : 향후 규제가 강화될 가능성이 있는 현존 비합치 조치 또는 전혀 새로운 제한 조치가 채택될 수 있는 분야를 나열한 목록이 있다. 여기서 자유화후퇴방지 메커니즘(ratchet mechanism)이란 현행 규제를 보다 자유화하는 방향으로 개정할 수는 있으나, 일단 자유화된 내용을 뒤로 후퇴하는 방향으로는 개정하지 못하도록 하는 원칙이다.

14) 기존에는 중외 합작 건설 프로젝트의 경우 ① 외국투자 50% 이상, 또는 ② 외국투자 50% 미만이나 중국기업 단독수행이 불가한 사업만 수주 가능했다.

엔지니어링	실적도 인정한다.
건설	▸중국내 한국 기업 면허 등급 판정시 한국 등 여타 국가에서 달성된 실적도 인정한다. ▸상하이 FTZ내 설립된 한국 건설기업은 상하이 지역에서 외국 투자 비율 요건(외국 투자 50% 이상) 제한없이 중외합작 프로젝트 수주 가능하다.
환경	▸폐수, 고형 폐기물처리, 배기가스 정화, 소음저감, 위생 서비스 등 5개 분야에서 지분 100%의 한국기업 설립을 허용한다.
유통	▸중국내 30개 이상 점포를 가진 소매유통업체의 책 판매 허용한다.
엔터테인먼트	▸공연 중개 및 공연장 사입 분야 49% 지분 한국기업의 진출을 허용한다.

(12) 영화 공동제작 (부속서 8-나, 부록 8-나-1)

양국의 공동제작자가 일정한 요건을 충족하여 공동제작한 영화에 국내제작 영화에 부여하는 혜택을 부여하지만 제작 착수전 공동제작 예비 승인 및 제작 완료 후 최종 승인 필요하다. 공동제작 승인 절차 및 제출 서류 등은 부록 8-나-1에 상세히 규정하며, 양국 공동제작자의 재정적(현물 기여 포함)·창의적 기여도가 각 20퍼센트 이상이어야 한다. 또한 공동제작자의 입국 및 공동제작에 필요한 기술 장비, 영화 물자의 일시적 반입에 대한 편의를 제공한다.

(13) TV 드라마·다큐멘터리·방송용 애니메이션 (부속서 8-다)

양국 공동제작자에 의한 TV 드라마·다큐멘터리·방송용 애니메이션 공동 제작을 장려하고, 향후 공동제작한 TV 드라마·방송용 애니메이션에 국내제작물에 부여하는 혜택을 부여하기 위한 협정 체결을 고려하기로 합의(built-in)할 수 있다.

9) 제9장 금융서비스

제9장(금융서비스)는 총14개 조항과 부속서(구체적 약속)로 구성되어 있고 대체적으로 한·미 FTA, 한·캐나다 FTA 금융서비스 관련 규정과 유사하다. 협정문에서는 중국으로서는 최초로 금융의 별도 챕터를 수용하였으며, 금융 투명성 제고(금융 관련 규정 사전 공표, 이해당사자 의견 수렴 등), 금융 관련 ISD 제기 시 금융 건전성 조치 여부 확인을 위한 금융 당국간 사전 협의 근거 조항에 합의

하고, 금융 서비스 위원회 설치를 통한 금융 당국 간 별도 협의 채널도 확보하였다. 그러나 한·중 FTA는 최혜국대우조항이 없고, 신금융서비스에 대한 조항이 없으며, 규제 투명성을 증진하였지만 신청 처리 기한을 180일로 설정해서 다른 FTA보다 상대적으로 긴 처리 기한을 설정하고 있는 점이 한국 측에게는 불리한 것으로 파악되고 있다.

(1) 적용범위 (제9.1조)

원칙적으로 금융 서비스 공급에 영향을 미치는 당사국의 모든 조치에 적용한다. 다만 당사국이 당사국의 영역에서 배타적으로 수행하거나 공급하는 ① 공적 퇴직연금제도(예: 우리나라의 국민연금제도) 및 법정사회보장 제도(예: 우리나라 국민건강보험제도)의 일환으로 이루어지는 서비스, ② 자국의 공공기관을 포함한 당사국의 계좌로, 또는 당사국의 보증 하에, 또는 당사국의 금융재원을 사용하여 수행하는 활동이나 서비스, ③ 중앙은행(예: 우리나라의 한국은행), 통화관련 국가기관(예: 우리나라의 기획재정부) 또는 통화, 환율정책을 관할하는 공공 기관에 의해 수행되는 서비스에는 적용되지 않는다. 또한 정부의 목적으로 구매되는 정부 기관의 금융서비스 조달을 규율하는 법·규정 또는 요건에도 적용되지 않는다.

(2) 일반적 의무

내국민대우(NT : National Treatment)(제9.2조)를 적용한다. 자국의 동종 금융 서비스 및 금융 서비스 공급자에게 부여하는 것보다 불리하지 않은 대우를 상대국 금융 서비스 및 금융 서비스 공급자에게 부여한다. 또한 시장접근(MA : Market Access) 제한 조치 도입 금지(제9.3조)한다. ① 금융 서비스 공급자의 수 제한 ② 금융 서비스 거래 또는 자산의 총액 제한, ③ 금융 서비스 영업의 총수 또는 금융 서비스 총 산출량의 제한, ④ 금융 서비스 분야 고용인의 총 수 제한, ⑤ 금융 서비스 공급의 구체적 형태(법인, 합작투자 등)에 대해 제한, ⑥ 외국인 지분 소유 최대 비율 한도 또는 외국인 투자 합계의 총액한도를 제한하는 규제 도입을 금지한다.

(3) 건전성 조치 예외 (제9.5조)

금융서비스와 관련하여 투자자, 예금자, 보험계약자 등 금융소비자 보호 및 금융 시스템의 안전성 보장을 포함한 건전성 사유로 조치를 채택 하거나 유지할 당사국의 권한을 확인할 수 있다. 또한 건전성 예외를 인정하는 한편, 당사국의 의무를 회피하는 수단으로 건전성 조치를 남용하지 않도록 약속한다.

(4) 투명성 (제9.6조)

양국은 금융서비스 공급자의 활동을 규율하는 투명한 규정과 정책이 상대국 시장에 대한 접근과 상대국 시장에서의 영업 촉진에 있어 중요성을 인정하고 금융서비스 규제의 투명성 증진에 합의할 수 있다. 또한 투명성 증진을 위해 양국은 실행가능한 한도에서, 금융 챕터의 대상에 관해 채택하고자 제안된 일반적으로 적용되는 규정의 사전 공표 및 이해관계인의 의견 제시 기회를 제공하고, 일반적으로 적용되는 최종 규정의 공표와 발효일간에 합리적 기간을 허용하기 위해 노력한다. 금융 챕터의 적용대상이 되는 일반적으로 적용되는 조치에 관해 이해관계인으로부터의 질의를 접수하기 위한 적절한 채널을 설치하거나 유지하며, 요구되는 모든 서류를 포함하여 금융서비스 공급에 관련된 신청을 완료하기 위한 요건을 공개하고, 신청의 처리상황을 신청자에게 알리고 당국이 신청자에게 추가정보를 요구하는 경우 과도한 지체 없이 신청자에게 통보한다.

그리고 금융서비스 공급에 관한 완료된 신청에 대해 각 규정에 명시된 기한 내에 행정결정을 내리고 그 결정을 신청자에게 신속하게 통보하며 180일 이내에 행정결정을 내리는 것이 불가능한 경우 과도한 지체 없이 신청자에게 이를 통보하며, 신청이 거부된 신청자의 요청이 있는 경우, 신청을 거부한 규제 당국은 실행가능한 한도 내에서 신청거부사유를 신청자에게 알려야 한다.

(5) 금융서비스 위원회 (제9.10조]

양국은 금융 챕터의 이행 및 금융서비스 분야에서의 협력을 포함한 금융서비스에 관한 이슈를 검토하기 위해 양국 금융서비스담당 공무원들로 구성되는 금융서비스 위원회 설립에 합의한다.

(6) 금융서비스 분야 ISDS 관련 사전 협의 (제9.13조]

투자자가 당사국을 상대로 ISD를 청구하고, 제소 당사국이 건전성 조치를 원용하여 항변하는 경우, 피청구국의 요청에 의해 양 당사국이 건전성 조치 여부를 결정하기 위해 협의할 수 있고, 양당사국은 ISD 청구가 제기된 날로부터 180일 이내에 건전성 조치여부를 결정하기 위해 노력하고 그 결정은 중재 판정부를 구속한다.

(7) 구체적 약속 (부속서 9-가)

감독상의 협력(부속서 9-가 제1항)을 한다. 양국은 소비자 보호 및 불공정하고 기만적인 관행을 방지하기 위한 규제자의 능력을 강화하기 위해 상대국 규제자를 지원하기 위해 노력한다. 또한 호혜적인 대우(부속서 9-가 제4항)를 적용한다. 양국은 각국의 건전성 규제를 저해함이 없이 금융서비스 공급자의 인허가 신청을 해당 법령에 따라 공정하고 신속하게 처리하기 위해 노력하며, 양국은 각국이 정한 정책에 부합하는 한도 내에서, 자본시장 추가 개방시 양국 금융 서비스 공급자들에게 그 혜택이 돌아가도록 노력한다.

10) 제10장 통신서비스

제10장(통신서비스)은 총18개 조항으로 구성되어 있으며, 중국 FTA 최초로 통신 분야에서 별도의 챕터를 두고 있다. 즉, 통신 서비스 자유화 관련 사항은 일반 서비스 챕터에서 다루고 있고, 통신 챕터에서는 경제활동의 토대로서 공중통신망 및 서비스에 대한 접속 및 이용에 관한 사항을 규정하고 있는 것이다. 전체적으로 한·미 FTA와 유사한 내용의 규정을 담고 있지만, 한·미 FTA보다 규정이 단순화되어 있고, 재판매, 망요소 세분화, 규제적용 면제 등의 규정이 한·중 FTA에는 빠져있다.

한·중 FTA에서는 투명한 경쟁 보장 장치 확보(상대국의 망 서비스에 비차별적 접근 보장), 중국 내 통신규제 관련 무역장벽 완화(비차별적 상호접속 제공 의무, 교차 보조 금지 등)를 통해 양국간 통신서비스 시장 진출 기반이 조성되었으며, 중국이 통신을 별도 챕터로 다룬 최초의 FTA라는 점도 의의가 있다.

(1) 통신협정문의 적용범위 (제10.1조)

통신 서비스의 교역에 영향을 미치는 조치에 적용되며, 다음 사항을 포함한다 (제10.1조). 공중통신서비스에 대한 접근 및 이용에 관한 조치, 공중통신 공급자의 상호접속 제공 의무에 관한 조치, 지배적 공중통신 사업자의 추가적인 의무에 관한 조치, 그 밖의 조치에 대해 적용한다. (방송 또는 케이블 배분 등에는 적용을 배제한다.)

(2) 공중통신망 및 서비스에 대한 접근 및 이용 (제1절)

각 당사국으로 하여금 상대국 사업자가 공중통신망 또는 서비스에 합리적이고 비차별적인 조건으로 접근하고 이용할 수 있도록 보장할 것을 명시한다(제10.3조). 공공서비스의 책임성 확보 또는 공중통신망 및 서비스의 기술적 무결성(integrity)을 보호하기 위해 필요한 경우 상대국 사업자의 접근 및 이용에 대해 일정한 조건[15] 부여 가능하다.

(3) 공중통신 공급자의 상호접속[16] 제공에 대한 의무 (제2절)

(상호접속) 자국 영역의 공중통신망 또는 서비스 공급자가 타 당사국의 공중통신망 또는 서비스 공급자에게 직접적 또는 간접적으로 자국 영역 내에서 상호접속을 제공하도록 보장한다(제10.4조). 또한 자국의 지배적 사업자가 타 당사국 공중통신망 또는 서비스 공급자의 설비 및 장비를 위한 상호접속을 투명하고 합리적인 조건과 원가 지향적인 요율로 비차별적으로 제공하고, 지배적 사업자와 상호접속을 위해서는 표준상호접속협정, 발효 중인 상호접속협정, 새로운 상호접속 협정을 위한 협상 가운데 한 가지를 선택하여 상호접속을 할 수 있도록 기회를 보장하며, (해저 케이블) 자국의 서비스 공급자가 상대국의 서비스 공급자에게 자국의 해저케이블 시스템에 대한 접근에 관하여 자국의 법과 규정에 따라 합리적이고 비차별적인 대우를 부여하도록 보장한다(제10.5조).

(4) 지배적 공중통신 사업자에 대한 추가적인 의무 (제3절)

통신시장에서의 공정한 경쟁여건 조성을 위해 지배적 사업자[17]가 반경쟁적인

---

15) 통신망 및 서비스와의 상호접속(interconnection)을 위해 특정한 기술적 인터페이스 사용요건, 통신서비스의 상호운용성(inter-operability) 확보를 위한 요건 및 단말기 등 장비의 공중통신망 부착과 관련된 기술요건 등을 예시적으로 규정한다.

16) 상호접속(interconnection)이란 사업자 또는 서비스 유형이 다른 통신망 간에 서비스 이용이 가능하도록 통신망을 연결하는 것을 말한다.

17) 지배적 사업자란 필수설비에 대한 통제력 또는 시장 지위 등을 이용하여 시장에 중대

행위(교차보조[18] 등) 금지 의무를 준수하도록 당사국이 적절한 조치를 유지한다(제10.6조).

(5) 그 밖의 조치 (제4절)

(규제기관의 독립성) 통신규제기관이 공중통신망 또는 서비스 공급자로부터 독립성을 갖추도록 보장하고, 동 규제기관의 결정 및 절차가 모든 시장 참여자에 대하여 공평하도록 보장한다(제10.7조). (보편적 서비스) 통신사업자의 보편적 서비스 의무를 투명·비차별·경쟁 중립적이며 필요이상의 부담이 되지 않도록 운영하고(제10.8조), (허가 절차) 공정하고 투명한 통신사업 허가절차 보장하며(제10.9조), (희소자원의 분배) 주파수, 번호 등 희소 통신자원의 분배 및 이용에 관한 절차를 객관·투명·비차별적으로 시의 적절하게 시행한다(제10.10조). 또한 (통신 분쟁해결) 협정문상 규정된 사안에 대한 통신 규제기관의 조치에 관한 분쟁을 해결하기 위해 구제 신청 및 사법적 재심 요청이 가능하고(제10.12조), (투명성) 통신규제기관의 결정 및 규정 제정 관련 의견 수렴 등에 있어서 투명성을 보장하며(제10.13조), (기술 및 표준에 관한 조치) 정당한 공공정책 목적 달성을 위해 당사국은 기술 또는 표준을 제한하는 조치가 가능하다(제10.14조). 단, 정당한 공공정책 목적 달성을 위해 필요한 경우에는 정부의 기술 표준정책 추진 권한을 인정한다. (국제로밍요금) 양국 간 국제모바일로밍요금 인하를 위하여 관련 통신 서비스 공급자를 장려한다(제10.16조).

11) 제11장 자연인의 이동

제11장(자연인의 이동)은 9개 조문과 3개의 부속서 및 1개의 부록으로 구성되어 있다. 일반적으로 자연인의 일시 입국 원활화 조항은 양국간에 경제 및 인적 교류 활성화를 위한 것이다. 한·중 FTA 자연인의 일시 입국과 관련된 규정을 둔 것으로 보아서 한·중 간의 인적 교류 확대와 함께 불법 체류자를 방지하고자 하는 양측의 이해관계를 상대적으로 조율한 것으로 파악된다. 다시 말해 한국과 중

한 영향을 미칠 수 있는 통신서비스 공급자를 말한다.

18) 교차보조(cross-subsidization)란 지배적 사업자가 자신의 독점력을 통해 획득한 초과이윤을 경쟁적인 다른 통신시장에 종사하는 자회사계열사 등에게 보조하는 행위를 말한다.

국 등 양국은 경제 활동 및 투자 진흥에 도움이 되는 자연인의 일시적인 입국을 진흥하되, 노동 허가 부여 또는 기타 이민 관련 내용은 한·중 FTA 규율 대상에서 제외하고 있다.

한·중 FTA에서는 상용방문자, 기업내 전근자, 계약서비스 공급자의 일시 입국과 체류 허용 요건 등을 규정하였으며, 비자 원활화 부속서를 채택하여 재중(在中) 주재원 최초 2년 주재(당초 1년)로 확대하는 데 합의하는 등 중국내 우리 기업 활동 애로사항을 상당 부분 해소하였다.

(1) 일반 원칙 (제11.2조)

상호주의를 기초로 자연인의 일시 입국을 원활하게 하고 일시 입국에 대한 투명한 절차를 마련하기 위한 양국의 요구를 자연인의 이동 챕터에 반영하고, 자연인의 이동 챕터가 노동시장 접근을 희망하는 자연인 및 시민권, 영구적 차원의 거주 또는 고용에 관한 조치에는 적용되지 아니함을 명확히 한다.

(2) 일반 의무 (제11.3조)

당사국은 상품 및 서비스 교역과 투자 활동의 수행을 지연하거나 다른 쪽 당사국에게 발생하는 이익을 무효화 혹은 손상하는 것을 피하기 위해 관련 조치를 신속하게 적용한다.

(3) 비자 원활화 (제11.4조)

양국은 비자의 발급 및 연장에 관한 절차를 원활화하기 위해 노력할 것을 약속하고 이를 위한 구체적인 약속을 부속서 11-나에 규정한다.

(4) 일시 입국 허용 (제11.5조)

일시입국을 하고자 하는 자연인이 적용 가능한 이민 조치 등 부속서 11-가에 규정된 요건을 충족하는 경우 일시입국을 허용함을 명시한다.

(5) 투명성 (제11.6조)

이 챕터와 관련된 조치에 관한 자료를 숙지할 수 있도록 상대국에 제공하고, 협정 발효일로 부터 6개월 이내에 이 챕터에 따른 일시 입국의 요건에 관한 설명자료를 상대국의 자연인이 숙지 가능하도록 작성, 공표하거나 이용가능하게 하여야 한다. 또한 일시 입국에 영향을 미치는 이민 조치를 수정하거나 개정하는 경우 이를 즉시 공표하거나 상대국의 자연인이 숙지 가능하게 하여야 한다.

(6) 자연인의 이동 위원회 (제11.7조)

양국은 자연인의 이동 챕터의 이행 및 자연인의 이동에 관한 이슈를 검토하기 위해 양국 이민 담당 공무원들로 구성되는 자연인의 이동 위원회 설립에 합의한다.

(7) 분쟁 해결 (제11.8조)

양 당사국은 자연인의 이동 관련 모든 사안에 대해 상호 만족할만한 해결에 이르기 위하여 협력 및 협의를 통한 모든 시도를 할 것을 합의한다. 다만, 이 챕터에 따른 일시입국 허용 거절에 관해, ① 그 사항이 반복된 관행(pattern of practice)과 관련이 있고, ② 해당당사국의 자연인이 가능한 모든 행정적 구제절차를 완료하였을 경우에만 이 협정의 분쟁해결 절차 적용이 가능하다.

(8) 구체적 약속 (부속서 11-가)

상용 방문자, 기업내 전근자, 계약서비스 공급자의 일시 입국·체류 관련 요건 및 체류기간을 명시한다.

일시입국 대상자의 구분 및 요건: 우리측 요건

구분	내용
상용 방문자	• 서비스 판매자로서 서비스 판매를 협상·계약 체결 목적으로 한국에 입국하는 자, 판매 협상을 위해 일시입국 하는 자(직접 판매 수반하지 않는 자), 투자자 또는 투자자의 피고용인으로서 관리자, 임원, 전문가이고, 투자를 설립하기 위해 일시입국 하는 자 • 제안된 영업 활동을 위한 보수의 일차적 소득원이나 주된 영업소 및 실제이윤 발생 장소가 적어도 대부분 한국 밖에 있는 자 • (입국 및 일시체류 허용) 출입국관련 법령
기업내 전근자	• 일시입국 신청일 직전 1년 이상의 기간 동안 고용된 한국 영역에 설립 된 자회사, 지점 또는 지정된 계열사를 통하여 서비스를 공급하는 회사의 피고용인(임원, 관리자, 또는 전문가에 해당하는 자)

	• (입국 및 일시체류 허용) 출입국관련 법령 준수, 3년까지의 입국 및 일시체류 허용(조건이 유효하게 유지될 시 기간 연장 가능) 계약서비스 공급자
계약서비스 공급자	• 부록(Appendix) 10-가-1에 규정된 직업의 계약서비스 공급자 • 전문적 지식을 요구하는 전문직에 고용된 자, 한국의 법·서비스 관련분야에서 필요한 학문적, 직업적 자격(요건)이 있고 능력에 기반한 경험을 보유한 자, 대한민국에 상업적 주재를 두지 않는 기업(한국의 기업으로부터 1년 이하의 기간 동안 서비스 계약을 취득해야 함)의 피고용인, 입국 신청일 직전 1년 이상 고용된 자, 한국 소재 기업으로부터 보수를 받지 아니하는 자 • (입국 및 일시체류 허용) 출입국관련 법령 준수, 최대 1년 또는 계약기간 중 더 짧은 기간 동안 입국 및 일시 체류 허용 • 노동시장테스트, 수량제한 부과 가능

(9) 비자 원활화 부속서 (부속서 11-나)

비자 원활화 부속서를 신설, 양국간 비자 애로 해소 약속을 포함한다. 기업내 전근자 및 투자자의 최초 체류기간을 2년[19]으로 확대하고, 취업 거주 허가(중국), 외국인 등록증(한국) 연장 절차를 원활화하며, 상용 방문자에 대한 복수 비자 발급을 확대한다.

(10) 투자 원활화를 위한 특별 약정 (부속서 11-다)

각국의 국내법에 따라 양국간 상호 투자와 인력이동을 장려하기 위한 방안을 양국 담당 부서가 계속 검토한다는 내용의 향후 투자 및 인력이동 장려 방안 협의 조항을 포함한다.

12) 제12장 투자

제12장(투자)는 총 19개 조문과 3개 부속서로 이루어져 있다. 전형적인 투자보호규정들로 이루어져 있으며, 중국이 지금까지 체결해온 투자협정 및 FTA와 마

---

19) 중국은 우리 기업내 전근자 및 투자자에게 기본적으로 1년 단위의 취업 허가 및 체류 허가를 부여하여 현지 진출 우리 투자 기업인(기업내 전근자) 등이 매년 이를 갱신해야 하는 어려움을 호소한다.

찬가지로 설립 후 단계의 투자로 범위가 한정되어 있는데 향후 서비스 챕터와 함께 후속 협상이 이루어질 예정이다. 전체적으로 한·중 투자챕터는 중국을 기준으로 보면 현재까지 중국이 체결한 최신 양자간 투자 협정(bilateral investment treaty, BIT)의 요소를 갖추고 있지만 한국이 처음부터 의도한 한·미 FTA 투자 챕터 수준, 또는 3국 투자협정 플러스 요소는 정도의 시장 개방은 이루어지지 않는 것으로 파악된다.

한·중 FTA에서는 투자자유화 요소는 논의되어 금번 협정에서는 내국민대우, 대우의 최소원칙, 투자자–국가분쟁(ISD) 등 투자보호 내용 중심으로 규정하였으며, 중국 진출 우리 기업 애로 해소를 위한 중국 정부내 담당 기관(contact points)을 중앙·성 단위로 지정하도록 하였다.

(1) 내국민 대우 (제12.3조)

외국인 투자 및 투자자에 대해 동종 상황(like circumstances)하에서 내국 투자 및 투자자 보다 불리하지 않은 대우 부여한다.

(2) 최혜국 대후 (12.4조)

외국인 투자 및 투자자에 대해 동종 상황(like circumstances)하에서 제3국의 투자 및 투자자 보다 불리하지 않은 대우 부여한다. 단, 관세동맹, FTA, 국제협정, 항공·수산·해운 관련 국제협정 등에 따른 대우는 동 의무에서 제외한다.

(3) 대우의 최소기준 (제12.5조)

외국인 투자에 대하여 '공정하고 공평한 대우 및 충분한 보호와 안전을 보장'을 포함한 국제관습법(customary international law)에 따른 대우 부여한다. 일반적으로 적법절차(due process of law) 원칙과 투자보호를 위해 합리적으로 요구되는 수준의 경찰보호를 의미한다.

(4) 이행요건 금지 (제12.7조)

WTO의 TRIMs상[20]의 외국인 투자에 대한 특정 이행의무 부과 금지를 규정한다.

20) TRIMs상 부과 금지 이행의무란 특정물품, 물품의 가치·수량 및 그 비율 등에 의해 국내산 물품의 구입(혹은 사용), 국내산 물품의 수출 가치 및 수량에 따라 수입품의

(5) 수용 및 보상 (제12.9조)

정부는 1)공공목적을 위해 2)비차별적인 방법으로 3)적법절차를 준수하며 4)지체 없이 수용 당시의 공정한 시장가격(fair market value)으로 보상하는 경우에 한해 투자자의 재산을 수용 또는 국유화 가능하다. 또한 직접수용과 동등한 정도로(equivalent) 재산권을 침해하는 간접수용에 대해서도 정당한 보상을 제공할 것을 규정한다. 여기서 "간접수용"이란 직접수용처럼 정부가 외국인 투자자의 재산권을 박탈, 국유화하는 것은 아니나, 특정 정부 조치로 인하여 투자자가 사실상 영업을 할 수 없게 되어 투자의 가치가 직접 수용과 동등한 정도로 박탈되는 경우를 말한다. 간접수용에 대한 보상은 우리가 체결한 모든 FTA 및 대부분의 투자보장협정을 포함한 전 세계 투자협정에 일반적으로 포함한다.[21]

(6) 송금(제12.10조)

출연금, 이익, 자본이득, 배당금, 이자, 로열티 등을 자유롭게, 그리고 지체없이 송금할 수 있도록 허용할 것을 규정한다. 또한 파산, 지급불능, 예금자 보호, 주식 등의 거래 이전, 형법의 적용, 규제당국의 법집행으로서 금융기록을 위해 필요한 경우, 법원의 결정을 따르기 위한 경우 등은 예외로 인정한다.[22]

(7) 투자자-국가간 분쟁해결절차 (제12.12조)

[투자자-국가간 분쟁해결절차 개요] 투자자-국가간 분쟁해결절차는 투자유치국 정부가 제2절의 협정상 의무를 위배하여 투자자에게 손실이 발생하는 경우, 투자자와 투자 유치국 정부간 분쟁에 적용되는 중재절차를 규정한다.

[이용 가능한 중재 기관 절차] ① 분쟁 체약당사자의 권한 있는 법원, ② ICSID[23]

구매(혹은 사용)를 강제하고, 국내산 물품의 생산량·수출가치·수출수량 등에 따라 국내산 물품의 생산에 사용·관련된 물품의 수입을 제한 또는 그 물량을 제한하며, 해당 기업이 벌어들인 외환과 연계하여 외환시장에 대한 접근을 제한하여, 국내산 물품의 생산에 사용·관련된 물품의 수입을 제한하고, 특정물품, 물품의 가치·수량 및 그 비율 등에 의한 수출을 제한하거나 혹은 수출을 위한 판매를 제한하는 조치를 취하는 것을 말한다.

21) 간접수용의 판단 법리 및 예외적 상황 등에 대해서는 수용부속서에서 규정 하고 있으며, 2단계 후속협상에서 추가적인 간접수용 법리 논의를 약속한다.

22) 송금보장 조항의 예외로서 외환위기 시 자본거래 통제 등 긴급세이프가드 조치를 인정하고, 이를 송금 부속서에 규정한다.

(International Center for the Settlement of Investment Disputes, 국제투자분쟁해결센터)는 World Bank 산하기구로서 회원국(우리나라와 중국포함)에게 투자자–국가간 분쟁절차를 제공한다. ③ UNCITRAL(United Nations Commission on International Trade Law, 유엔국제무역법위원회)은 국제무역법 제정을 위한 UN 산하전문위원회로서 국제중재절차 및 규칙을 규정한다. ④ 분쟁당사자가 합의한 경우, 그 밖의 중재기관 또는 중재규칙을 따른다.

▮ISD 절차 개요▮

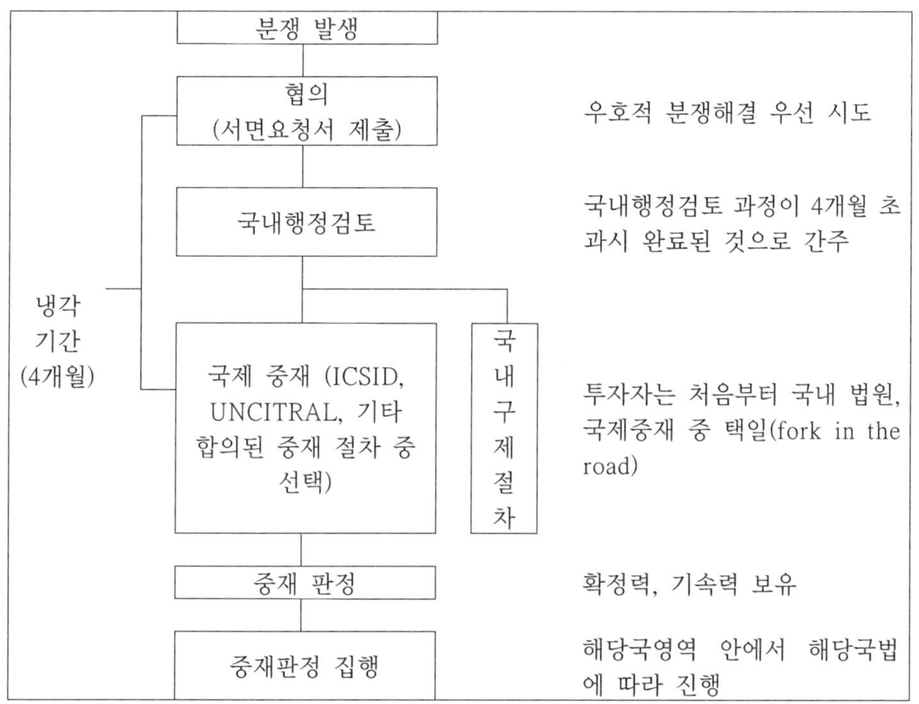

※ 투자유치국 정부의 위배조치로 투자자(또는 투자기업)의 손실이 발생하였음을 인지한 날로부터 3년이 경과한 후에는 중재 신청 불가하다.

---

23) ICSID 추가절차규칙에 ICSID 협약에 따른 중재절차의 관할을 위해서는 투자자의 모국과 피청구국이 모두 ICSID 협약의 당사국이어야 하는 등 협약 제25조에 정한 요건들이 충족되어야 하는 반면, 양국 중 일방이 ICSID 협약 회원국이 아닌 경우에는 추가절차규칙에 따라 중재절차 진행 가능하다고 명시되어있다.

[국제 중재와 국내 제소 절차와의 관계] 분쟁투자국은 분쟁투자자가 중재에 회부하기 전에 해당 분쟁투자국의 법령에 명시된 국내행정검토절차를 거치도록 요구 가능하며, 국내행정검토절차가 신청이 제출된 날부터 4개월 후에도 완료되지 않으면 완료된 것으로 간주한다. 투자자는 상대국을 상대로 상대국의 법원 또는 국제중재절차 제소 중 하나를 선택한 후에는 다른 절차 제소가 불가능("fork in the road")하다. 또한 투자자는 중재 청구를 제기하기 위해서는 상대국 법원에서 절차를 개시·계속하지 않겠다는 서면포기서를 제출해야 한다.

[중재판정의 효력] 중재판정은 단심제로서 확정력을 가진다(final and binding). 또한 중재판정은 금전적 손해와 적용 가능한 이자 및 재산의 원상회복만으로 한정한다.

(8) 혜택의 부인 (제12.15조)

제3국 또는 당사국의 인이 소유하고 타방 당사국 내에서 실질적으로 영업을 하지 않는 타방 당사국 기업(이른바 paper company)에게는 협정상 혜택을 부인하는 것이 가능함을 규정한다.

(9) 투자 위원회 (제12.17조)

양국은 동 챕터의 목적을 달성하기 위하여 투자 위원회를 설치하고, 설립전 투자를 비롯하여 투자와 관련해 발생하는 문제를 논의한다.

(10) 투자환경 개선을 위한 접촉선 [12.19조]

양국은 투자 환경의 개선과 양국간 투자를 촉진하기 위하여, 접촉선을 지정한다[24]. 또한 가능한 범위 내에서 투자의 설립과 청산절차를 포함한 사항에 관해 자문을 제공하고, 상대국 투자자의 애로에 즉각 대응할 수 있도록 지방에도 이를 유지한다.

---

24) 한국의 접촉선은 대한무역투자진흥공사(KOTRA), 중국의 접촉선은 투자촉진사무국(Investment Promotion Agency)이다.

(11) 부속서

① 수용부속서(부속서 12-B)

직접수용 및 간접수용의 정의와 간접수용의 판단법리를 규정하고, 간접수용의 인정범위가 더욱 제한될 수 있도록, 동 수용부속서상 간접수용 판단법리를 추가적으로 명확히 규정한다.

② 송금부속서(부속서 12-C)

국제수지악화 및 외환위기 등의 심각한 대내외 여건 변화가 있을시, 당사국은 외국환거래를 통제하는 단기 세이프가드 조치를 발동할 수 있도록 별도의 부속서에 규정한다. 단, 동 단기 세이프가드는 협정상 의무에 배치되지 않는다.

13) 제13장 전자상거래

제13장(전자상거래)은 총 9개의 조문으로 구성되어 있는데, 엄격한 의무부과보다는 전자상거래 촉진에 관한 양국의 관심을 반영한 선언적 성격이 강하다. 향후에는 전자상거래가 자원의 재분배 등에 기여하는 바가 있기 때문에 양국간에 전자상거래가 더욱 활성화 될 수 있는 방안을 모색한다. 중국의 FTA 최초로 전자상거래를 독립 챕터로 설치했으며, 전자적 전송에 대한 무관세 관행 유지, 전자인증·서명, 개인정보보호, 종이 없는 무역 등을 비강행 규정(실질적 권리·의무 미발생)으로 반영하여, 향후 양국간 디지털컨텐츠 교류 활성화 및 전자상거래 촉진 기반에 긍정적으로 작용할 것으로 전망한다.

(1) 전자적 전송물에 대한 무관세 (제13.3조)

WTO 각료 선언에 따른 전자적 전송물[25](electronic transmissions)에 대한 무관세 관행을 양국간에도 유지하도록 명시적으로 합의한다. 현재 WTO 회원국은 1998년 WTO각료회의에서 “전자상거래에 대한 WTO 각료선언”을 통해 전자적 전송물에 대한 무관세 관행의 ‘한시적 유지’ 결정 후 그 효력을 연장한다.

25) 전자적 전송물이란 전자기적 또는 광학적 수단을 사용하여 이루어진 전송을 의미한다.

(2) 전자인증 및 전자서명 (제13.4조)

양국은 서명이 전자적 형태로 되어있다는 근거만으로 그 서명에 대해 법적 효력을 부인하는 법령을 채택·유지할 수 없다. 또한 전자상거래 당사자는 자율적으로 전자인증수단 선택 가능하다. 다만, 특정분야(전자금융거래, 전자처방전 등)의 거래에 대해서는 관련법령에 따라 특정 전자인증수단 요구가 가능하고, 양국은 전자인증[26] 및 서명[27]의 상호 인정 및 사업 영역에서의 활용을 촉진하기로 한다.

(3) 전자상거래 상의 개인정보 보호 (제13.5조)

양국은 전자상거래 이용자의 개인정보보호를 위한 조치를 채택·유지하고 이와 관련한 경험 및 정보를 공유한다.

(4) 종이 없는 무역 (제13.6조)

전자적 형태의 무역행정문서를 종이 형태의 것과 동일하게 효력을 인정하고, 대중이 무역행정문서를 전자적으로 이용할 수 있도록 노력한다[28].

(5) 전자상거래 분야의 협력 (제13.7조)

양국은 전자상거래 관련 법·규제 등에 대한 정보, 경험 등을 공유하고, 관련 사업의 교류 및 협력활동 등을 촉진한다.

14) 제14장 경쟁

제14장(경쟁)은 총 13개의 조문으로 구성되어 있고 중국의 이미 체결된 FTA와 비교하면 가장 발전된 내용을 규정하고 있다. 한·중 FTA에서는 투명성, 절차적 공정성, 비차별 원칙 등 경쟁법 집행 원칙[29] 보장, 공기업 등에 대한 경쟁법

26) 전자인증이란 전자 통신 또는 거래의 당사자에 대한 신원을 입증하는 절차 등을 말한다.
27) 전자서명이란 서명자가 서명하였음을 증명하고 서명자를 확인하기 위해 전자기록에 첨부되거나 논리적으로 결합된 전자적 형태의 정보를 의미한다.
28) 종이 무역행정문서의 경우 국제특송 등의 송부 과정에서 시간과 비용이 소요되는 반면, 전자 무역행정문서는 온라인으로 추가 비용 없이 실시간 송부가 가능하다.
29) 관련법령, 조사절차 규칙 및 심리·의결의 공개, 의견진술권·증거제출권·재심청구권 보장, 경쟁법 집행시 상대국 국민에 대한 내국민 대우 준수 등을 의미한다.

적용 의무 규정, 경쟁 당국간 협력 의무 등을 규정하고 있다. 특히, 상대국 정부의 반독점행위 조사시 우리 기업에 대한 차별적 법집행 방지 등 우리 기업 보호장치 마련하였고, 중국 국유기업에 대해서도 경쟁법상 의무가 적용되도록 하여 중국 내 우리 기업과 중국 국유기업 간에도 공정 경쟁할 수 있는 법적 근거를 강화하고 있다.

(1) 경쟁법과 경쟁당국 유지 (제13.2조)

반경쟁적 행위를 막기 위한 경쟁법과 경쟁당국 유지 의무 규정하며, 자국 시장에서 경쟁을 증진하고 보호하는 경쟁법을 유지 또는 채택하고 경쟁당국을 유지할 의무 및 반경쟁적 영업 행위에 대해 적절한 조치를 취할 의무를 진다.

(2) 경쟁법 집행 원칙 (제13.3조 및 제13.4조)

경쟁법 집행 과정에서 준수해야 할 비차별, 절차적 공정성, 투명성 등 일반 원칙을 규정한다. ① 경쟁법 집행시 상대국 국민에 대해 내국민과 동등한 대우를 부여한다. ② 조사 과정에서 피심인에 의견진술권 및 증거제출권을 부여한다. ③ 피심인에 경쟁법 위반에 대한 제재조치·시정명령 관련 재심을 구할 수 있는 기회를 부여한다. ④ 각 당사국은 경쟁법·규정(조사절차 규칙 포함)을 대중에 공개한다. ⑤ 경쟁법 위반에 대한 최종 결정은 그 결정의 근거가 된 사실 관계 및 법적 기초를 적시하여 피심인에 서면 송부한다. ⑥ 각 당사국은 자국법에 따라 위반 결정과 그 이행 명령을 대중에 공개하도록 노력하되, 각 당사국의 정보공개에 관한 법률에 의해 보호되는 정보는 공개할 수 없다.

(3) 경쟁법의 적용 (제13.5조)

경쟁챕터[30]는 각 당사국의 모든 기업에 적용되고, 공기업 및 특별 또는 배타적 권리를 당사국으로부터 부여받은 기업도 경쟁법의 적용 대상이다. 또한 공기업 및 특별 또는 배타적 권리[31]를 정부로부터 부여받은 기업에 대해 경쟁법 원칙

30) 경쟁챕터의 어떠한 규정도 당사국이 공기업을 설립 또는 유지하거나, 특별 또는 배타적 권리를 위임하거나 유지하는 것을 금지하지 않는다.

31) 특별한 권리란 당사국이 객관적·비례적·비차별적인 기준에 의하지 않고, 상품이나 서비스 제공을 허가 받은 기업의 수를 둘 이상으로 지정·제한하거나(하나인 경우 배타적 권리를 부여받은 경우에 해당), 또는 동일한 상품이나 서비스를 제공하는 다른

에 반하는 조치를 채택해서는 안 되며, 양국은 그러한 기업들이 경쟁법의 적용 대상이 되도록 보장해야 한다. 단, 경쟁법 적용이 공기업 등의 임무 수행에 법률상 또는 사실상 장애를 초래하는 경우, 경쟁법 적용 배제 가능하다.

(4) 소비자 보호 관련 협력 (제13.6조)

양국은 소비자보호법 관련 협력의 중요성을 인정하고, 소비자 권익을 보호하기 위해 소비자 보호 관련 정보를 교환한다.

(5) 통보 (제13.7조)

각 당사국의 집행 활동이 타방 당사국의 중요한 이익에 실질적으로 영향을 미칠 수 있다고 판단되는 경우 당해 집행행위를 통보한다. 또한 각 당사국의 경쟁법에 반하지 않으며 진행 중인 조사에 영향을 미치지 않는 한, 가급적 초기 단계에, 분석을 가능케 할 정도로 상세하게 통보한다.

(6) 협의 (제13.8조)

특정 문제 해결이나 상호 이해 증진을 위해 상대국의 요청이 있는 경우 협의를 개시하고, 협의 요청을 받은 당사국은 상대국에 의해 제기된 사항을 호의적으로 충분히 고려한다.

(7) 정보 교환 (제13.9조), 기술 협력(제13.10조)

효율적인 경쟁법 집행을 위해 상대국 요청시, 요청 받은 당사국은 각 당사국의 경쟁법에 반하지 않으며 진행 중인 조사에 영향을 미치지 않는 한, 가급적 정보를 제공하도록 노력하고, 양국은 경쟁법 집행 역량을 제고하기 위해 연수 프로그램, 워크숍, 공동 연구, 인력 교류 등 기술 협력을 장려 한다.

(8) 경쟁법 집행의 독립성(제13.11조), 분쟁해결(제13.12조)

경쟁챕터는 경쟁법 집행에 있어서 당사국의 독립성을 저해하지 않으며, 경쟁챕터에서 발생하는 그 어떤 사안에 대해서도 협정상의 분쟁해결 절차 적용을 배제한다.

여타 기업의 능력에 실질적으로 영향을 미치는 법적 또는 규제적 우위를 주는 경우를 의미한다.

15) 제15장 지식재산권

제15장(지식재산권)은 총 11개절과 31개의 조문으로 구성되어 있는데 우선 유명상표제도를 도입하여 중국 내에 아직 알려지지 아니한 우리나라 상표까지 보호할 수 있는 장치를 마련하였다. 그러나 상표의 등록 및 출원과 관련한 개별 기업의 의견제출 기회의 보장과 출원 중인 상표를 보호하기 위한 장치 마련이 필요해 보인다. 또 다른 지식재산권인 특허와 관련하여서는 “우선 심사제도”를 도입하고자 하였다. 이 우선 심사제도는 특허의 심사기한이 상당하게 소요되었던 중국에서 심사 기간이 단축될 수 있는 여건을 마련하였다. 또한 우선 심사제도로 인해 특허 등록 심사의 불필요한 지연을 방지하고 특허권자를 비롯한 이해관계자들의 권리를 제고하였다.

한·중 FTA에서는 실연자(performer)·음반제작자의 보상청구권을 규정하고, 저작권과 저작인접권의 기술보호조치, 권리관리정보 보호를 명문화했으며, 방송보호기간을 20년에서 50년으로 연장하고 그간 중국 법체계 미비로 반대해 왔던 방송사업자의 배타적 권리를 인정하는 등 “저작권과 저작인접권(음반·방송사업자)”을 강화하여 중국내 한류 컨텐츠를 보호할 수 있는 기반을 마련하였다. 또한 외국의 유명 상표 보호 강화를 규정하여 중국기업의 악의적인 상표 선점이나 유사 상표 등록을 방지하고 상표 등록 및 이의 절차를 보장하는 등 우리기업의 상표권 보호 장치를 마련하였다.

한편, 실용신안권 분쟁시 근거자료 제출하도록 하여 우리 기업에 대한 중국 실용신안권자의 남소 등 권리 주장 남용을 방지하는 장치를 마련하였다. 그리고 지재권 관련 판결, 법령 등을 공개하여 예측가능성을 제고하고 법정손해배상제도를 통해 손해액 입증 용이성 제고, 지재권 침해물품의 압류·폐기 명문화 등 지재권 집행관련 규정강화를 통해 위조, 불법복제 등으로 인해 권리침해가 발생할 경우 신속하고 효과적인 권리구제 장치를 확보하였다.

한편, 중국 실용신안 특징은 무심사제도로 형식심사(기초요건만 심사)를 통해 결격사유가 없으면 실용신안 권리부여, 특허에 비해 출원 등록비용이 약 1/4로 저렴하고 별도의 심사청구료 없다는 특징이 있다. 또한 등록 소요시간도 특허에 비해 약 1/5로 단축, 실용신안의 평균 심사기간은 5개월 정도에 불과하다. 이에 대한 활용이 필요한데 한·중 FTA에서는 이에 대한 대응 방안이 필요하다.

(1) 배타적 복제권 (제15.6조제2항)

저작자, 실연자, 음반제작자 및 방송사업자에게 각각 저작물, 실연, 음반, 방송신호의 복제에 대한 배타적 권리를 부여한다.

(2) 방송신호 보호기간 (제15.6조제3항)

방송신호의 보호기간을 방송 시점으로부터 최소 50년 보호하도록 규정한다. 한편 중국은 자국 방송사업자의 방송에 대해서는 50년의 보호기간을 부여하나, 외국 방송사업자의 방송은 TRIPS에 따라 20년의 보호기간만을 인정하고 있고, 한·중 FTA상 동 조항에 의거하여 우리 방송사업자는 중국에서 중국 방송사업자와 동일하게 50년의 보호기간을 인정받게 되었다[32].

(3) 보상청구권 (제15.7조제1항)

상업적인 목적으로 발간된 음반의 직·간접적 이용에 대해 실연자와 음반제작자가 보상청구권[33] 행사 가능하다.

(4) 방송사업자의 배타적 권리 (제15.7조제2항)

방송사업자에게 방송신호의 재방송[34], 복제(reproduction) 및 고정[35]과 관련한 사전허락·사후금지권을 부여한다.

(5) 기술적 보호조치 (제15.8조)

저작물, 실연, 음반의 이용 통제[36] 및 접근 통제[37]를 위해서 제공되는 기술적 보호조치의 우회를 금지한다.

---

32) 보호되는 방송신호는 유선, 지상파, 케이블, 위성 등을 통해 방송되는 것을 모두 포함한다.
33) 각 당사국이 저작권 관련 국제조약에서 부담하고 있는 의무에 따라 동 권리를 부여한다.
34) 재방송(rebroadcasting)이란 방송사에서 송출한 신호를 동시에 다른 매체로 송출하는 행위로서 우리나라 저작권법상 동시중계방송권을 의미한다.
35) 고정(fixation)이란 방송을 녹화하는 행위 및 녹화한 방송을 배포·송신하는 행위를 말한다.
36) 이용통제이란 저작권자가 허락하지 않은 이용 행위(복제, 배포, 공중송신 등)를 통제하기 위한 조치로서 CD 복제 방지장치 등이 이에 해당한다.
37) 접근통제란 권리자가 허락한 경우에만 저작물에 접근하는 것을 가능하게 하는 조치로서 DVD 지역코드 등이 해당한다.

(6) 권리관리정보[38] (제15.9조)

전자적 권리관리정보의 제거 혹은 변경 행위, 전자적 권리관리정보가 제거·변경된 저작물·실연·음반 등을 일반대중에게 전송하는 행위에 대한 효과적인 법적 규제를 마련토록 규정한다.

(7) 소리 상표 (제15.11조제2항)

상표등록의 요건으로 표지가 시각적으로 인식가능할 것을 요구할 수 없으며, 소리로만 구성된 표지[39]도 상표로서 등록 가능토록 규정한다.

(8) 상표 등록권자의 권리 (제15.11조제3항)

상표 등록권자는 제3자가 ① 등록상표에 관한 상품·서비스와 "동일하거나 유사한" 상품·서비스에 대하여 ② 상표권자의 승낙 없이 ③ 등록상표와 동일·유사한 표지를 ④ 상업적으로 사용하여 ⑤ 혼동가능성을 초래하는 경우, 표지사용을 금지할 배타적 권리를 보유한다. 또한 등록상표와 동일한 표지를 등록상표에 관한 상품·서비스와 동일한 상품·서비스에 사용하는 경우, 혼동 가능성이 있는 것으로 간주한다.

(9) 유명상표 보호 (제15.13조)

각 당사국이 유명상표 여부를 판단시, ① 상표 등록 ② 유명상표 목록에 등재 ③ 유명상표로의 사전 인식을 요건으로 요구해서는 안 된다고 명시하고, 유명 등록상표를 복제, 모방 혹은 번역하여 사용함으로써 등록 상표권자의 이익이 손상될 가능성이 있는 경우, 동일·유사하지 않은 상품·서비스에도 유명상표 보호 적용한다. 또한 ① 유명상표와 혼동을 일으키거나 오인을 유발하는 상표를 ② 해당 유명상표와 관련이 있는 상품·서비스에 대해 사용하여, ③ 상표권자의 이익이 손상될 가능성이 있을 때, 그 표장의 등록거절·등록취소·사용금지한다[40].

---

38) 권리관리정보(Rights Management Information)란 어떤 저작물을 다른 저작물과 구별하고, 그 저작물을 이용하기 위한 계약을 체결하거나 권리처리를 하기 위해 필요한 정보로서, 저작물에 부착되거나 그 공연, 방송 또는 전송에 수반되는 것(예: 워터마크, 레이블 등)을 말한다.

39) 예시로 Intel 효과음, MGM 사자 울음소리, 할리데이비슨 엔진배기음 등이 있다.

(10) 상표 출원절차 개선 (제15.14조제1항)

상표 출원에 대해서 ▲거절 이유의 서면 통보, ▲거절에 대해 출원인의 의견 제출 기회 보장, ▲이해관계자에 의한 이의신청 절차를 제공하여 합리적 출원 및 등록 절차를 보장한다.

(11) 상표 투명성 개선 (제15.14조제2항)

상표 출원, 심사, 등록 및 관리를 전자적으로 처리할 수 있는 시스템과 일반대중이 상표 출원과 등록을 열람할 수 있는 전자 데이터베이스 구축을 의무화한다.

(12) 특허 대상 제외 범위 (제15.15조제3항~제4항)

① 인간 동 식물의 생명 건강 보호, 환경 피해 방지, 공공질서 및 선량한 풍속 보호 등을 위해 상업적 이용의 금지가 필요한 발명과 ② 인간 또는 동물의 진단·치료·수술 방법 및 ③ 미생물을 제외한 동·식물, 이들의 생산에 이용되는 본질적으로 생물적인 절차 및 미생물적인 절차는 특허대상에서 제외 가능하다.

(13) 특허 우선심사제도 도입 노력 (제15.15조제5항)

특허 우선심사제도 도입 노력을 의무화하여 심사의 지연으로 인해 발생하는 출원인의 불편을 점진적으로 해소할 수 있다.

(14) 실용신안 제도 남용 방지 (제15.16조제2항)

실용신안에 대한 실체심사를 실시하지 않는 당사국에서는 법원이 원고(실용신안 권리자)에게 특허당국에 의해 작성된 실용신안 평가 보고서를 침해증거로 제출하도록 요구할 수 있도록 규정한다.

(15) 식물신품종 보호 (제15.18조)

각 당사국은 상대국의 식물신품종 보호 법규를 존중하고 종묘업자에게 효과적인 보호를 제공하도록 규정하며, 식물신품종과 관련해서 상업적 목적의 종자 생

---

40) 기존 파리조약 제6조의2는 동일·유사한 상품에 대해 유명상표와 혼동을 일으키기 쉬운 상표를 사용하는 경우에만 보호가 가능하도록 규정한다.

산증식, 판매를 위한 청약·판매·수출·수입 등에 대해서는 해당 종묘업자의 승인을 얻도록 의무화한다.

(16) 저작권·저작인접권 권리자 추정 (제15.23조)

민사, 형사, 행정 절차에서 저작자 실연자 음반제작자 방송사업자로 성명이 표시된 자를 권리자로 추정한다.

(17) 손해배상 원칙 (제15.24조제2항)

지재권 침해에 대해 '권리자의 실손해액' 혹은 '침해자의 이익'을 손해배상액으로 산정할 수 있도록 규정한다.

(18) 법정손해배상제도 (제15.24조제3항)

상표위조 및 저작권·저작인접권(음반, 실연) 침해 관련 민사 소송에서 권리자가 구체적 실손해배상 대신 법령에 미리 규정된 액수의 손해 배상액을 청구할 수 있도록 하는 제도를 도입하며, 법정손해배상액은 장래의 침해를 억지하고 침해로부터 야기된 피해를 권리자에게 완전히 보상하기에 충분하도록 규정한다.

참고: 양국 국내법에 규정된 법정손해배상액

o 우리나라 - 저작권 침해 : 1천만원 이하(영리를 목적으로 고의로 침해한 경우 5천만원 이하) - 상표권 침해 : 5천만원 이하 o 중국 - 저작권 침해 : 1만위안 ~ 100만위안 - 상표권 침해 : 200만위안 이하

(19) 압류 및 폐기 (제15.24조제5항~제6항, 제15.26조제5항 및 제15.27조제3항 다호)

침해 물품 생산에 사용되는 재료나 도구, 침해의 입증에 필요한 문서 증거 및 침해로부터 발생한 자산에 대한 압류 권한을 규정한다. 상표 위조품 및 저작권

불법복제품, 이들의 제조에 사용되는 재료 및 도구의 몰수 및 폐기 권한을 사법당국에 부여한다.

(20) 정보제공명령 권한 (제15.24조제7항)

지재권 집행에 관한 민사 절차에서 법원이 침해자에게 해당 침해와 관련하여 침해자가 소유 통제하고 있는 모든 정보를 법원에 제출하도록 명령을 내릴 수 있도록 규정한다.

(21) 비밀유지명령 위반시 제재 (제15.24조제8항)

민사재판 당사자, 변호인, 전문가 등 소송관계자가 재판과정에서 생성되거나 교환된 비밀정보와 관련된 법원의 명령을 위반한 경우 이들을 제재할 수 있는 권한을 법원에 부여한다.

(22) 잠정조치 (제15.24조)

집행당국이 일방의 잠정조치 요청에 대해 신속히 대응하도록 당사국에게 의무를 부과하였고, 권리가 침해되었거나 침해가 임박하였음을 증명할 수 있는 가용한 모든 증거를 제출하도록 명령할 권한을 사법기관에 부여한다. 또한 잠정조치 관련하여, 침해자 보호 및 권리남용 방지 등을 위해 합리적 수준의 담보 또는 보증 제공을 권리자에게 명령할 수 있는 권한도 법원에 부여한다.

(23) 침해물품 통관보류 (제15.26조제1항~제3항)

침해물품이 수입·수출·환적되거나 자유무역지대 혹은 보세창고에 위치해 있다고 의심할 만한 정당한 근거가 있을 경우 권리자가 세관에 침해물품 통관보류를 신청할 절차 마련하며, 권리자가 충분한 정보를 통관당국에 제공할 경우 통관보류 신청을 할 수 있도록 각 당사국이 사전에 절차를 마련하도록 의무화하였고, 세관이 침해물품 적발시 권리자에게 관련 정보를 통지하여 통관보류 신청 기회를 제공한다.

(24) 직권 국경조치 (제15.26조제4항)

권리자의 신청이 없어도 지재권의 침해에 관한 명백한 증거가 발견될 경우 세관이 직권에 의해 침해물품 통관보류가 가능하다.

(25) 영화도촬 제재 (제15.27조제2항)

영화관에서 상영되는 영상물을 권리자의 허락없이 고의적으로 상업적 규모로 복제하는 행위에 대해 형사처벌이 가능하다.

(26) 인터넷상 반복적 침해 (제15.28조)

각 당사국이 인터넷 상에서의 반복적인 저작권 침해를 방지하기 위해 효과적인 조치를 취할 의무 규정한다.

(27) 범죄수익 몰수 (제15.27조3항 나호)

저작권 및 상표권 침해로 얻은 모든 자산을 몰수할 수 있는 권한을 사법당국에 부여한다.

16) 제16장 환경과 무역

제16장(환경과 무역)은 총 9개의 조문으로 구성되어 있는데, 법적 구속력 있는 사항과 권고적 성격의 효력을 가지는 사항에 대해 규정하고 있다. 한·중 FTA는 환경 관련 문제의 이행을 위해 관련 위원회를 설립하도록 하는 등 절차적 운영방식을 확정하고, 환경 챕터에서 발생한 분쟁은 한·중 FTA의 분쟁해결제도 적용대상이 아닌 것으로 규정하고 필요하면 이 경우 WTO 분쟁해결제도를 활용할 수 있다.

(1) 목적 및 적용범위 (제16.1조 및 제16.2조)

양국은 경제발전, 사회발전, 환경보호가 지속가능한 발전의 상호 의존적이며 상호 보완적인 요소임을 인정하고, 지속가능한 발전의 목적에 기여하는 방식으로 경제발전을 증진한다는 약속을 재확인할 수 있다. 또한 동 챕터는 환경이슈 관련 양국이 채택, 유지하는 조치(법, 규정 포함)에 적용된다.

(2) 높은 수준의 환경보호 의무 (제16.3조)

양국은 자국의 환경법 및 정책이 높은 수준의 환경보호를 제공할 수 있도록 보장하기 위해 노력하고 동 보호수준 향상을 위해 지속적으로 노력할 의무를 규정한다. 단, 환경보호 수준 및 환경개발 우선순위를 정하고, 환경법 및 정책을 채택 및 수정하는 각 국가의 주권을 재확인한다.

(3) 다자간 환경협정의 의무 이행 (제16.4조)

양국은 다자간 환경협정이 환경을 보호하는 데 국내적·국제적으로 중요한 역할을 한다는 것을 인정하고, 양국은 자신의 법과 관행에서 그들이 당사국인 다자간 환경협정을 효과적으로 이행하겠다는 약속을 재확인한다.

(4) 환경조치의 효과적 적용 및 집행 (제16.5조)

양국간 무역과 투자에 영향을 미치는 방식으로 자국의 환경조치(법, 규정 포함)를 효과적으로 집행하지 못하여서는 안 됨을 규정하며, 양국은 무역과 투자를 촉진하기 위하여 환경법, 규정, 정책, 관행상 환경의 보호수준을 약화 또는 저하시켜서는 안 됨을 명시한다.

(5) 환경영향평가 (제16.6조)

양국은 협정 발효 이후 적절한 시기에 협정의 이행이 환경에 미친 영향에 대하여 검토할 것을 약속하고, 검토 기술 및 방법에 대한 정보를 공유한다.

(6) 양자협력 (제16.7조)

지속가능한 발전 목적 달성을 위한 환경 분야 협력의 중요성을 인정하고, 기존 양자협정을 기반으로 공통 관심분야에 대한 협력활동을 강화할 것을 약속하며, 동 챕터의 목적 달성 및 의무 이행을 돕기 위해 협력 리스트(환경상품 및 서비스 보급 촉진, 환경기술발전협력, 환경보호정책 교환, 전문가 교환, 환경시범단지 구축 등)를 작성한다. 또한 양국은 2014. 7. 3 서명된 한-중 환경협력양해각서 등 기존 양자 협정에서 언급된 '대기오염물질의 예방 및 관리'를 포함, 환경 분야에서의 협력을 강화할 것을 재확인한다.

(7) 제도 및 재정적 장치 (제16.8조)

양국은 동 챕터의 이행을 목적으로 접촉선을 지정해야 하며, 접촉선을 통하여 동 챕터와 관련된 문제에 대하여 협의 요청 가능하고, 양국은 고위 공무원으로 구성된 환경위원회를 설치하고, 동 챕터의 이행 감독을 위하여 필요시 회합할 수 있다. 또한 양국은 동 챕터의 이행을 위하여 적절하고 지속가능한 재정적 자원이 필요함을 인정하고 마련할 수 있다.

(8) 분쟁해결절차 미적용 (제16.9조)

동 챕터와 관련된 사안은 FTA 협정상 분쟁해결 적용대상에서 제외한다.

17) 제17장 경제협력

제17장(경제협력)은 환경, 노동, 경쟁 등과 같은 FTA에서 흔히 포함하는 비(非)무역 의제 중 하나이다.

양국의 관심분야를 고려, 다양한 협력을 포괄하여 양국간 협력을 제도화하기로 했으며, 각 분야별로 협력의 근거를 마련함으로써 한·중 FTA를 토대로 구체적인 협력 사업 전개 등 향후 양국간 경제협력 강화 전망한다. 다양한 협력에는 ① 산업협력(철강, 중소기업, 정보통신, 섬유), ② 농수산협력, ③ 정부조달(추가협상 포함), ④ 기타협력(에너지자원, 과학기술, 해상운송, 관광, 문화(방송 포함), 의약품·의료기기·화장품, 지방협력) 등으로 구성된다.

(1) 식량안보 (제17.5조)

식량안보를 위한 농식품 분야의 투자 및 교역 촉진, 국제사회에서의 협력 기회 모색 등 협력을 강화한다.

(2) 수산협력 (제17.6조)

어업 및 양식 분야의 발전을 위해, 양국은 연구개발, 정보교환, 인력교류, 파트너십 구축 등을 통해 협력하고, 지속가능하고 책임 있는 어업을 통한 건전한 수산물 교역 활성화 및 이행방안 지속 모색을 도모한다.

(3) 산림협력 [제17.7조]

산림자원의 관리, 개발 및 이용에 대한 제반 협력 사항을 규정하고, 양국은 임산물의 가공, 공급 및 교역, 임업생태 기술개발 및 산림 생태계 보존, 조림 및 목재가공업의 발전 등에 대해 협력한다.

(4) 철강협력 (제17.8조)

양국은 각국의 주요 철강수출국으로서의 지위를 인정하며, 동 분야에서의 협력을 강화한다. 구체적 협력 분야는 각국의 국내규제·보조정책·국내 철강 시장 관련 정보 교환 및 공정한 경쟁 환경 촉진 등을 포함한다.

(5) 중소기업협력 (제17.9조)

양국은 중소기업 발전을 위한 유리한 환경 조성을 위해 협력을 강화한다. 구체적으로, 중소기업 발전에 우호적 환경조성, 기존 협력채널(양국 중기청간) 포함, 중소기업 관련 민관협력 강화, 민관 협력을 통한 중소기업(영세기업 포함) 경쟁력 제고 및 관련 정보 교환, 중소기업 교육훈련 증진, 경험공유, 경제협력위원회 설치를 통한 중소기업 논의의 정례화 등이 규정이 있다. 특히 민관 협력을 통한 영세기업의 경쟁력 증진이 포함되어 영세기업 보호를 위한 규정도 포함(동조 제3항 (e)호)한다.

(6) 정보통신기술협력 (제17.10조)

급속도로 발전하는 정보통신기술의 혜택을 향유하기 위해, 디지털 콘텐츠의 개발 및 상용화, 국제 시장에서의 영업기회, 정보기술 서비스의 연구·개발 등 분야에서 대화와 협력을 제고하는 등 양국간 정보통신기술 및 관련 서비스 발전을 증진하는데 협력한다. 구체적으로, 소프트웨어 산업의 과학·기술 협력, 정보기술 단지의 연구·개발·관리, 정보기술서비스의 연구·개발 네트워크 및 통신의 연구·개발·배치, ITS(Intelligent Transport Systems), Automobile Electronics, Mobile Intelligent Terminals, Flat panel display 주요 장치 등의 분야에서의 협력을 포함한다.

(7) 섬유협력 (제17.11조)

양국은 섬유산업 체인에서의 상호 호혜적인 파트너십 촉진을 위해 협력을 강화한다. 구체적으로, 산업직물·기능성 섬유직물 등 개발 및 응용, 의류·패션디자인, 브랜드마케팅·홍보 분야에서의 협력, 기술·정보·기술자 등 교환 등의 분야에서의 폭넓은 협력을 포함한다.

(8) 에너지 및 자원 협력 (제17.18조)

에너지 및 자원 분야에서 강력하고 안정적이며 상호 호혜적인 파트너십을 조성하기 위한 수단으로서 양국간 협력 활동 증진을 규정한다. 양국은 구체적으로, 민관분야에서의 협력 증진, 사업기회(플랜트 건설 관련 투자 포함) 증진 및 지원, 에너지 절약 및 자원의 포괄적 이용에 대한 정책 대화 증진, 전문가의 방문 및 교류 촉진, 공동포럼 등 증진을 규정한다.

(9) 과학기술 협력 (제17.19조)

경제발전에 미치는 과학 기술의 중요성을 감안하여, 양국은 과학 기술 분야에서의 협력 활동을 개발하고 증진한다. 구체적으로, 공동연구·개발, 전문가 등 교류, 과학기술 관련 회의 공동 주최, 관행, 법, 규정 등 정보교환, 공동과학기술 결과로 발생한 제품, 서비스의 상업화 협력 등이 있다.

(10) 해상 운송 협력 (제17.20조)

해상 운송 및 물류서비스 정보교환, 항만운영·관리 등에 대한 협력을 강화함으로써, 양국의 해운 교류를 활성화하고, 해운물류기업의 중국시장 진출을 촉진할 수 있는 토대 마련한다.

(11) 관광 협력 (제17.21조 및 제17.22조)

양국은 관광 당국 간 협력 강화, 관광 관련 정보교환, 양국 간 항공 연계성 강화 등을 위해 협력한다. 특히 중국인 해외 관광(outbound tourism) 관련, 중국은 한국 관광 회사의 중국인 해외 관광 영업 신청을 장려하며, 동 신청 시 한국 기업에 우선권 부여를 긍정적으로 검토하기로 하고, 이를 위해 양국이 협의 채널

을 설치하여 지속 논의키로 합의할 수 있다.

(12) 문화 협력 (제17.23조)

양국은 문화 교류를 증진하기 위한 협력 활동 규정한다. 특히 중국이 시장개방에 소극적 분야인, 방송 및 시청각 서비스 분야에서의 협력 증진에 합의하여, 향후 중국과의 동 분야에 대한 논의의 토대를 마련한 바, 동 분야에 대한 긍정적 효과를 기대한다.

(13) 의약품·의료기기·화장품 협력 (제17.24조)

양국은 바이오산업의 발전과 고령화시대를 맞이한 의약품, 의료기기, 화장품 등 보건산업에 대한 중요성을 인식하고, 미래의 새로운 성장 동력으로서 동 산업을 육성하기 위해 양국간 협력을 규정한다. 구체적으로, 정책, 회의·세미나·워크샵 등 관련 정보 교환, 연구원 등 교환, 공동연구, 제품업그레이드, 투자기회 증진 등과 관련된 민간 부분에서의 협력이 있다.

(14) 지방경제 협력 (제17.25조)

양국은 한-중 FTA의 이익을 지방까지 확대하기 위하여, 중국 웨이하이시, 인천자유경제구역을 협력시범지구로 설정, 시범협력프로젝트는 무역, 투자, 서비스, 산업협력 등 분야에서의 협력을 포함 하며, 동 시범협력프로젝트의 결과를 검토한 이후에 동 프로젝트를 전국적으로 확대할 계획이다.

(15) 한중 산업단지 (제17.26조)

양국은 각국에 의해 지정된 산업단지에서 설립, 운영, 개발 관련 협력을 강화하고, 특히, 지식공유, 정보교환, 투자활성화 등 분야에서 협력키로 한다. 구체적인 대상 지역은 양국 정부간 협의를 거쳐 추후 결정키로 합의했다.

(16) 정부조달 분야 (제17.13조~제17.17조)

양국은 정부조달 분야를 독립챕터가 아닌, 경제협력챕터의 일부 분야로 포함하여, ▲ 목적(제17.13조), ▲ 투명성(제17.14조), ▲ 정보교환(제17.15조), ▲ 접촉선(제17.16조), ▲ 추후 협상(제17.17조)을 포함한 정부조달 내용을 포함하고,

양국간 정부조달 분야에서의 협력을 강화한다. 또한 중국은 현재까지 WTO 정부조달협정(GPA: Government Procurement Agreement) 참여국이 아닌 관계로, 그간 WTO GPA 가입 협상이 끝날 때까지는 FTA 차원에서의 관련 논의에 소극적 입장을 지속 견지해왔으며, 중국의 기체결 FTA 중 정부조달을 규정한 것은 중-스위스 FTA가 유일하며, 우리는 중-스위스 FTA 수준[41] 이상으로 정부조달 문안을 합의했고, 정부조달 구체적 의무 사항 및 양허안을 규정하지 않는 대신에, 중국이 GPA 가입시 정부조달챕터를 위한 협상을 시작하도록 하는 "추후 협상(제17.17조) built-in 조항"을 규정하여, 추후 한·중 FTA에 정부조달챕터를 포함하기 위한 기반을 마련한다.

18) 제18장 투명성

제18장(투명성)은 4개의 조문, 즉 공표(제18.1조), 통보와 정보의 제공(제18.2조), 행정절차(제18.3조), 재심 및 불복청구(제18.4조)로 구성되어 있는데 타 FTA와 비교하면 기본적 사항만을 규정하였는데 향후 점차로 중요시 되는 의무이다.

(1) 공 표 (제18.1조)

협정이 적용되는 사안에 관련된 조치(법령·절차 등)를 신속하게 공표하거나, 상대국 및 상대국의 이해관계인이 인지할 수 있는 방식으로 달리 이용 가능하도록 보장하며, 법령안 등은 가급적 사전에 공표하고, 상대국 및 상대국의 이해관계인에게 법령안 등에 대하여 의견을 제출할 수 있는 합리적인 기회를 제공한다.

(2) 통보 및 정보의 제공 (제18.2조)

협정의 운영에 중대한 영향을 미치는 조치는 가능한 범위 내에서 상대국에 통보하고, 상대국 요청시, 협정의 운영에 중대한 영향을 미칠 수 있다고 판단하는 실제 또는 제안된 조치와 관련한 정보를 30일 내에 제공할 의무를 진다. 또한 정보를 세계무역기구(WTO)에 통지하거나 무료로 접속 가능한 공식 홈페이지에 게

41) (중-스위스 FTA 제13.4조) ▲ 목적(제1항), ▲ 투명성(제2항), ▲ 접촉선 지정(제3항), ▲ 추후 협상(제4항)

재할 경우 제공된 것으로 간주하며 통보, 정보 제공 요청, 정보 등은 접촉선(Contact Points)을 통해 상대국에 전달한다.

(3) 행정절차 (제18.3조)

자국의 모든 조치(법령 절차 관행 요건 등)안을 다른 쪽 당사국의 사람 상품 또는 서비스에 대하여 적용할 경우 행정절차는 다음 사항을 보장한다. ① 행정절차를 개시하는 경우 가능하다면 직접적으로 영향을 받는 상대국의 이해관계인에게 절차의 성격 및 법적 근거 등에 관하여 합리적인 통지를 제공하고, ② 최종 행정처분 이전에 상대국의 인에게 자신의 입장을 지지하는 사실과 주장을 제시할 수 있는 합리적인 기회 제공 보장한다.

(4) 재심 및 불복청구 (제18.4조)

협정 적용대상 조치에 관하여 사법·준사법·행정 구제절차를 마련 또는 유지하여 재심·불복 절차는 공평하고, 해당 조치의 처분기관으로부터 독립적이며, 사안의 결과에 대하여 어떠한 실질적 이해관계도 가지지 아니해야 한다. 또한 재심·불복 절차에서 당사자의 적법절차 권리를 보장하여 당사자가 각자의 입장을 뒷받침하거나 방어할 수 있는 합리적인 기회를 보장하고 증거와 기록된 제출자료, 또는 그 당사국의 법에서 요구되는 경우 행정 당국에 의하여 취합된 기록에 기초한 결정을 받을 권리를 보장한다.

19) 제19장 제도규정

제19장(제도규정)은 총 5개의 조문으로 구성되어 있는데 양 당사국의 대표로 구성되는 장관급 한·중 자유무역지대공동위원회와 그 산하에 한·중 FTA 각 챕터에서 언급하고 있는 13개 분야별 위원회 및 2개의 소위원회의 설립과 이들 위원회의 기능 및 절차규칙에 관한 것과, 협정 관련 사안에 대한 의사소통을 위한 접촉선에 관한 것으로 나타나 있다.

(1) 공동위원회 (제19.1조~제19.3조)

양국 통상장관을 의장으로 하는 공동위원회를 설치하여 정기회기는 양측 영역에서 교대로 매년 개최하고, 특별회기는 양측이 합의하는 경우 개최한다. 공동위원회의 의무에는 협정의 이행 및 추가적 정교화 감독, 협정 개정 또는 협정상의 약속 수정 제안 검토, 협정에 따라 설치된 모든 위원회 및 기타 기구의 업무 감독, 협정의 목적에 따른 양국 간 무역 투자 증진방안을 검토, 협정의 해석 및 적용과 관련하여 발생할 수 있는 이견 해소 노력, 협정의 운영에 영향을 미칠 수 있는 그 밖의 사안을 검토한다. 또한 공동위원회의 권한으로 임시 및 상설위원회 또는 그 밖의 기구를 설치하고 이에 책임을 위임하며, 추가적 절차규칙 채택하고, 양 당사국이 합의하는 기능 수행을 위한 그 밖의 조치를 취한다. 공동위원회 및 산하 위원회, 작업반, 그 밖의 기구의 모든 결정은 양국의 합의로 의사결정이 이루어진다.

(2) 위원회 및 기타기구 (제19.4조)

공동위원회 산하에는 다음 13개의 위원회가 있다. 상품무역위원회, 서비스무역위원회, 금융서비스위원회, 자연인의 이동위원회, 투자위원회, 관세위원회[42], 역외가공지역위원회, 무역구제위원회, SPS위원회, TBT위원회, 지적재산권위원회, 환경과무역위원회, 경제협력위원회이다. 위원회는 임무 수행을 위한 산하 소위원회 및 기타 기구 설치가 가능하며, 위원회 및 기타 기구의 결정은 공동위원회의 승인 필요하다.

(3) 접촉선 (제19.5조)

협정의 적용대상이 되는 사안에 대하여 의사소통을 원활하게 진행되기 위한 접촉선을 지정한다. 우리는 산업통상자원부이며, 중국은 상무부 상대국의 요청에 따라, 접촉선은 해당사안의 담당부서 또는 공무원을 확인하고, 필요시 요청국과의 의사소통을 원활히 하도록 지원한다.

20) 제20장 분쟁해결

제20장(분쟁해결)은 총 17개 조문과 부속서 A, B로 구성되어 있는데 그 주요한 특징은 다음과 같다.

---

42) 관세위원회 산하 소위원회(2개)는 원산지 소위원회, 통관 및 무역원활화 소위원회이다.

분쟁해결의 모든 단계에서 구체적 시한을 규정하여, 신속한 분쟁 해결 유도, 비관세조치에 대해서는 중개절차(Mediation) 제도를 도입하여 분쟁해결의 신속성과 효율성을 제고하였다. 관련 내용으로 제소국 협의요청시 피소국의 답변의무(10일 내), 최종 패널위원 선정시부터 120일 내 중간보고서 제출, 중간보고서 제출시부터 45일 내 최종보고서 제출 의무 등이 있다. 또한 적용범위에 있어서 한·중 FTA 국가간 분쟁해결절차는 투자자-국가간 소송제도(Investor-State Dispute)와 위생검역(SPS), 기술무역장벽(Trade Barriers to Trade, TBT)), 경쟁, 경제협력, 환경 관련 분쟁을 제외한 모든 분야에 적용된다. 또한 한·인도 CEPA, 한·미 FTA, 한·호주 FTA 등에서는 명문으로 협정비위반제소도 분쟁해결절차의 적용대상으로 규정되어 있다. 그러나 한·중 FTA에서는 명문의 규정이 없어 해석상 논란이 있을 수 있다. 또한 비관세조치에 대한 중개절차제도를 도입하고 있는 것도(제20.5조 4) 특징이다. 중국의 경우 다양한 비관세조치를 통한 자국시장 및 자국산업의 보호를 실시하고 있는데, 동 조항의 도입으로 인해 보다 신속하고 원활하게 관련 분쟁을 해결할 수 있는 근거를 마련한 것으로 평가된다. 이것은 제도적 기반 마련에 관한 것으로 우리 기업들의 애로로 지적되어 온 비관세장벽 문제 해결을 위해 ① 양국 투자기업 애로사항 해소 담당부서 지정, ② 정부간 비관세조치 협의기구(작업반) 설치, ③ 비관세조치 관련 분쟁해결 신속해결 절차 도입 등을 마련할 수 있음을 의미한다. 또한 분쟁해결 포럼선택(제20.3조)의 경우 타 FTA에서 규정하고 있는 것처럼 분쟁해결절차의 중복 이용을 제한함으로써 절차의 지연 및 비일관적인 판정 결과에 따른 분쟁예방을 기하고 있다.

(1) 분쟁해결절차 적용범위 (제20.2조)

국가대 국가간 분쟁해결절차(투자자-국가간 분쟁해결절차-ISDS-와는 구별)는 협정에서 달리 규정한 경우[43]를 제외하고, ① 협정의 해석 및 적용 관련 모든 분쟁 또는 ② 협정불합치 조치, 협정의무불이행에 적용한다. 이때, 비위반 제소[44]는 포함되지 않는다.

43) SPS, TBT, 경쟁, 경제협력, 환경 등의 경우 분쟁해결챕터에 따른 절차 적용 배제한다.
44) 비위빈제소란 GATT 체세하에서 부역규범의 흠결을 보충하기 위해 도입된 것으로서, WTO 출범 이후에는 단 3건만 제기되고, 인용된 건수는 전무이다.

(2) 포럼의 선택 (제20.3조)

한·중 FTA와 WTO협정 또는 양국이 모두 당사국이 여타 무역협정에 동시에 관련된 사안에 대한 분쟁 발생시, 제소국은 양 협정의 분쟁 해결절차 중 선택 가능하고, 일단 상기 협정 중 어느 하나에 따라 패널설치를 요청한 경우, 해당 분쟁해결절차 완료 전까지는 다른 분쟁해결절차 이용이 불가하다.

(3) 비관세조치 중개절차 (제20.5조 제4항~제6항)

(특징) 기존의 분쟁해결 절차가 조치의 위법성 여부만을 따져 승패를 가르는 사법적 절차인 반면, 중개절차는 비관세 조치에 대해 위법성 여부를 불문하고 무역에 부정적 영향이 있으면 제기될 수 있으며, 일률적으로 승패를 판정하는 것에 중점을 두지 않고 상호 만족스러운 합의점을 찾는 데 주력한다. 따라서 동 제도는 무역원활화 차원에서 신속하고 효율적인 개선 방안을 모색하는 절차로서, 기존의 분쟁해결 제도를 교체, 대체 또는 훼손하는 것이 아니라, 이를 보완하는 차원이다. (개관) 양측은 중개인의 도움을 통해 합리적 기간 내 신속한 방식으로 상호 동의할 만한 해결책 모색 노력, 해결책 합의시, 이행위한 조치 의무를 진다.

(4) 패널 설치 및 구성 (제20.6조 및 제20.7조)

협의 기간이 경과한 이후에도 분쟁 미해결시에는, 제소국은 패널 설치 요청이 가능하다. 패널은 3인의 패널위원으로 구성되며, 패널위원 3인 중 2인은 각 당사국이 1인씩 선정하고, 패널 의장인 나머지 1인은 양국합의하에 결정한다. 양국이 미합의시, WTO 사무총장이 의장으로 선정된다.

(5) 패널보고서 (제20.11조)

마지막 패널위원 선출된 때부터 120일 내 중간보고서 제출하고, 중간보고서 제출부터 45일 내 최종보고서 제출한다. 또한 최종 패널보고서는 대중에 공개하며, 패널보고서는 최종적이며 당사국을 구속한다.

(6) 패널보고서의 이행 및 합리적 이행 기간 (제20.12조 및 제20.13조)

양국은 패널의 판정 또는 권고에 합의(가능한 한 비합치 조치 제거)하고, 피소국은 즉시 비합치 조치를 제거해야 하고, 그렇지 않은 경우 합리적 이행기간 내에 제거해야 한다. 합리적 이행기간은 당사국간에 합의되어야 하나, 합의되지 않을 경우, 합리적 이행기간 결정을 위한 패널절차 도입(원패널에 회부)한다.

(7) 불이행 및 양허 또는 기타 의무의 정지 (제20.15조)

이행검토패널이 피소국이 합리적 기간 내에 비합치사항을 패널 보고서 권고에 합치하게 하지 않았다고 결정하거나, 피소국이 명시적으로 패널보고서 권고를 이행하지 않겠다고 표명시, 혹은 이행을 위한 조치가 없고 보상합의에 이르지 못한 경우, 제소국은 피소국에 양허 또는 기타의무를 정지 30일 전에 정지 의사를 통보 가능하다. 이때, 양허 또는 기타의무 정지는 피소국의 의무불이행과 같은 수준으로만 가능하고, 피소국이 제소국의 정지 수준이 피소국의 의무불이행과 같은 수준이 아니라고 판단시, 동 사안 검토를 위해 원심 패널 재소집 가능하며, 제소국은 동조에 규정된 패널 결정이 내려지기 전에는 정지 불가하다.

(8) 정지 후 이행검토 (제20.16조)

피소국이 불합치를 제거했다고 판단하는 경우, 피소국은 제소국에 서면통지를 하고, 제소국이 이에 반대하는 경우, 제소국은 동 사안을 원패널에 회부 가능하며, 패널은 동 사안이 회부된 때로부터 60일 이내에 보고서 제출한다. 패널이 피소국이 불합치를 제거하였다고 판단하는 경우, 제소국은 즉시 정지했던 양허·기타 의무 복원한다.

《한·중 FTA 분쟁해결 절차도》

〈 협의 〉	〈주선, 조정, 중개〉
o 협의요청 접수 후 10일 내 답변 의무, 30일 내 협의 개시 o 제소국이 未답변, 협의 未개시시, 제소국은 패널설치 요청 가능	o 양국 합의시 자발적으로 함. o 언제든지 요청, 개시, 종료 가능 -양국 합의시 패널설치 이후에도 지속 가능 〈 비관세조치 중개 메커니즘 〉 o 비관세조치가 무역에 부정적 영향 미치고, 상품과 관련될 경우, 양국은 중개절차 개시 합의 가능

o 중개인은 양국 합의로 선정, 중개인이 해결책 제시

↓

〈패널 설치〉

o 협의요청 받은 날부터 60일 내 분쟁 미해결시, 제소국은 패널설치 요청 가능

…

〈패널 구성〉

o 패널은 3인 패널위원으로 구성

o 양국이 1인씩 임명 후, 양국 합의로 의장 임명, 미합의시 WTO사무총장이 선정

↓

〈 중간보고서 〉

o 마지막 패널위원 선출시부터 120일 내 중간보고서 제출

o 당사국은 중간보고서 제출로부터 15일 이내에 의견 제출

↓

〈 최종보고서 〉

o 중간보고서 제출시부터 45일 내 최종보고서 제출

o 최종 보고서 제출시부터 15일 내 대중 공개

↓

〈 최종보고서 이행〉

o 즉시 또는 합리적 이행 기간 내 불합치 제거

↓

〈 합리적 이행기간 〉

o 합리적 이행기간은 양국간 합의로 결정, 미합의시 패널 회부 가능

↓

〈 이행 검토 〉

o 합리적 이행기간 내 피소국이 취한 조치의 협정문상 의무 합치 여부 관련 분쟁발생시 원패널 결정

o 패널은 사안 회부시부터 60일 내 보고서 제출

↓

〈 양허 또는 기타의무 정지 〉		〈정지 통보 사유〉
o 제소국, 피소국에 양허 또는 기타 의무 정지 통보(정지 30일 전 통보) o 피소국이 정지수준에 대한 이의 있을 경우, 패널 재소집 가능 o 패널은 설치요청 받은 날부터 60일 내에 결정 제출 o 제소국은 패널 결정이 있기 전까지 정지 불가 o 정지는 피소국의 의무 불이행과 동일한 수준까지만 가능	…	① 합리적 기간 내에 비합치 조치를 패널보고서에 합치하게 하지 않은 경우, ② 피소국이 명시적으로 패널보고서 권고를 이행하지 않겠다고 표명시 ③ 이행 위한 조치가 없고 보상합의 실패시

↓

〈 정지 후 이행검토 〉
o 피소국이 불합치 제거했다고 판단하는 경우, 피소국은 제소국에 통지, 제소국이 이의있을 경우 제소국이 패널에 회부 o 패널은 사안 회부시부터 60일 내 보고서 제출 o 패널이 피소국이 불합치 제거했다고 판단시 제소국은 즉시 정지했던 양허·기타의무 복구

21) 제21장 예외

제21장(예외)은 총 5개 조문으로 구성되어 있으며, 구체적으로 일반적 예외(제21.1조), 필수적 안보(제21.2조), 과세(제21.3조), 정보의 공개(제21.4조), 국제수지 보호조치(제21.5조) 등 협정상 의무의 예외를 규정하고 있다. 특히, 과세조치는 원칙적으로 협정적용대상에서 배제됨을 명시하였다. 또한 한·중 FTA와 조세협약의 불일치가 있는 경우 조세협약이 우선 적용됨을 명시하였다. 또한 과세 조치와 관련하여 중요한 쟁점 중의 하나인 과세 조치가 수용에 해당되는 경우 투자자-국가 소송제도(Investor-State Dispute) 활용과 관련하여, 투자 챕터의 수용 및 보상 규정(제12.8조)은 과세조치에 대해 적용되지만, 과세조치가 수용임을 이유로 투자자가 국제중재에 회부하기 위해서는 권한 있는 양 낭국(한국은 재

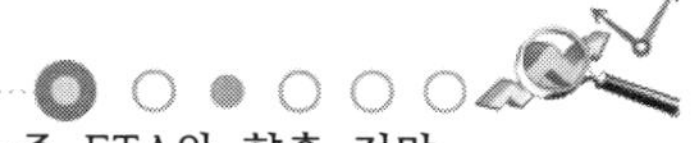

정경제부 세제실장, 중국측은 재정부와 국가세무총국)의 검토 거부나 기한 도과의 경우에 한정된다. 이와 같은 과세조치에 대한 예외는 한·미, 한·EU FTA에서 공통으로 채택되는 규정이다. 또한 정보의 공개와 관련하여 공개되면 법 집행 저해, 공익에 반하거나 특정 공기업 또는 민간기업의 정당한 상업적 이익을 저해할 수 있는 비밀정보는 당사국의 공개의무가 없고 통상적으로 규정되는 내용이다. 마지막으로 국제수지 보호조치와 관련, "당사국이 심각한 국제수지 및 대외적 금융 곤란에 처해 있거나 그 위협을 받고 있을 경우, 그 당사국은 세계무역기구협정에 따라, 그리고 국제통화기금협정의 규정들에 합치되도록 필요하다고 판단되는 조치를 채택할 수 있다"고 규정하고 있다.

22) 제22장 최종규정

제22장(최종규정)은 총 6개의 조문과 서비스 무역 및 투자에 관한 후속협상 지침을 담은 1개의 부속서로 구성되어 있다. 개정(제22.2조)에서는 양 당사국이 협정의 발효일로 부터 서비스 무역 및 투자 관련 장들의 개정을 위한 후속협상을 개시할 것을 규정하고 있는데, 한·중 FTA에서 찾아 볼 수 있는 조항이라고 할 수 있다. 또한 동 조의 제2항에서는 후속 협상의 결과는 한·중 FTA의 불가분의 일부를 구성하고 한·중 FTA의 해당 장들을 대체하고, 특히 개정된 장들의 발효는 제22.4조에 포함된 발효 및 종료 절차를 따르도록 하고 있다. 이에 따라 서비스/투자 후속협상 결과를 발효시키기 위해서는 양국의 국내비준절차를 거쳐야 할 것으로 판단된다[45].

45) 김대원, "한·중 FTA 주요 내용과 영향", 「한·중 자유무역협정(FTA) 공청회(Ⅰ)-협정 내용, 영향 및 활용방안」, 국회 외교통일위원회, 2015.10.23, pp.1~14.

표 17-4 한·중 FTA와 다른 FTA와의 비교

챕터 \ FTA	한-EU	한-미	한중	중-스위스	중-호주
본문 구성	15장	24장	22장	16장	17장
최초규정 및 정의	O	O	O	O	O
상품에 대한 내국민대우와 시장접근	O	O	O	O	O
농업	△	O	X	X	X
섬유	X	O	X	X	X
의약품	△	O	X	X	X
원산지 제도	△	O	O	O	O
통관절차 및 무역원활화	O	O	O	O	O
SPS	O	O	O	O	O
TBT	O	O	O	O	O
무역구제	O	O	O	O	O
서비스무역	△	O	O	O	O
금융서비스	△	O	O	X	X
지급 및 자본의 이동	O	△	△	△	△
통신	△	O	O	X	X
자연인의 이동	△	X	O	X	O
투자	△	O	O	O	O
전자상거래	△	O	O	X	O
경쟁	O	O	O	O	O
정부조달	O	O	X	X	X
지식재산권	O	O	O	O	O
노동	△	O	X	X	X
환경과 무역	O	O	O	O	X
경제협력	X	X	O	O	X
투명성	O	O	O	X	O
제도규정	△	△	O	O	O
분쟁해결	O	△	O	O	O
예외	△	O	O	X	O
최종규정	△	O	O	O	O

자료: 김대원, "한·중 FTA 주요 내용과 영향", 「한중 자유무역협정(FTA) 공청회(Ⅰ)- 협정 내용, 영향 및 활용방안」, 국회 외교통일위원회, 2015.10.23, p.3.

3. 한·중 FTA 체결에 따른 주요 성과

1) 동아시아와 FTA

한·중·일 3국 정상이 자유무역협정(FTA)과 역내포괄적경제동반자협정(RCEP) 협상에 가속도를 내 3국 시장 통합을 적극 추진해 가기로 하였다. 한·중·일 자유무역협정이 타결되면 경제규모가 국내총생산(GDP) 16조 달러, 인구 15억 명인 세계 최대급의 시장이 탄생한다.

FTA의 경우 포괄적이고 높은 수준의 FTA 타결을 위해 협상 속도를 높이는데 힘쓰기로 의견을 모았다. 한·중·일 FTA는 지난 2012년 11월 3국 통상장관회담을 통해 협상개시를 선언한 후 현재까지 협상을 진행했지만 실질적 진전은 없는 상황이다. 세 나라는 8차례에 걸쳐 협상에 나섰지만 상품·서비스·투자 분야 등에 관한 이견으로 본격적인 양허협상을 개시하지 못하고 있다.

2) 한·중 FTA의 효과

한국의 대중 교역비중은 2013년 말 기준 21.3%로 EU(9.8%)와 미국(9.6%)을 크게 앞서고 있어 한·중 FTA는 우리 수출에 중요한 전환점이 될 것으로 예상된다. 특히 산업통상자원부는 연간 관세 절감액이 54.4억 달러로 한미 FTA(9.3억 달러)의 5.8배, 한EU FTA(13.8억달러)의 3.9배에 이를 것으로 추산했다.

관세 철폐는 중장기적으로 한국 공산품 수출의 가격경쟁을 높여 한국 기업에 새로운 성장동력을 제공할 것으로 예상된다. 대외경제정책연구원은 한·중 FTA가 발효되고 5년 후 실질 GDP가 0.92~1.25% 증가하고, 10년 후 2.28~3.04% 늘어나는 효과가 있을 것으로 추정했다. 하지만 업종별 전망을 갈릴 것으로 보인다. 대중국 수출 비중이 높은 품목 중에서는 석유화학 및 석유제품의 수혜가 예상되며, 가전제품, 화장품 등 고급 소비재에 대한 수출 확대될 것으로 보인다.

반면 대중 수출 비중이 높은 IT제품의 수혜는 제한적이며, 철강·일반기계·건설 등에 대한 효과도 크지 않을 것으로 예상된다. IT제품은 중국에 비해 비교우위에 있지만, 현지 생산 비중이 높은데다 이미 관세율이 낮아 추가 수혜가 제한적이기 때문이다. 통신기기, 디스플레이, 반도체 등 IT제품의 경우 가공무역에 포함되어 중국 내에서 이미 우대세율을 적용받고 있다.

중국에 비해 가격경쟁력이 약한 농수산물, 섬유·의복, 가구, 생활용품은 수입 증가로 국내 기업들의 시장 점유율 하락과 수익성 악화가 예상된다. 기존 한·중 FTA 논의가 농수산물 양허대상 제외품목을 크게 확대하는 등 국내 농수산업 보호에 중점을 두긴 했으나, 이미 중국산 저가제품 수입이 크게 확대된 상황이라 추가 관세율 인하로 인한 관련 산업 타격이 불가피할 것으로 보인다.

장기적인 관점에선 제조업보다 서비스업과 전자상거래에서 기회 가 확대될 가능성이 높다. 비자 면제 범위의 단계적 확대가 추진되고 서비스와 투자분야의 문호가 개방됨에 따라, 양국간의 인적·물적자본 교류가 확대되고 경제 연결고리가 더욱 공고해질 전망이기 때문이다. 여행관광업의 경우 양국의 서비스업 개방에 따라 중국인 관광객(요우커)이 증가해, 중국계 자금의 한국 금융시장 및 기업에 대한 투자가 더욱 가속화될 것으로 예상된다.

권혁재외 3인, "세계 통상질서의 재편 - 3대 FTA의 부상 - ",「CEO Information」, 제895호, 삼성경제연구소, 2013.

가입의정서 제5조, 무역권(貿易權)과 작업반보고서 제4조 A 참조.

강승구, "중국의 조세환경 변화가 국내기업에 미치는 영향 연구", 부경대학교 대학원 석사학위논문, 2008.

김대원, "한·중 FTA 주요 내용과 영향", 「한중 자유무역협정(FTA) 공청회(Ⅰ)-협정 내용, 영향 및 활용방안」, 국회 외교통일위원회, 2015.

김선화, "중국의 개혁·개방과 대외무역에 관한 연구", 대구대 대학원, 2005.

김성옥외 5인, 「중국 통상론」, 두남, 2014.

김진주, "中 유별난 비관세장벽에 수출기업들 속탄다", 한국일보, 2016.06.03.

김중수, 「중국의 대외무역정책과 체계」, 2002.

김익수, "중국의 WTO 가입이 동아시아와 한국경제에 미치는 영향", 고려대학교, 1999.

김창곤, 박진근, "중국의 WTO 가입 후 통상정책에 대한 고찰: 무역구제조치를 위한 의사결정과정을 중심으로," 『해양정책연구』 제21권 1호, 2006.

박번순, "APEC 경제협력과 동아시아 지역주의", 「CEO Information」, 제528호, 삼성경제연구소, 2005.

박설원, "중국의 이전가격 과세제도에 관한 연구", 숭실대학교 대학원 석사학위논문, 2009.

박영철, "위안화 절상이 중국경제에 미치는 영향에 관한 연구", 경희대학교 대학원 석사학위논문, 2010.

박애란, "체제전환기 중국 통화 및 환율정책의 운용과 개편방향에 관한 연구", 연세대학교 대학원 박사학위논문, 2005.

박정규, "중국의 통상정책과 한국기업의 대응전략", 동아대 동북아국제대학원, 2005.

박형래, 「사례로 보는 WTO와 무역마찰의 이해」, 도서출판 두남, 2005.
산업연구원, "서비스산업의 발전과 정책적 지원방안", 「e-Kiet 산업경제정보」, 제 386호(2008-12), 2008.
서위, "중국 WTO가입 이후 통상제도의 변화에 관한 연구", 우석대 경영행정대학원, 2006.
세계은행, "세계발전보고", 1990-2001.
양평섭·구은아, "중국의 WTO 가입 5주년 결산 : 중국의 대외경제정책과 한·중 관계 변화를 중심으로," 대외경제정책연구원(KEIP), 2007.
왕상한, "중국의 서비스시장 개방 관련 법제도 연구", 2006.
왕효뢰, "변동환율제도하의 위안화 환율변동과 기업의 재무성과 간 상관관계 연구", 목포대학교 대학원 석사학위논문, 2009.
여수옥, "중국", Country Profile, 대외경제정책연구원(KIEP), 2006.
영일범, "중국 서비스무역의 활성화 방안에 관한 연구", 계명대학교 석사학위논문, 2014.
오용석, 「현대 중국의 대외경제정책」, 서울: 나남출판, 2004.
유진, "한국과 중국 서비스무역의 국제경쟁력 비교분석", 경기대학교 석사학위논문, 2013.
유진석, 정상은, "한중지적재산권 분쟁의 현황과 대응," SERI China Review, 삼성경제연구소, 2007.
이은경, "중국 서비스산업의 무역구조 분석",「비교경제연구」, 제15권 제1호 , 한국비교경제학회, 2008.
이원경, "중국 노동관리체계의 변화에 따른 외자기업의 유형별 전략 연구", 중앙대학교 대학원 박사학위논문, 2012.
이추균, "중국의 투자환경변화와 한국기업의 대응전략에 관한 연구", 한남대학교 대학원 석사학위논문, 2011.
이흠, "중국의 통상정책에 따른 한국기업의 대중국 투자 활성화 방안에 관한 연구", 조선대 대학원, 2007.
임태균·이시은, "태평양 동맹의 발전 전망과 시사점",「전략지역심층연구 13-14」, 대외경제정책연구원, 2013.
정재완, 「관세법」, 청람, 2016.
정하, "중국의 통상정책 전환에 관한 연구 : 무역구조 개선을 중심으로", 인하대 대학원, 2008.
정환곤, "중국의 가공무역 정책변화에 따른 우리 수출기업의 대응전략에 관한 연구", 건국대학교 대학원 석사학위논문, 2008.
중국 WTO 가입의정서 참조.
중국 관세법.
중국 대외무역법.

중국 반덤핑 산업피해조사 및 판정 규정.
중국 반덤핑조례.
중국 수출입조례.
중국 수출입화물 검사관리방법.
중국 세이프가드조치조례.
최문·리천국·이상빈, "중국 서비스산업의 발전과 서비스무역의 결정요인에 관한 연구", 「비교경제연구」, 제20권 2호, 한국비교경제학회, 2013.
최복염, "중국 WTO 가입과 한·중 경제교류 확대에 관한 연구", 세종대 대학원, 2008.
최영리, "중국 환율 제도에 관한 연구", 성균관대학교 대학원 석사학위논문, 2007.
한국수출입은행, "중국의 투자환경 변화와 우리 기업의 대응방안", 2007.
한국산업은행 조사부, "WTO 가입 이후 중국신산업정책과 대응방안", 2002.
한국무역협회, 「WTO 협정해설」, 1999.
함정오, "재중 한국계 외자기업의 경영성과 결정요인에 관한 연구", 숭실대학교 대학원 박사학위논문, 2011.
현대경제연구원, "중국의 해외직접투자 특징과 시사점", 14-36호(통권 587호), 2014.
KIEP 북경사무소 브리핑, "중국의 해외직접투자 현황과 전망", Vol.18, No.3, 대외경제정책연구원, 2015.
KOTRA,「2011/2012 해외진출 한국기업 디렉토리 (하)」, 2011.
KOTRA 동북아팀,「中 가공무역 금지품목 확대 조치의 의미와 영향」, 2006.
LGERI, 「중국 인구구조 변화의 경제적 시사점」, LG Business Insight, 2011.
WTO 세이프가드 협정.
WTO 반덤핑협정 일몰조항(Sunset Clause).

Fergusson, Ian F., McMinimy, Mark A., Williams, Brock R, The Trans-Pacific Partnership(TPP) Negotiations and Issues for Congress, Congressional Research Service, 2015.
Scollay, Robert., "APEC's Regional Economic Integration Agenda and the Evolution of Economic Integration in the Asia-Pacific Region," APEC Study Series 12-02, Korea Institute for International Economic Policy, 2012.
Wille, P., and Redden, J., "A Comparative Analysis of Trade Facilitation in Selected Regional and Bilateral Trade Agreement," Asia-Pacific Research and Training Network on Trade Working Paper Series, No.17, August 2006.

http://www.safe.gov.cn/
http://www.fta.go.kr/cn/explan/1/
http://www.imf.org/external/index.htm
http://www.kiep.go.kr/
http://worldtradereview.com/webpage.asp?wID=431
https://www.cia.gov/index.html
https://www.seri.org
https://www.wto.org/index.html
www.apecsec.org.sg/apec/about_apec.html
www.ktc.go.kr

韓堅放, "中国における加工貿易の産業構造高度化と課題", 関西外国語大学研究論集, 第90号, 2009.
陳崢嶸, "證券服務業對外開放承諾進展", 資本市場雜誌, 2004年 8月.
杜金琦·楊海超, "論外資政策對外資保險公司准入監管的影響", 內蒙古財經學院學報, 2006年 第6期.
胡加祥·羅驕, "論WTO對中國證券市場對外開放的制度性影響及其法律分析", 重慶大學學報, 2005年 제11卷 第6期.
関辰一, "成長モデルの転換を求められる中国経済－壁に直面する加工貿易－", 国際金融, 1235号, 2012.
胡凡·李平, "目前我國保險資金入市的几個問題分析", 邵陽學院學報, 2006年 第3期.
薛佳, 「貿易開放度影響中國經濟增長問題的研究」, 南京大學 碩士學位論文, 2013.
江小涓, "加入WTO對中國吸引外資的影響(下)", 上海財稅, 2002年 12月.
户文雯, "我国加工贸易发展的特征, 问题及对策", 福建商业高等专科学校学报, 第2期, 2012.
李仁眞, "WTO與中國法律服務市場的對外開放", 中國司法, 2006年.
孫倩, "外資電信運營商進入中國電信市場的策略分析", 特區經濟, 2006年 2月.
王廷科, "'十五'期間中國銀行業的回顧與展望", 河南金融管理幹部學院學報, 2006年 第1期.
李亭亭, 「中国服务贸易国际竞争力及影响因素研究」, 山东财经大学 碩士學位論文, 2013.
張向晨, "中國加入WTO兩年半的回顧和思考", (http://www.cacs.gov.cn, 2004.08.11)
鄭志, "略論我國電信業業對外開放的法律制度", 南京經濟學院學報, 2003年 第1期.
周雪飛, "外國銀行機構大擧進入及其影響分析", 濟南金融, 2006年 第6期.
周雪飛, "外國銀行機構進入及其威脅", 廣東金融學院學報, 2006年 第4期.
平萍, 「中国服务贸易国际竞争力的比较分析」, 浙江工业大学 碩士學位論文, 2008.
河原昌一郎, 明石光一郎, "中国の加工貿易とFTA戦略", 農林水産政策研究, 第17号,

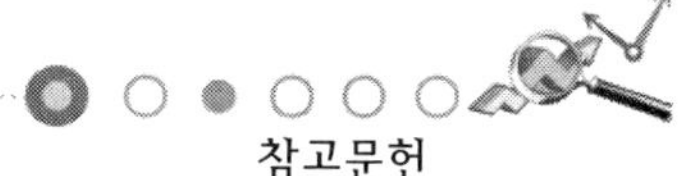

2010.
井上和子, “拡大する中国の貿易黒字と貿易構造転換—進められる加工貿易の抑制”, 経済センサー, 2007.
中华人民共和国国家統計局, “中国统计年鉴2009”, 中国统计出版社, 2009.
中华人民共和国国家統計局, “中国统计年鉴2012”, 中国统计出版社, 2012.
中华人民共和国海关总署, “中国海关统计年鉴2010”, 中国海关出版社, 2011.

g

GATT체제 / 41

k

Kennedy Round / 44

m

Mega FTA / 58

w

WTO 정부조달협정(Agreement on Government Procurement) / 89
WTO서비스 무역협정(General Agreement Trade in Services : GATS) / 173

ㄱ

가공무역 / 137
강제인증제도(CCC: China Compulsory Certification) / 89
경제특구 / 20
계절관세 / 131
공산주의 / 15
과학기술 협력 / 287
관광 협력 / 287
관세사 / 143
관세사법인 / 143
관세전쟁(關稅戰爭) / 41
관세평가 / 134
교역조건(terms of trade) / 40
국가질량감독검험검역총국 / 149
국경간 공급(Cross-border Supply) / 176
국영기업 / 21
국유기업 / 21
국제경제정책(international economic policy) / 31
국제무역기구(國際貿易機構: International Trade Organization, ITO) / 42
국제수지 / 38
국제통화기금(International Monetary Fund; IMF) / 34
국제통화기금설립협정문(Agreement of the International Monetary Fund) / 62
국제협력관세 / 132
규모의 경제 / 16
근린궁핍화정책 / 33

긴급관세 / 130
긴급수입제한조치(Safeguard) / 87

ㄴ

납세의무자 / 135
노동계약법 / 221

ㄷ

다자주의(multilateralism) / 34
대량생산체제 / 16
대약진운동 / 17
덤핑(Dumping) / 84
덤핑방지관세 / 128
도하개발어젠다(Doha Development Agenda: DDA) / 56

ㅁ

무역경영권 / 80
무역기술장벽(TBT: Technical Barriers to Trade) / 158
무역에 관한 기술장벽협정(Agreement on Technical Barriers to Trade, TBT) / 89
무역위원회 / 119
무역정책(trade policy) / 30
무임승차(free riding) / 175
무차별대우의 원칙(無差別待遇原則: non-discrimination principle) / 43
문화 협력 / 288
문화대혁명 / 15, 18
미소기준 / 240
민영기업 / 21

ㅂ

반보조금 조치 / 116
반봉건주의 / 14
반제국주의 / 14
배타적 복제권 / 278
보복관세 / 129
보상청구권 / 278
보조금 / 111
불인정공정 / 239
브레튼우즈(Bretton Woods) / 34
블록경제(bloc economy) / 41
비관세장벽(non-tariff barrier, NTB) / 45
비관세장벽(Non-Tariff Barriers) / 83, 155

ㅅ

사양산업을 보호 / 37
사회주의 시장경제 / 19
산림협력 / 286
산업피해구제제도 / 93
상계관세 / 129
상업적 주재(Commercial Presence) / 177
상표권 / 187
상표법 / 187
상품교역이사회 / 53
서비스교역이사회 / 53
서비스무역 / 171
섬유협력 / 287
세계무역기구(World Trade Organization) / 50
세관공무원 / 144
세이프가드 / 118
소리 상표 / 279
수산협력 / 285
수입대체 보조금 / 86
수입신고 / 143
수입제품안전품질허가제도(CCIB) / 165
수입직통관통행허가 / 149
수출보조금 / 86
수출직통관통행허가 / 149

스태그플레이션(stagflation) / 34
식량안보 / 285
신자유주의(neoliberalism) / 34

ㅇ

아시아·태평양 경제협력체 (Asia-Pacific Economic Cooperation : APEC) / 66
아편전쟁 / 15
에너지 및 자원 협력 / 287
역내가치비율 / 239
역내포괄적경제동반자협정(RCEP) / 61, 299
완전생산 상품 / 238
원산지 검증 / 243
원산지 규정 / 237
원산지 이행 절차 / 237
원산지 증명서 / 242
원산지규정 / 83
원활화 / 245
위생 및 식물위생조치 / 247
유치산업보호(Infant Industry Protection) / 36
유치산업보호론 / 37
인력개발 문제 / 27
인민공사 / 17
인민은행 / 224
일반이사회 / 53
일반특혜관세 / 133

ㅈ

자연인의 이동 / 265
자연인의 이동(Presence of Natural Persons) / 177
자원부족 / 27
자유무역주의 / 32
잠정수입관세율 / 139
잠정수출세율 / 140
저작권 / 190
저작권법 / 190
적합성평가절차(conformity assessment procedures) / 159
전기제품 안전인증제도(CCEE) / 165
전략적 산업(strategic industry) / 38
전자상거래 / 273
전자서명 / 274
전자인증 / 274
정보통신기술협력 / 286
조절환율제도 / 224
조정관세 / 130
중국 / 13
중국강제인증(CCC) 제도 / 162
중국의 조세제도 / 202
중국의 지역별 무역구조 / 211
중상주의(mercantilism) / 32
중소기업협력 / 286
중일전쟁 / 14
중화인민공화국 / 15
증치세 / 218
지역주의(regionalism) / 48
지적재산권이사회 / 53
지적재산권협정(TRIPs, Trade-Related aspects of Intellectual Property Rights) / 87
직접운송 / 240

ㅊ

철강협력 / 286
최혜국조약(最惠國條約: most favored nation treatment, MFN) / 43

ㅌ

통관 / 142
통관취급법인 / 143
통상정책(commercial policy) / 31
통신서비스 / 263

특허권 / 188
특허법 / 188

ㅍ

편익관세 / 132
품목분류 / 245

ㅎ

한중 산업단지 / 288
할당관세 / 131
해상 운송 협력 / 287
해외소비(Consumption Abroad) / 176
향진기업 / 21
호혜주의원칙(互惠主義原則: reciprocity principle) / 43
환경오염 / 27
환태평양경제동반자협정(Trans-Pacific Partnership) / 58

▌저자 소개

❑ 김 영 춘

- 동아대학교 법경대학 무역학과
- 한국외국어대학교 (경영학석사)
- 국민대학교 (경제학박사)

[주요 경력]
- 한국상업교육학회 이사장
- 한국무역통상학회 임원
- 한국상업교육학회 논문심사위원
- 교육인적자원부 위원
- 한국교육과정평가원 위원
- (사)한국상품학회 이사
- 現)제주대학교 경상대학 무역학과 교수

[주요 저서]
- 무역영어, 파생상품시장 외 다수

본 교재는 교육부의 재원으로 한국연구재단의 지원을 받아 수행된
지방대학특성화사업(CK-Ⅰ)인 제주대학교 제주국제자유도시
중국비지니스 무역전문인력양성특성화사업의 연구결과입니다.

중국통상환경론

초　판 1쇄 인쇄 —— 2017년　3월 28일
초　판 1쇄 발행 —— 2017년　3월 31일
지은이 ——김 영 춘
펴낸이 ——전 두 표
펴낸곳 ——도서출판 **두남**
서울시 강동구 성내로6길 34-16 두남빌딩
신 고: 제25100-1988-9호
TEL: 02) 478-2065~7, 2311
FAX: 02) 478-2068
E-mail : dunam1@unitel.co.kr
http://www.dunam.co.kr

정가 20,000원

ISBN 978-89-6414-736-8　93320